200970

D1077216

DEUX VERDICTS UNE VÉRITÉ

Conception graphique de la couverture: Éric L'Archevêque
d'après une idée originale de Isabelle Perron et Nathalie Racette (Ra7)
Photo: Phil Jason/Tony Stone Images
Infographie: Luc Lapierre

DISTRIBUTEURS EXCLUSIFS:

- Pour le Canada et les États-Unis:
  LES MESSAGERIES ADP*
  955, rue Amherst, Montréal H2L 3K4
  Tél.: (514) 523-1182
  Télécopieur: (514) 939-0406
  * Filiale de Sogides ltée

- Pour la Belgique et le Luxembourg:
  PRESSES DE BELGIQUE S.A.
  Boulevard de l'Europe 117
  B-1301 Wavre
  Tél.:   (10) 41-59-66
       (10) 41-78-50
  Télécopieur: (10) 41-20-24

- Pour la Suisse:
  TRANSAT S.A.
  Route des Jeunes, 4 Ter
  C.P. 125
  1211 Genève 26
  Tél.: (41-22) 342-77-40
  Télécopieur: (41-22) 343-46-46

- Pour la France et les autres pays:
  INTER FORUM
  Immeuble ORSUD, 3-5, avenue Galliéni, 94251 Gentilly Cédex
  Tél.: (1) 47.40.66.07
  Télécopieur: (1) 47.40.63.66
  Commandes: Tél.: (16) 38.32.71.00
                  Télécopieur: (16) 38.32.71.28
                  Télex: 780372

Gilles Perron
Daniel Daignault

DEUX **VERDICTS** une **VÉRITÉ**

L'affaire Perron

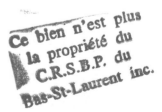

LES ÉDITIONS DE L'HOMME

200970

Données de catalogage avant publication (Canada)

Perron, Gilles

Deux verdicts, une vérité: l'affaire Perron

1. Perron, Gilles, 1940- . 2. Meurtre - Québec (Province) -
Montréal. 3. Procès (Meurtre) - Québec (Province) -
Montréal. 4. Producteurs et réalisateurs de télévision - Québec
(Province) - Montréal - Biographies. I. Daignault, Daniel, 1958-
II. Titre.

HV6535.C33M6   1993   364.1'523'0971428   C93-097295-3

© 1993, Les Éditions de l'Homme,
une division du groupe Sogides

Dépôt légal: 4e trimestre 1993
Bibliothèque nationale du Québec

ISBN 2-7619-1093-1

À la mémoire de Michelle

Avertissement

Tous les faits relatés dans ce livre sont rigoureusement exacts. Cependant, par respect pour le juge et les témoins d'une cause civile qui n'a pas encore été entendue, certains éléments ne sont pas divulgués.

Par ailleurs, les extraits des témoignages, en italique dans le texte, proviennent de transcriptions officielles reproduites intégralement. Les impropriétés, hésitations, répétitions et tics de langage y ont donc été conservés.

Préface

Le 1er novembre 1989, Me Jean Dury est entré en trombe dans mon bureau pour m'annoncer que l'un de nos clients, Gilles Perron, venait d'être arrêté par la police de Laval. À cette époque, M. Perron était en attente de procès; à la suite de sa première arrestation, il avait été libéré sous cautionnement, et sa conduite était exemplaire. Or, voilà qu'on l'arrêtait de nouveau, sous prétexte d'entrave au travail des policiers, alors qu'il ne faisait que s'opposer, tout à fait légalement, à l'interrogatoire de son fils de seize ans. Naturellement, nous sommes aussitôt intervenus, et notre client a été libéré.

Cet épisode en dit long sur le climat qui a régné durant la longue quête de Gilles Perron pour obtenir justice. Accablé par le meurtre de son épouse et soupçonné par la police d'en être l'auteur, cet homme a vécu un véritable calvaire: les arrestations, les interrogatoires, la prison, deux procès, sans compter la défiance à son endroit, les versions contradictoires de plusieurs témoins, les embûches destinées à empêcher tout verdict d'innocence.

Ce livre décrit les démêlés judiciaires de celui que l'on appelait en prison le «citoyen». Mais c'est aussi le récit bouleversant d'un cauchemar qui a duré plusieurs années et dont la lecture ne laissera personne indifférent. Le lecteur passera de la tristesse à la surprise, de l'indignation à la colère. J'ai vécu intensément «l'affaire Perron», j'en connais le déroulement dans tous ses détails. Néanmoins, j'ai lu Deux verdicts, une vérité avec fébrilité et passion. Je souhaite le même intérêt à tous les lecteurs.

Daniel Rock, avocat

Introduction

Ce que j'ai vécu est un véritable cauchemar, mais c'est aussi une histoire inquiétante pour tous les citoyens qui croient encore à une certaine forme de justice. Depuis le 15 décembre 1987, jour où mon épouse Michelle a été assassinée par un ou des inconnus, ma vie, et celle de mes proches, a été complètement bouleversée. Anéantis, les rêves et les projets! Et lorsque les policiers ont procédé à mon arrestation, le 15 février 1989, m'accusant d'avoir provoqué la mort de Michelle, c'est tout mon univers qui s'est écroulé.

Reconnu coupable lors de mon premier procès, j'ai été emprisonné, puis j'ai subi un deuxième procès avant d'être finalement acquitté. Durant tout ce temps, j'ai vécu des moments de rage, d'impuissance et de consternation qui ont fait place à la joie et au soulagement lorsque j'ai enfin recouvré ma liberté en mai 1992. Ce sont tous ces moments, ce que les journalistes ont appelé «l'affaire Perron», que je vous raconte, chronologiquement, dans les pages qui suivent. Pas de détour, rien que la vérité. Mon témoignage est celui d'un homme blessé qui, heureusement, a toujours été appuyé par ses enfants, ses amis et ses avocats dans les démarches pour prouver son innocence.

J'ai écrit ce livre pour démontrer, entre autres, que nul n'est à l'abri des erreurs judiciaires et de l'incompétence de certains individus, qui sont bien peu scrupuleux lorsque vient le temps d'ajouter des fleurons à leur couronne. Je n'avais jamais eu affaire à la justice avant la mort de mon épouse. Aujourd'hui, à la lumière de tout ce que j'ai vécu, après avoir découvert que plusieurs éléments importants avaient été cachés à mes avocats par des policiers et la Couronne, surtout lors du premier procès, il serait facile de sauter aux conclusions et d'affirmer que la majorité des intervenants dans le domaine judiciaire sont des pourris... Mais ce n'est pas vrai. Il demeure cependant que les agissements de certaines personnes dans cette affaire m'ont empêché, j'en suis convaincu, d'obtenir une défense pleine et entière. Si tous les faits connus par les policiers et la Couronne avaient été révélés dès le départ, il y a même lieu de croire qu'il n'y aurait pas eu matière à procès! Pourquoi ces certitudes? Je vous explique.

En septembre 1992, soit quelques mois après avoir été acquitté de l'accusation qui pesait sur moi lors de mon deuxième procès, j'ai déposé une série de plaintes contre des policiers et je me suis présenté devant la Commission de police avec mes avocats. Ainsi le veut la procédure: lorsqu'un individu dépose une plainte contre un policier ou un groupe de policiers, le ministre de la Sécurité publique doit d'abord autoriser l'audition de la plainte; le plaignant est alors appelé à comparaître devant un comité, la Commission de police, pour apporter tous les éléments tendant à démontrer que sa plainte est pleinement justifiée. Si la Commission juge que le plaignant a raison, elle donne un blâme aux policiers concernés. Mes avocats et moi avions déposé neuf plaintes, dont deux furent retenues. La première alléguait que certains policiers de Laval, chargés de l'enquête sur le meurtre de Michelle, avaient bâclé leur travail et n'avaient pas cherché véritablement à mettre la main sur tous les témoins. La seconde plainte retenue concernait l'automobile de Michelle, à laquelle nous n'avions pu avoir accès pour faire effectuer des analyses de laboratoire. Lors de notre comparution devant la Commission de police, nous avons constaté, mes avocats et moi, que l'avocat de la Commission avait en sa possession une foule de papiers, notamment des rapports de police, que nous ignorions. Nous avons alors demandé que ces documents, qui faisaient plus de deux cents pages, soient mis en preuve devant la Commission, ce qui les rendaient publics.

En prenant connaissance de tous ces papiers, nous avons réalisé que certains éléments nous avaient toujours été cachés. Nous avons appris avec surprise que certains témoins avaient été interrogés par les policiers, mais n'avaient été appelés à la barre ni à l'un ni à l'autre des procès; notamment, le témoignage d'une dame aurait pu modifier bien des choses. De plus, certains faits qu'il m'avait été impossible de prouver lors de mes deux procès étaient corroborés par certains éléments apparaissant dans les documents. Nous y reviendrons en détail un peu plus loin dans ce livre, mais inutile de vous préciser à quel point j'étais en colère! Si seulement nous avions eu connaissance de ces documents dès 1989!

Depuis lors, je me pose ces questions: comment des êtres humains, censés être en poste pour nous protéger, nous défendre et dire la vérité, peuvent-ils adopter un tel comportement? Pourquoi certains policiers ont-ils voulu à tout prix me faire condamner pour un meurtre que je n'ai pas commis, alors qu'ils avaient en leur possession des documents qui auraient pu m'innocenter lors de mon premier procès? À la lumière de tout cela, on est en droit de se demander comment il est possible d'obtenir pleinement justice.

Mon histoire vous semblera peut-être rocambolesque par moments, particulièrement lorsque vous prendrez connaissance des subterfuges utilisés pour me faire payer un crime que je n'ai pas commis, mais sachez que tout ce que je vais raconter ici est malheureusement véridique. Ma pauvre Michelle a été victime d'un meurtre gratuit et j'espère bien que les personnes responsables de sa mort seront retrouvées. Quant à moi, j'estime avoir été victime de l'incompétence et de la cruauté de certaines personnes, qui ont tenté de manipuler la justice pour parvenir à leurs fins.

Chapitre 1

Le meurtre

Mardi 15 décembre 1987. Cette journée-là, mon univers, et celui de ma famille, a basculé. J'étais à l'époque employé par la Société Radio-Canada, à titre de réalisateur, alors que Michelle occupait depuis un peu plus de neuf ans un poste de secrétaire médicale à la polyclinique Concorde, située à Laval.

Comme tous les jours, j'ai téléphoné à Michelle aux environs de 16 h 15. Il lui arrivait, à l'occasion, de me demander d'acheter du pain, du lait ou autre chose avant de rentrer à la maison.

— Salut mon pit, c'est moi! Je quitte Radio-Canada bientôt. As-tu besoin de quelque chose?

— Non, rien de spécial.

— Tu finis à quelle heure?

— Entre 6 h et 6h 30... As-tu vu à l'extérieur? Il neige pas mal! On annonce une bonne tempête... Fais attention en t'en venant!

— Oui, oui. Alors on se retrouve à la maison? J'ai une petite course à faire en chemin, je ne sais pas au juste à quelle heure je vais arriver avec cette tempête...

— D'accord, on se voit plus tard.

Voilà, en résumé, la conversation que nous avons eue ce jour-là. Lorsque j'ai dit à Michelle que j'avais une petite course à faire, j'avais en tête d'aller lui acheter un cadeau de Noël. Rien d'extravagant, car nous nous étions déjà procuré un ensemble de valises comme cadeau. Nous devions en effet partir en vacances en République Dominicaine en février 1988, à l'occasion de notre vingt-cinquième anniversaire de mariage. Mais je voulais tout de même lui faire un présent et, à dix jours de Noël, le temps commençait à presser, d'autant plus que je devais me faire opérer pour une hernie le jeudi 17 décembre. Puisque je ne savais pas dans quel état je serais et si j'allais être en mesure de magasiner, j'avais décidé que le moment était bien choisi, en cette fin d'après-midi, pour aller faire cet achat. Mon idée était de me rendre à l'un des deux centres commerciaux situés sur le boulevard de la Concorde à Duvernay, à proximité du pont Papineau.

Il était environ 16 h 30 lorsqu'au volant de mon automobile, j'ai quitté Radio-Canada, sur le boulevard René-Lévesque à Montréal, en direction de Laval. J'ai emprunté la rue Papineau vers le nord. Michelle avait raison: il faisait tempête et les conditions météorologiques se dégradaient.

Au milieu du pont Papineau, qui enjambe la Rivière-des-Prairies, le moteur de mon automobile a commencé à faire des ratés. Rien de nouveau. Ce problème se manifestait depuis déjà plus d'une semaine, mais je n'avais pas eu le temps de m'en occuper. Comme je me trouvais à proximité du centre commercial Les Galeries Papineau, situé sur le boulevard de la Concorde, je me suis engagé dans la sortie menant à cette artère.

Le moteur de mon automobile toussotait. Heureusement, j'ai réussi à me rendre dans le stationnement du centre commercial, tout près du Steinberg, où j'ai garé la voiture. Au terme de la manœuvre, le moteur s'est définitivement éteint. J'ai alors tenté de redémarrer à quelques reprises, en vain. Je suis sorti de la voiture, j'ai levé le capot pour voir s'il n'y aurait pas eu infiltration de neige, empêchant le moteur de fonctionner normalement, mais il n'y en avait pas et tout semblait normal. Il faut dire que je connais peu la mécanique et que je n'étais donc pas en mesure de régler le problème. J'ai tenté à nouveau de démarrer, mais il n'y avait rien à faire. Je n'ai pas insisté, de peur de noyer le carburateur.

Puisque j'étais tout près de la polyclinique, j'ai décidé de m'y rendre, espérant que Michelle y serait encore. J'ai refermé le capot, fermé la portière, et j'ai commencé à marcher vers la polyclinique. J'estime que le trajet, dans des conditions normales, aurait dû prendre au maximum dix minutes. Mais il neigeait abondamment, j'étais fatigué puisque j'avais passé presque toute la journée debout, et mon hernie me faisait un peu souffrir, ce qui ralentissait mon pas. Par la suite, certains m'ont demandé pourquoi je n'avais pas pris la peine de téléphoner à la polyclinique... Avec le recul, je crois que j'étais tellement exaspéré par cette panne que je n'y ai même pas songé. Mon premier réflexe a été tout bonnement de m'y rendre à pied pour retrouver Michelle.

Lorsque je suis arrivé, elle venait de sortir par la porte de côté, qui fait face à la rue Des Alouettes et qui donne accès au stationnement situé de l'autre côté de la rue. Elle portait son manteau rouge, par-dessus son sarrau blanc, et se trouvait sur le trottoir.

Elle ne m'a pas vu venir et a été plutôt surprise lorsqu'elle m'a entendu dire: «Salut, mon pit!» Étonnée, elle a répliqué: «Qu'est-ce que tu fais là?» Je lui ai expliqué que mon automobile était en panne un peu plus loin sur le boulevard de la Concorde et lui ai demandé si elle avait toujours les câbles de survoltage. Je pensais que de cette façon, je pourrais peut-être parvenir à faire redémarrer ma voiture.

— Oui, je pense qu'ils sont là.

— On pourra essayer ça, puis, si ça ne marche pas, on fera venir une dépanneuse.

— D'accord, viens-t'en. Mon auto n'est pas loin, on va la déblayer et je vais ensuite te reconduire à la tienne.

Nous nous sommes dirigés vers son automobile de marque Lynx, stationnée à l'arrière du dépanneur Provisoir, adjacent à la polyclinique, là où la plupart des collègues de Michelle avaient l'habitude de garer leur voiture. Michelle a déverrouillé sa portière, a sorti deux balais de l'arrière de son siège et m'en a donné un. Elle a fait démarrer son automobile, a allumé les phares, est ressortie et a refermé la portière, son sac à main sous le bras. Je précise ici que Michelle avait l'habitude de porter son sac à main en tout temps et il m'arrivait souvent de me moquer de cette manie. Aussi curieux que cela puisse paraître, elle avait donc son sac à main sous le bras lorsqu'elle et moi avons entrepris de déneiger l'automobile.

Je me trouvais du côté du conducteur et Michelle de l'autre côté. Je me souviens d'avoir commencé par enlever la neige du toit, puis de la vitre arrière, avant de m'attaquer aux vitres latérales. C'est alors que je me suis aperçu que le bouton de verrouillage de la portière du conducteur était enfoncé. J'ai pensé: «Ah non! Dis-moi pas que la porte est barrée!» J'ai essayé de l'ouvrir, mais comme je le croyais, elle était verrouillée. J'imagine que Michelle avait dû enfoncer le bouton par inadvertance.

— Mon pit... la porte est fermée de ce côté-là! Vérifie donc la tienne de ton côté...

Michelle a tenté d'ouvrir la portière du côté du passager, mais elle était verrouillée.

— La mienne aussi est fermée! Bon, bien, qu'est-ce qu'on fait? As-tu tes clés?

— Oui, je les ai.

En fouillant dans mes poches, je me suis aperçu que je n'avais pas mon trousseau de clés, qui comprenait un double des clés de l'auto de mon épouse.

— Je les ai pas, mes clés, j'ai dû les laisser dans ma voiture...

— C'est bien toi, ça, lunatique comme t'es!

— Écoute, je vais aller les chercher. Viens, je vais te reconduire à la clinique, attends-moi à l'intérieur. Je reviens te chercher, avec les clés.

Si je me rappelle bien, Michelle m'a suggéré de prendre un taxi pour me rendre aux Galeries Papineau. Mais en raison de la tempête, la circulation était très dense sur le boulevard de la Concorde, c'était pare-chocs contre pare-chocs... J'ai pensé qu'il serait plus rapide de m'y rendre à pied. Je me souviens qu'à ce moment, Michelle a consulté sa montre et m'a dit qu'il était 18 h 20. «Bon, j'y vais, je reviens le plus vite possible», lui ai-je dit.

J'ai remis mon balai à Michelle, qui avait déjà le sien en main, et elle est entrée dans la clinique, tandis que je suis parti à pied vers les Galeries Papineau. C'est la dernière fois que je l'ai vue vivante.

Parvenu à mon automobile et trempé par la neige, j'ai ouvert la portière, qui était déverrouillée, et, comme je m'en doutais, mon trousseau se trouvait à l'intérieur. J'ai tenté de démarrer, et après quelques essais infructueux, la manœuvre a réussi. J'ai laissé tourner le moteur pendant que je déneigeais les vitres. J'ai alors repris la route pour la polyclinique, mais il y avait tellement de circulation que j'ai certainement mis plus de temps pour y arriver que si j'étais revenu à pied.

Je suis finalement arrivé dans le stationnement à l'arrière de la polyclinique, et mon attention a été attirée par un espace vacant, un peu en diagonale, à l'arrière de la voiture de Michelle. Visiblement, parce qu'on pouvait encore apercevoir l'asphalte, une automobile s'était trouvée là longtemps et venait sans doute de partir. Je me trouvais alors à environ vingt, vingt-cinq pieds de la voiture de mon épouse.

En sortant de ma voiture, j'ai aussitôt constaté que le moteur de l'automobile de Michelle ne fonctionnait plus. C'était évident: aucune fumée ne sortait du tuyau d'échappement. Cela m'a intrigué... J'ai regardé en direction de la porte de la polyclinique: Michelle n'y était pas. Je me suis approché de son automobile, du côté du conducteur, et j'ai déneigé un coin de vitre pour voir si les clés étaient toujours sur le contact. C'est à ce moment que j'ai aperçu quelque chose de blanc sur le siège du côté du passager.

«Qu'est-que c'est que ça?» me suis-je dit. J'ai reculé de quelques pas et j'ai vu, par terre, à l'arrière de la voiture, certains objets que l'on retrouve habituellement dans un sac à main. J'ai contourné la Lynx et j'ai vu un paquet de choses dans la neige, dont le sac à main de Michelle. À ce moment-là, je me suis affolé. J'ai tiré sur la portière du côté du passager, qui s'est ouverte. Je ne me souviens plus si elle était complètement fermée ou entrouverte, mais j'ai eu la prémonition que Michelle gisait entre les deux sièges. Elle y était! Je me suis penché et l'ai soulevée pour l'asseoir sur le siège du passager. Sans doute parce que j'étais très nerveux, elle m'a semblé aussi légère qu'une plume! Après l'avoir déposée, j'ai constaté qu'elle était inanimée et qu'elle avait beaucoup de sang sur le visage. J'ai paniqué.

Je ne me rappelle pas exactement ce qui s'est passé par la suite, j'étais en état de choc, il y a comme un *black-out* dans ma mémoire. Ce qui s'est produit entre le moment où j'ai découvert Michelle ensanglantée et celui où je me revois assis dans un cubicule de l'urgence de la polyclinique devant un policier, je l'ignore, à l'exception de quelques détails.

Je me rappelle notamment avoir eu du sang sur les mains à mon entrée dans la polyclinique, et me les être lavées. C'est au cours d'une conversation dont vous aurez l'occasion de lire des extraits un peu plus loin que ce souvenir a refait surface. Mon interlocuteur m'a alors demandé comment il se faisait que je n'avais pas de sang sur les mains puisque j'affirmais avoir touché au corps de Michelle... Je me suis aussi rappelé que c'est devant un policier que je m'étais lavé les mains. C'est du moins ce que je croyais et je me suis accroché longtemps à cette impression sur laquelle je devais obtenir des précisions supplémentaires près de deux ans plus tard, lorsqu'un témoin s'est manifesté.

Comment j'ai réagi après avoir fait la macabre découverte, ce que j'ai dit et ce qui s'est ensuite passé, je l'ai su parce qu'on me l'a raconté. Tout cela est terriblement frustrant parce que si j'avais pu me souvenir avec exactitude de ce que j'avais fait, des gens que j'avais croisés ou de ceux à qui j'avais parlé, l'enquête des policiers aurait été grandement facilitée. J'avais pris connaissance de tous ces détails au fil des témoignages des différentes personnes présentes à la polyclinique ce soir-là. Vous les découvrirez un peu plus loin et vous pourrez, tout comme moi, reconstituer avec exactitude ce qui s'est vraiment passé.

Chapitre 2

Une nuit de cauchemar

Mon premier souvenir à compter du moment où je me suis trouvé à l'intérieur de la polyclinique me montre assis sur une chaise dans l'une des salles de l'urgence. Des policiers, l'agent Mario Champagne et l'agent Nathalie Bédard, sont à mes côtés.

J'étais défait, mais surtout abasourdi. Je ne comprenais absolument pas ce qui s'était passé, comment il se faisait que Michelle était couverte de sang et, surtout, j'étais terriblement inquiet. Je ne tenais pas en place, réclamant qu'on me donne des nouvelles de Michelle, qu'on me dise ce qu'elle avait. Je ne pouvais circuler à l'intérieur de la polyclinique, les deux agents m'ayant enjoint de rester à leurs côtés, et il était encore moins question que je puisse sortir à l'extérieur pour aller m'enquérir de l'état de santé de Michelle. Je me rappelle clairement que l'agent Champagne, qui était maintenant seul avec moi, ne voulait pas du tout que je sorte: «Ne t'inquiète pas, ils font tout ce qu'il faut, l'ambulance est là, ils s'occupent de ta femme. Dans l'état où tu es, tu vas déranger si tu vas dehors...»

Le ton était ferme et convaincant, il n'y avait pas lieu d'opposer de résistance. J'étais trop knock-out pour réagir et le policier se montrait très réconfortant dans les circonstances. Il ne faut cependant pas être très perspicace pour déduire que l'agent Champagne avait reçu l'ordre de demeurer avec moi à l'intérieur de la polyclinique.

Aujourd'hui, avec le recul, je suis convaincu qu'on me considérait déjà comme le suspect principal. Normalement, on aurait dû me laisser m'approcher de Michelle, aller voir les ambulanciers, mais on tenait mordicus à ce que je demeure à l'intérieur de la polyclinique, ce qui me laissait présager que l'état de santé de Michelle était grave. J'ignorais à ce moment-là qu'elle avait été atteinte de plusieurs coups de couteau et qu'elle était décédée, car on ne me disait rien.

C'est fou comment on peut se sentir impuissant dans de telles circonstances. J'aurais aimé être près de mon épouse, prendre place à ses côtés dans l'ambulance et l'accompagner à l'hôpital. Au lieu de cela, j'étais bêtement assis à l'intérieur d'une salle, un policier à mes côtés, attendant je ne sais quoi. J'étais angoissé. On me laissait croire que Michelle avait été transportée en ambulance, mais on n'avait pas précisé à quel hôpital elle avait été conduite. J'ai su plus tard que cette information était fausse, car Michelle était déjà décédée, et que c'était plutôt la fourgonnette de la morgue qui avait été appelée sur les lieux. On me tenait dans l'ignorance totale et, plus le temps passait, plus je redoutais le pire et plus je trouvais bizarre et surtout frustrant de ne pas avoir de nouvelles. De plus, je commençais à m'inquiéter pour les enfants; j'aurais aimé les avertir pour qu'ils ne s'alarment pas parce que nous n'étions pas encore rentrés à la maison.

Je devais me trouver à l'intérieur de la polyclinique depuis environ quarante-cinq minutes lorsque le médecin de garde à l'urgence est venu me voir, à la demande du lieutenant Lamarche qui ne me trouvait pas bonne mine. Il s'agissait du docteur Réjean Vanier, un médecin que je connaissais de nom mais que je n'avais jamais rencontré. Apparemment, j'aurais été plutôt «sec» avec ce médecin, mais je ne me souviens pas de ce détail. C'est lors de mon premier procès que le docteur Vanier a raconté ce qui s'était produit. Voici un extrait de son témoignage:

«... j'ai employé une question très générale et j'ai demandé à monsieur Perron: "Monsieur Perron, est-ce que ça va, monsieur Perron?" Je lui ai demandé ça mais tout bonnement comme ça. Et là, monsieur Perron m'a répondu sur un ton que je qualifierais quand même d'agressif dans la voix, il m'a répondu ceci: "Tu parles d'une *question dans les circonstances!" Alors là, j'étais un petit peu... ça ne m'a pas refroidi, mais ça m'a distancé un peu...»*

Désolé! Mais si j'ai réagi ainsi, c'est évidemment parce que j'avais les nerfs à vif! J'ai enlevé mon manteau, déboutonné ma chemise et je l'ai laissé m'ausculter. Après avoir constaté que je n'avais pas de malaise majeur, le docteur Vanier est sorti, me laissant de nouveau seul avec l'agent Champagne.

Quelques instants plus tard, Raymond Duchesne est venu me voir. Il est ophtalmologiste et était le patron de Michelle. Sa femme et lui étaient devenus de bons copains que nous fréquentions régulièrement. Voici les propos qu'il a tenus lors du premier procès, concernant cette rencontre:

«*...Là, la première personne que j'ai rencontrée, qui était vraisemblablement, je ne me souviens pas, mais probablement la réceptionniste à qui j'ai demandé où est-ce qu'il se trouvait, elle m'a indiqué la pièce où il se trouvait. Sans plus de préambule, je me suis dirigé vers la pièce. Je suis entré dans la pièce en question, Gilles se trouvait là avec un policier présumément en faction, d'après ce que j'ai pu comprendre par la suite. Alors, il s'est déroulé assez peu de choses, il m'est tombé dans les bras en pleurant, en me disant: "Écoute Raymond..." Après plusieurs minutes de silence ou de pleurs... il m'a demandé de voir ce qui se passait, de me dire comment Michelle se trouvait, dans quel état elle se trouvait. Et c'est là que le policier en place est intervenu pour dire: "Bien écoutez, je vous ai laissé faire là, enfin je vous ai permis pendant quelques minutes d'apporter réconfort à monsieur Perron mais moi, j'ai charge de le surveiller. Je vous demanderais d'aller chercher une autorisation..."*»

Raymond a quitté la pièce sans avoir pu me donner des renseignements sur l'état de santé de Michelle, et il s'est mis en quête d'une autorisation. Il m'a raconté plus tard, au cours de la soirée, qu'il avait éprouvé beaucoup de difficulté à obtenir cette permission. Un policier lui aurait même dit qu'il serait mieux qu'il ne vienne pas me voir, parce que ça pourrait lui causer des problèmes plus tard... Ce genre de propos démontre que j'étais déjà considéré comme le suspect principal, même si aucune des autorités concernées ne l'a jamais confirmé.

J'ai aussi appris par la suite que Raymond savait que Michelle était décédée lorsqu'il est venu me voir la première fois. Il avait cru bon de ne rien me dire tout de suite, se justifiant ainsi lors de son témoignage:

«Non, je ne l'ai pas dit immédiatement à monsieur Perron, d'autant plus que celui-ci venait justement de me dire: "Écoute...", quelque chose à peu près comme ceci: "L'ambulance est demandée, Michelle va, Michelle est évidemment pas bien, j'aimerais savoir qu'est-ce qui arrive, est-ce que l'ambulance est arrivée, est-ce qu'elle a été transportée? Comment est-elle?" Alors, en le quittant, je lui ai dit: "Écoute, je vais chercher la permission qui va m'autoriser à revenir et compte sur moi, je vais te donner des nouvelles..."»

Lorsque Raymond est enfin revenu, ce fut sans doute l'un des pires moments de ma vie: il venait m'annoncer la mort de Michelle. Encore une fois, reportons-nous à son témoignage, donné le 22 novembre 1989 au Palais de justice de Montréal.

Me Jean Dury, procureur de la défense: *«Alors, vous obtenez la permission et vous revenez auprès de monsieur Perron?»*

Raymond Duchesne: *«C'est exact.»*

Me Dury: *«À ce moment-là, qu'est-ce qui se passe?»*

Raymond Duchesne: *«Bien, écoutez: essentiellement, c'est moi qui lui apprends que Michelle est décédée, parce qu'évidemment, en me voyant revenir une heure, une heure et demie par-dessus, la première question qu'il me pose, c'est à savoir comment est Michelle. Alors là, sans hésiter, je ne lui cache pas la vérité, je lui dis: "Écoute Gilles, Michelle est décédée", ce qui semble évidemment, vous le devinerez, l'affecter beaucoup.»*

Le Tribunal: *«Pardon?»*

Raymond Duchesne: *«Ce qui semble évidemment l'affecter beaucoup, déjà il n'était pas très bien, alors... il était dans un état de prostration assez impressionnant pour quelqu'un qui le connaissait, qui connaissait sa bonne humeur habituelle.»*

Me Dury: *«Et après ça, qu'est-ce qui est arrivé, vous lui avez annoncé le décès de Michelle Perron, qu'est-ce qu'il a fait là?»*

Raymond Duchesne: *«Bien écoutez, après plusieurs minutes vraisemblablement, que je ne saurais pas vous dire encore une fois avec précision, de pleurs et de... non pas de cris, mais de déchirement. Il sem-*

blait être assez choqué de voir qu'elle était décédée, alors qu'il semblait
sous l'impression qu'elle était vivante et qu'on attendait l'ambulance...»

Après m'avoir appris la mort de Michelle, Raymond est donc resté à mes côtés, constatant que j'avais besoin de réconfort. Et lorsqu'on m'a annoncé qu'on devait me conduire au poste de police (celui de Chomedey) pour que je donne ma version des faits, Raymond a décidé de m'accompagner. Il a eu l'idée et la gentillesse de téléphoner chez moi, pour prévenir les enfants que Michelle et moi étions avec lui et son épouse, et que nous avions décidé d'aller manger ensemble. Il n'était pas question de les alerter inutilement et j'avais décidé de les tenir dans l'ignorance jusqu'à ce que je leur apprenne moi-même la nouvelle lors de mon retour à la maison.

Il m'est difficile d'exprimer une opinion sur ce qui s'est passé au poste de police, car mes souvenirs sont très flous. Je me souviens que l'attente a été très longue et que les policiers ont demandé à Raymond de me laisser seul lorsqu'ils m'ont interrogé.

On m'a longuement questionné. Les policiers désiraient entre autres des renseignements concernant Michelle, mais on m'a essentiellement demandé de raconter dans quelles circonstances j'avais découvert le corps de ma femme dans son automobile. J'ai répondu à toutes les questions, je leur ai raconté toute l'histoire et ce n'est qu'aux petites heures du matin — il devait être environ 3 h 30, 4 h — que Raymond et moi avons pu finalement regagner mon domicile. Je ne savais absolument pas comment j'allais m'y prendre pour annoncer la nouvelle à mes enfants et j'ai demandé à Raymond de demeurer à l'extérieur. Line, qui était alors âgée de vingt-trois ans, était inquiète; elle était éveillée lorsque je suis entré dans la maison. Isabelle et Sylvain, mes deux autres enfants, étaient couchés et dormaient.

J'ai été incapable d'annoncer à ma fille que sa mère avait été tuée. J'ai dû cependant lui dire que Raymond Duchesne était à l'extérieur, car elle est sortie et lui a dit: «Qu'est-ce qui se passe? Je n'ai jamais vu mon père aussi blanc que ça dans ma vie! Il n'est pas capable de parler!» Raymond est entré dans la maison, nous nous sommes assis tous les trois à la table dans la cuisine et Raymond et moi lui avons appris la nouvelle. Ce n'est que plus tard dans la matinée que mes deux autres enfants l'ont apprise à leur tour. Ces moments ont été épouvantables pour ma famille; ce sont des souvenirs très pénibles qu'il m'est encore difficile d'évoquer.

Aux environs de 6 h, 6 h 30, Nicole, la sœur de Michelle, est arrivée à la maison en compagnie de mon beau-frère Claude Lapierre. Line leur avait téléphoné pour leur annoncer qu'il était arrivé quelque chose à Michelle et leur avait demandé de venir nous rejoindre à la maison. L'atmosphère était lourde. Chacun tentait tant bien que mal de réprimer ses larmes, et nous nous posions tous la même question: pourquoi, pourquoi Michelle a-t-elle été tuée? Cette question, elle me brûle encore les lèvres et je n'ai pas perdu espoir qu'un jour, le ou les meurtriers de ma femme seront découverts.

Chapitre 3

Le mystère des clés

Nicole, la sœur de Michelle, était aussi sa grande amie. Il ne se passait pratiquement pas une journée sans que les deux femmes ne se parlent au téléphone. Et comme Nicole habitait à quelques rues de chez nous, elles se voyaient fréquemment. Je dois préciser qu'au cours des années qui ont suivi la mort de Michelle, Nicole s'est constamment avérée une alliée de premier plan et n'a jamais cru un instant que j'avais pu assassiner sa sœur. Elle a apporté beaucoup de réconfort aux enfants et je la remercie pour tout ce qu'elle a fait.

C'est d'ailleurs Nicole qui a permis de faire la lumière sur le mystère des clés de l'automobile de Michelle. Le soir du meurtre, et au cours de la nuit suivante, une question me revenait sans cesse en tête: comment Michelle avait-elle pu ouvrir sa portière, puisque ses clés se trouvaient à l'intérieur? Dans ma première déclaration aux policiers de Laval, j'avais dit qu'il y avait deux jeux de clés: Michelle en avait un, j'avais l'autre, dans mon propre trousseau.

Quelques heures après son arrivée à la maison, j'ai raconté cette histoire de clés à Nicole et lui ai fait part de ma perplexité. Nicole m'a demandé de venir dans le salon, avec les enfants, et m'a posé la question suivante: «Gilles, il y avait combien de *sets* de clés pour la voiture de Michelle?» Je lui ai répondu qu'il y en avait deux, mais ma fille Isabelle a esquissé un sourire, et,

soudainement, ça m'est revenu à l'esprit: elle possédait elle aussi un double des clés de l'auto, qu'elle utilisait de temps à autre.
Il existait donc trois trousseaux, mais ce n'était tout de même
pas Isabelle qui avait déverrouillé la portière de Michelle!

Nicole reprit la parole: «Est-ce qu'il y en a d'autres?» Cette
fois, j'aurais pu jurer que non. «Voyons donc, Gilles, à qui appartenait cette auto-là avant?» En lui répondant qu'elle était la
propriété du père de Michelle, j'ai eu un *flash*: il y avait un autre
double ayant appartenu au père de Michelle. La clé des portières
avait d'ailleurs une caractéristique connue de toute la famille:
elle était rognée et ne permettait d'ouvrir que la portière du
passager. Ce jeu de clés était attaché à un porte-clés en cuir qui
portait les initiales G P, signifiant grand-papa, et qui était suspendu à un clou dans la cuisine. On n'avait pratiquement jamais utilisé ces clés au cours de l'année, on les gardait en cas
d'urgence, pour dépanner.

«Où est-il, ce trousseau de clés?» ai-je demandé. Isabelle a
raconté que le dimanche précédent (le 13 décembre), elle avait
voulu utiliser le véhicule de sa mère, mais qu'elle ne trouvait
pas ses clés. Elle avait donc emprunté le trousseau de sa mère,
mais avait négligé de le lui rendre. Nicole a enchaîné: le lendemain matin, Michelle devait se rendre chez le docteur Duchesne,
où il lui arrivait d'aller faire du travail de comptabilité et d'in-
formatique, mais elle s'était rendu compte qu'elle n'avait pas
ses clés et qu'Isabelle était déjà partie. Elle avait téléphoné à
Nicole pour lui raconter cette histoire, et celle-ci lui avait suggéré: «Bien, prends les clés de papa qui sont accrochées dans la
cuisine!» Michelle avait donc pris ces clés et avait pu se rendre
chez le docteur Duchesne. Elle avait aussi raconté sa petite mé-
saventure à la femme de son employeur, le docteur Suzie Mea-
gher.

J'ai alors demandé: «Mais où sont-elles, ces clés-là, le vieux
trousseau de son père?» Elles n'étaient plus suspendues à leur
place, même si le lundi soir, à son retour de l'école, Isabelle
avait remis à Michelle le trousseau qu'elle lui avait emprunté.

Nicole et les enfants m'ont demandé de sortir durant
quelques heures avec mon beau-frère, le temps qu'ils examinent
les objets personnels de Michelle. Tous se sont mis à la recherche
du porte-clés manquant.

Lorsque je suis revenu à la maison un peu plus tard, Nicole m'a simplement dit: «J'espère qu'il n'y a rien qui va te choquer...», ce à quoi j'ai répliqué: «Non, je pense que vous l'avez fait pour moi et je l'apprécie.»

Nicole, Carole Dupuis (une amie de la famille) et ma fille Line avaient bien fait les choses: les vêtements de Michelle n'étaient plus dans la chambre, et certains objets qui m'auraient inévitablement rappelé des souvenirs sur notre vie de couple n'étaient plus là.

Par contre, les recherches pour retrouver le trousseau de clés du père de Michelle n'avaient donné aucun résultat. Ce trousseau n'a pas non plus été récupéré sur les lieux du crime le 15 décembre 1987, et, à ce jour, il est encore introuvable.

Mes proches et moi en avons conclu que Michelle avait dû conserver les clés de son père dans son sac à main. Il lui était déjà arrivé d'oublier ses clés à l'intérieur de sa voiture et Nicole lui avait suggéré de garder un double dans son sac à main. Michelle avait dû mettre ce conseil en pratique et s'était souvenue qu'elle avait un double peu après mon départ pour aller chercher mon propre trousseau dans ma voiture. Elle a donc pu rentrer dans son automobile par la portière du passager et c'est à ce moment, j'imagine, qu'elle a été attaquée.

Cette histoire de clés peut paraître rocambolesque. C'est en fait un enchaînement d'incidents banals et fortuits qui, en d'autres circonstances, aurait été jugé insolite et même amusant. Jamais aurait-on pu croire que cette histoire de clés aboutirait à un événement aussi tragique!

**

Les journées qui ont suivi ont été très pénibles pour nous tous, mes enfants et mes proches. Le service funèbre de Michelle a eu lieu le vendredi 18 décembre, et nous avons vécu, quelques jours plus tard, la fête de Noël la plus triste de notre vie. Le 21 décembre, les policiers ont téléphoné à mon beau-frère, qui avait été chargé de s'occuper de l'automobile de Michelle, pour l'informer que nous pouvions reprendre possession du véhicule. L'automobile a été conduite chez Lebeau pour y être nettoyée, puis elle a été vendue.

Évidemment, j'avais obtenu un congé et je n'étais pas retourné travailler à Radio-Canada. J'ai pu ainsi demeurer auprès de mes enfants Line, Isabelle et Sylvain, respectivement âgés de vingt-trois, dix-huit et quatorze ans. Le voyage que Michelle et moi devions faire en février, en République Dominicaine, a été annulé. C'est Nicole, ma belle-sœur, qui a fait les démarches et qui a demandé l'indemnisation à nos assureurs.

Petit à petit, le choc et la douleur se sont atténués, mais le souvenir de Michelle demeurait encore bien présent. Perdre un être cher est une épreuve terrible, mais je crois que l'expérience est encore plus marquante et plus difficile à supporter lorsque la personne meurt victime de violence et qu'en plus, le ou les meurtriers courent toujours.

Le 4 janvier, j'ai reçu un appel de Jean-Claude Poulin, sergent-détective de la police de Laval. Il désirait que je me rende le lendemain au poste de police de Chomedey, avec mes enfants, prétextant qu'il voulait les interroger. L'idée d'emmener les enfants au poste de police ne me plaisait guère, je trouvais ça un peu lugubre... Je lui ai plutôt suggéré de venir à la maison, ajoutant qu'il aurait tout le loisir de s'entretenir avec les enfants. Il a accepté. Le lendemain, Jean-Claude Poulin et son confrère Fernand Lamarche sont arrivés chez moi peu après 18 h. Je les avais déjà rencontrés dans la soirée du 15 décembre, mais j'aurais été bien en peine de préciser lequel des deux était Jean-Claude Poulin, même si je me souvenais vaguement de son visage.

Les deux policiers ont demandé à voir les enfants individuellement, puis ensemble. Les enfants ont répondu à leurs questions, puis les policiers se sont assis avec moi pour m'interroger longuement, même s'ils m'avaient dit que leur visite avait surtout pour but de rencontrer les enfants.

J'ai su beaucoup plus tard que cette visite avait plutôt comme objectif d'obtenir encore une fois ma version des faits, puisqu'ils avaient préparé une liste de vingt-trois questions. Au fond, il semble évident que ce que les enfants avaient à raconter leur importait peu. Curieusement, lors du premier procès, les policiers ont maintenu qu'ils étaient venus à la maison seulement pour questionner les enfants et que c'est moi qui avais insisté pour leur parler, alors que c'est le contraire.

Pour faciliter l'enquête, pour les aider à mettre la main le plus rapidement possible sur le ou les coupables, j'ai accepté de répondre à leurs questions. Mieux, j'ai pris la peine de leur raconter avec force détails l'histoire des clés que nous avions éclaircie, corrigeant ainsi mon témoignage de la nuit du 15 au 16 décembre, dans lequel j'avais dit qu'il n'y avait que deux trousseaux de clés. À mon grand étonnement, j'ai appris plus tard que le policier Lamarche, dans ses notes, n'avait pas mentionné que je leur avais raconté cet épisode; à la dernière page de son calepin, il avait simplement inscrit: «*Démystification des clés*».

Ce n'est que tard en fin de soirée que les deux policiers ont quitté la maison. Or, jamais au cours de leur visite je n'ai songé un instant que j'étais considéré comme le suspect principal du meurtre de mon épouse. Pourtant, aujourd'hui, après avoir entendu les témoignages des policiers à l'enquête préliminaire, aux deux procès et à l'enquête du Comité de déontologie policière, je suis certain que, dès le 15 décembre 1987, on me considérait comme le suspect numéro un.

Chapitre 4

Claire et Jean-Pierre Léger

Au cours des semaines qui suivirent la visite des policiers, la vie a repris tant bien que mal son cours normal. Je suis retourné au boulot et les enfants ont tenté d'oublier leur chagrin en reprenant leurs activités habituelles. Quant à l'enquête, c'était le calme plat, je n'avais plus aucune nouvelle de la police, aucun suspect n'avait encore été appréhendé.

Un matin que je me trouvais au bureau de ma compagnie, V.I.P. Inc. (une maison de production de vidéos), j'ai eu une conversation avec Jacqueline Bombardier. Alors que je lui manifestais mon intention de me ressaisir, de me reprendre en main et de me tourner vers l'avenir, Jacqueline m'a demandé si cela me plairait d'accompagner une de ses amies lors d'une soirée. Cette personne possédait des billets pour une pièce de théâtre présentée à la Compagnie Jean-Duceppe. Je lui ai répondu que cela m'intéresserait peut-être, mais que cela dépendait de l'identité de l'amie en question. Elle m'a dit qu'il s'agissait de Claire Léger, vice-présidente des Rôtisseries St-Hubert. Je la connaissais de nom, je l'avais même déjà vue lors d'une première, alors que je réalisais l'émission *Télex-Arts*, mais nous ne nous étions jamais parlé. J'ai décidé de réfléchir plutôt que de donner une réponse sur le coup, parce que je me demandais si cette sortie avec une femme que je ne connaissais pas était vraiment ce qu'il me fallait pour mettre un peu de soleil dans ma vie.

Ce n'est que trois jours plus tard que j'ai accepté, en précisant à Jacqueline que je rejoindrais son amie à la porte du théâtre. C'est ainsi que j'ai fait la connaissance de Claire Léger le 19 février 1988. Notre première rencontre a cependant été un peu loufoque. Claire recevait ce soir-là plusieurs invités et, à la porte d'entrée du théâtre, elle avait plusieurs billets qu'elle s'affairait à distribuer. Je me suis présenté, elle m'a remis mon billet, persuadée que j'allais être assis à ses côtés dans le théâtre. J'ai cependant réalisé, alors que je me dirigeais vers mon siège, que j'allais être assis aux côtés d'une copine de Claire... et que cette dernière avait un siège situé à l'autre bout de la rangée! Gênés et mal à l'aise, nous avons assisté à cette pièce sans entracte, chacun de notre côté!

Je me suis surpris plus tard à penser que s'il était arrivé quelque chose à Claire Léger ce soir-là, j'aurais peut-être été dans l'obligation d'expliquer pourquoi je n'étais pas assis à ses côtés, alors que je devais l'accompagner... Aurais-je été soupçonné? Les choses sont parfois étranges, on ne peut jamais savoir ce qui nous pend au bout du nez! Aujourd'hui, je me dis que si je n'avais pas oublié mes clés dans mon automobile le soir du meurtre, ou si Michelle s'était souvenue qu'elle avait les vieilles clés de son père dans son sac à main avant que je ne reparte à pied en direction des Galeries Papineau, la tragédie n'aurait peut-être jamais eu lieu! Malheureusement, personne ne peut prédire l'avenir...

À la sortie du théâtre, Claire et moi avons bien ri de cette rencontre pour le moins distante. Nous nous sommes laissés presque aussitôt, Claire prenant la route des Laurentides tandis que je retournais chez moi, à Laval. Comme première rencontre, ce n'était pas tout à fait réussi, mais la soirée avait tout de même été agréable. Au moins, je m'étais changé les idées.

La semaine suivante, Jacqueline Bombardier m'a annoncé qu'elle recevrait Claire chez elle un soir, pour le souper, et que, d'un commun accord, les deux femmes désiraient que j'aille les rejoindre pour le dessert. J'ai accepté cette invitation et, cette fois, j'ai pu connaître un peu mieux Claire Léger, une femme qui m'a charmé par son intelligence et par sa beauté. Jacqueline n'était pas peu fière de son coup lorsqu'elle a constaté que nous nous entendions à merveille.

La chimie s'est faite assez rapidement entre Claire et moi, et si ce n'était pas le coup de foudre, ça y ressemblait beaucoup. Pour tout dire, je croyais vivre un conte de fées. Cette rencontre et les beaux moments qui ont suivi ont été comme un baume sur ma plaie, m'ont procuré une grande parcelle de bonheur à laquelle j'ai décidé de m'accrocher.

Je ne vous cacherai pas que j'étais toutefois inquiet des réactions de mes enfants alors qu'il s'était écoulé à peine plus de deux mois depuis la mort de leur mère. À mon grand soulagement, ils ont très bien accueilli la nouvelle et se sont dits heureux de constater que cette femme m'apportait du bonheur, et que je ne m'accrochais plus au passé. Ils s'apercevaient, tout comme moi, que ma morosité avait fait place à une joie de vivre que je ne croyais plus sincèrement être capable d'éprouver à nouveau. J'ai donc été soulagé d'avoir l'assentiment de mes enfants.

Nous avons passé le week-end qui a suivi notre rencontre chez Claire dans les Laurentides et, au fil des jours, notre relation est devenue de plus en plus intense.

À l'époque, j'habitais encore la maison familiale avec les enfants, mais nous avions décidé de la mettre en vente. Je comptais faire l'acquisition d'un condominium à Vimont, que j'habiterais avec mon fils. À la fin de mars, Claire m'a accompagné au bureau des ventes où je devais signer mon contrat pour l'achat du condominium; alors que j'étais sur le point de signer le contrat, elle m'a proposé d'aller habiter chez elle, dans son condominium sur l'île Paton. «Viens donc rester avec moi, annule tout ça!», m'a-t-elle suggéré. J'ai accepté sa proposition et je me suis installé chez elle avec mon fils Sylvain. L'osmose était parfaite, tout allait bien.

À l'approche de la fête des Mères, j'ai proposé à Claire de nous rendre à Calgary pour y visiter son fils, qu'elle n'avait pas vu depuis un moment et qui poursuivait ses études là-bas. Elle a trouvé l'idée excellente, et nous sommes partis pour l'Ouest canadien, en compagnie de Sylvain. Ce voyage a été très agréable, d'autant plus que nous avions passé quelques jours à Banff. Nos liens se consolidaient de plus en plus.

En juillet, nous sommes partis en vacances à Myrtle Beach, avec des amis à moi. Claire devait toutefois revenir un peu plus tôt pour son travail, alors que moi, j'ai pu profiter d'une semaine de plus sur les plages américaines. Mais, avant même de nous laisser, nous étions déjà impatients de nous retrouver.

À son retour à Montréal, Claire a eu une conversation avec son frère, Jean-Pierre Léger, qui lui a dit que le sergent-détective Jean-Claude Poulin, de la police de Laval, désirait la rencontrer. Ce dernier était toujours chargé de l'enquête sur le meurtre de Michelle, et il a rencontré Claire au poste de police. On lui a posé plusieurs questions à mon sujet, lui demandant même de révéler certains détails que je lui avais confiés concernant la soirée du 15 décembre. Claire, qui est une femme sensible et émotive, a été ébranlée par cette rencontre et a réagi de façon très négative à cet interrogatoire.

Lorsque je suis revenu au pays, elle m'a bien sûr tout raconté, précisant que c'était son frère Jean-Pierre qui avait organisé la rencontre avec Jean-Claude Poulin. Je ne me trompe certes pas en affirmant que c'est à partir de ce moment que la *merde* a commencé... Tout allait bien entre elle et moi, tout était parfait jusqu'à cet épisode. Aujourd'hui, je suis convaincu que l'initiative de Jean-Pierre Léger était une tactique pour inciter Claire à me laisser. Il pensait que j'avais tué ma femme, et en plus, il ne voulait pas m'avoir dans ses jambes... Il faut dire que mes relations avec Jean-Pierre étaient plutôt froides. Je l'avais rencontré deux ou trois fois et je l'avais trouvé distant, pas très favorable au bonheur de sa sœur.

Claire m'a confié à un certain moment que Jean-Pierre avait rencontré des policiers afin de savoir si l'enquête sur la mort de ma femme progressait. Il posait beaucoup de questions. Je ne vous cacherai pas que j'ai trouvé ça un peu curieux, me demandant bien de quoi il se mêlait! Dans ma grande naïveté, je me suis dit qu'il était peut-être normal qu'il cherche à se renseigner à mon sujet et sur le meurtre de ma femme, pour le bien de sa sœur.

La mère de Claire, Hélène Léger, m'appréciait beaucoup. Nous nous étions rencontrés à quelques reprises — j'étais même allé tailler des petits arbres décoratifs chez elle — et elle constatait évidemment que sa fille était heureuse avec moi. Mais après l'interrogatoire de Claire, j'ai bien vu que l'hypothèse du mari assassin commençait à faire son chemin.

Je ne crois pas que Claire ait jamais partagé cette opinion, mais j'ai senti le besoin de révéler tout ce que je savais dans le but d'obtenir la confiance de ses proches. J'ai demandé à Claire si je pouvais rencontrer sa mère pour m'expliquer. Claire a accepté et j'ai pu rencontrer Hélène Léger en tête-à-tête. J'ai même invité Raymond Duchesne à participer à une rencontre avec les deux femmes, au cours de laquelle il leur a présenté sa version des faits. Ces deux rencontres ont eu des effets bénéfiques, mais Jean-Pierre Léger ne voulait pas démordre de son opinion et restait persuadé que j'étais un meurtrier.

J'ai alors dit à Claire que je voulais rencontrer Jean-Pierre. Je lui ai téléphoné, il m'a répondu très poliment et le rendez-vous a été fixé, d'un commun accord, à l'hôtel Sheraton de Laval. «Parfait, je m'occupe de tout», lui ai-je dit.

Je me suis rendu au Sheraton pour louer une petite salle de conférence pour une journée, puis j'ai téléphoné à Jean-Pierre pour lui confirmer le rendez-vous. Il m'a dit être dans l'impossibilité de se libérer cette journée-là, mais qu'il pourrait être disponible le matin du 19 octobre. J'ai téléphoné aussitôt à l'hôtel pour changer la réservation, et on m'a assuré qu'il n'y avait pas de problème.

Le 19 octobre, Jean-Pierre et moi nous retrouvions dans le hall du Sheraton. J'ai demandé à une employée la clé de la salle que j'avais réservée, mais elle m'a informé qu'il y avait un problème, que la salle n'était malheureusement plus disponible. On m'a proposé plutôt de nous installer dans l'une des chambres. J'ai demandé l'avis de Jean-Pierre, qui, l'air distrait, m'a répondu que ça ne le dérangeait absolument pas, qu'après tout ce sont des choses qui arrivent... La préposée m'a donc remis la clé d'une chambre, où nous nous sommes enfermés pendant près de deux heures.

Ce n'est qu'au cours du premier procès que j'ai appris que Jean-Pierre Léger avait prévenu Jean-Claude Poulin de cette rencontre, précisant d'ailleurs qu'elle devait avoir lieu à ma demande. N'écoutant que son instinct de détective amateur, il avait même proposé au policier d'enregistrer notre conversation. Le sergent Poulin avait accepté et Jean-Pierre Léger avait dû remplir une demande réglementaire à cette fin. Les enquêteurs, la direction de l'hôtel Sheraton et, bien sûr, Jean-Pierre Léger étaient donc tous de connivence pour me piéger...

****

Évidemment, l'histoire de la salle de conférence qui n'était plus disponible était un coup monté, puisque les policiers occupaient la chambre voisine de la nôtre. La veille, les policiers avaient installé leur matériel pour effectuer l'écoute électronique. Tout était en place et avait été soigneusement planifié.

D'emblée, dès le début de notre rencontre, Jean-Pierre m'a dit le fond de sa pensée: «*...J'ai aucun doute que Gilles Perron, mais absolument aucun doute que Gilles Perron a assassiné Michelle Perron, mardi le 15 décembre.*» Ça débutait bien! Je lui ai alors raconté comment les choses s'étaient vraiment passées le soir du meurtre, en plus de lui donner des détails sur l'histoire des clés. Je lui ai aussi raconté à un certain moment, sans me douter le moins du monde que notre conversation était enregistrée, comment j'avais découvert Michelle, couverte de sang, et ce que j'avais fait à ce moment-là.

Jean-Pierre: «*Et tu me dis que tu as pris ton épouse dans tes bras, c'est ça?*»

Gilles: «*Non.*»

Jean-Pierre: «*Tu l'as pris pis tu l'as...*»

Gilles: «*Non, je l'ai soulevée et je l'ai déposée sur la banquette, c'est ça que j'ai fait.*»

Jean-Pierre: «*Tu l'as déposée sur la banquette?*»

Gilles: «*Oui.*»

Jean-Pierre: «*Un point aussi qui me faisait réfléchir, c'est le fait que tu découvres ton épouse qui est pleine de sang, ça là, j'essayais de voir comment t'as pu ne pas tacher tes mains du sang de ton épouse.*»

Gilles: «*J'en avais du sang sur mes mains.*»

Jean-Pierre: «*Personne a vu du sang sur tes mains.*»

Gilles: «*Je sais pas ce qui s'est passé par la suite. Je sais pas.*»

Jean-Pierre: «*Oui, mais c'est ça Gilles, tu comprends, les gens qui t'ont rencontré, qui t'ont vu: y en avait pas de sang, Gilles Perron, sur les mains. Ensuite, si je pousse un peu l'affaire plus loin.*»

Gilles: «*Non, y avait du sang.*»

C'est lors de cet entretien que le détail du sang sur les mains m'est revenu à l'esprit pour la première fois. Ma réponse à Jean-Pierre Léger est devenue une certitude pour moi au cours des mois suivants, mais, lors du premier procès, à mon grand désespoir, personne n'a pu témoigner que j'avais effectivement du sang sur les mains lorsque je suis entré à la polyclinique. Or, comme vous le verrez plus loin, je n'étais pas fou...

L'un des buts de Jean-Pierre, lors de notre rencontre, était aussi de me convaincre de rompre avec sa sœur.

Jean-Pierre: «*De toute façon, mon objectif à moi, c'est de ne pas t'envoyer en arrière des barreaux.*»

Gilles: «*Non, je sais c'était quoi ton objectif.*»

Jean-Pierre: «*Moi, c'est pas mon objectif, tu le sais, hein?*»

Gilles: «*Je sais c'est quoi, oh oui, je le sais fort bien, c'est quoi.*»

Jean-Pierre: «*C'est que ma sœur se branche et...*»

Gilles: «*Ouais, ben, est branchée ta sœur, ça je peux te le dire tout de suite, elle est très branchée ta sœur.*»

Jean-Pierre: «*Euh, euh...*»

Gilles: «*Oui, pis ça, tu pourras pas lui faire changer d'idée. Pis m'a te dire une chose de plus que ça, c'est pas moi qui l'ai poussée dans ce sens là, parce que moi, à deux reprises, je lui ai dit je prends mes p'tits, mes cliques pis mes claques et je m'en vais. À deux reprises je lui ai dit ça, parce que je lui ai dit: "Je t'aime trop pour qu'une situation comme ça entre ton frère et toi dure." J'ai dit, je ne peux pas subir ça, OK?*»

Jean-Pierre: «*Ce serait bien que tu la laisses.*»

Gilles: «*Elle veut pas, pis là, on a réglé la situation, pis on reste ensemble.*»

Lors de cette conversation, j'ai pu constater que Jean-Pierre Léger avait obtenu plusieurs informations sur le meurtre, des détails que, normalement, il n'aurait pas dû connaître. Je lui ai d'ailleurs dit: «*Ils t'ont donné des choses, des informations en plus, que théoriquement ils auraient pas dû te donner. Te faire voir une photo, que tu devais pas voir. Ils ont pas le droit de faire ça.*» Jean-Pierre n'a pas nié, préférant changer de sujet. Je me pose encore la question aujourd'hui: les citoyens ne sont-ils pas tous égaux? Est-ce parce que j'étais le compagnon de sa sœur et parce qu'il était une personnalité influente, en tant que vice-président des Rôtisseries St-Hubert, que Jean-Pierre Léger a eu accès à de telles informations? Mystère!

Un peu plus tard au cours de notre entretien, j'ai pris conscience que Jean-Pierre se livrait à une interprétation des faits selon les informations incomplètes qui lui avaient été transmises. Il a été de nouveau question des policiers et de l'enquête.

Jean-Pierre: «*Ah, ils ont pas terminé l'enquête, tu sais que l'enquête continue. J'imagine que tu dois savoir que l'enquête continue.*»

Gilles: «*Oui oui, ça je le sais. Ça je le sais, ça. Je sais ça, mais ce qu'ils ont fait, c'est pas correct, bon, attention. Ce qu'ils ont fait avec toi, ce n'est pas correct, y auraient jamais dû faire ça de divulguer une partie d'information.*»

Jean-Pierre: «*Ah, c'est moi qui a été les voir.*»

Gilles: «*Ah, je le sais que c'est toi, mais y auraient dû faire: "Monsieur, écoutez, laissez-nous travailler et puis vous aurez de l'information."*»

Jean-Pierre: «*Attends une minute, ma sœur.*»

Gilles: «*Oh, oh, oh...*»

Jean-Pierre: «*Ma sœur est concernée, mon garçon.*»

Gilles: «*Ta sœur est concernée: est-tu malheureuse, ta sœur ?*»

Jean-Pierre: «*Non, est pas malheureuse, c'est son entourage par exemple qui l'est.*»

Gilles: «*Ben oui, c'est qui par exemple qui a foutu l'entourage en l'air comme ça?*»

Jean-Pierre: «*Hein?*»

Gilles: «*C'est qui? C'est sûrement pas moi qui l'a foutu en l'air de cette façon-là, avec des faussetés, pis des choses, j'veux dire abracadabrantes.*»

Jean-Pierre: «*Oh!*»

Gilles: «*Oh, mais non attention là, attention, quand tu affirmes, et c'est ça que je n'admets pas, que tu affirmes que je suis un assassin... Et c'est une affirmation.*»

Jean-Pierre: «*Mais je te l'ai dit, je te l'ai dit.*»

Et Jean-Pierre d'ajouter quelques minutes plus tard un commentaire qui en dit long sur son état d'esprit et sur sa haine à mon endroit: «*...J'aurais jamais pensé dans le plus mauvais de mes rêves, d'avoir un Gilles Perron dans mes pattes. Le pire, le pire rêve, le cauchemar.*»

Il n'y avait rien à faire avec Jean-Pierre. Même si, au début de l'entretien, il semblait de bonne foi et disait désirer que je lui apporte des arguments pour le faire changer d'idée, il était évident qu'il ne voulait rien entendre et qu'il avait subi un véritable lavage de cerveau par les policiers. Incapables de mettre la main au collet du ou des véritables meurtriers, ces derniers avaient tout bonnement décidé de conclure l'enquête en m'incriminant. C'était de toute évidence la solution la plus facile et la plus rapide, même s'il fallait faire quelques entorses à la vérité et dissimuler des témoignages qui auraient pu contribuer à m'innocenter.

Chapitre 5

Une récompense de 100 000 $

À ma sortie de la chambre d'hôtel, mon idée était faite sur Jean-Pierre Léger: il était, passez-moi l'expression, véritablement *bucké*. Il n'y avait rien à faire, il ne voulait pas tenir compte de mes arguments. Je n'avais pas tout à fait compris son insistance à propos du meurtre et pourquoi il tenait tant à ce que je lui livre un témoignage détaillé des événements survenus le 15 décembre 1987. Son comportement m'avait donné l'impression que j'étais interrogé par un policier. D'ailleurs, je ne m'étais pas gêné pour lui dire qu'il s'amusait à jouer au détective...

Pourtant, ce n'est que plus tard que j'ai réalisé qu'il possédait des informations détenues uniquement par les policiers. Il est clair qu'il avait été renseigné par les enquêteurs afin de bien connaître son sujet pour me faire parler le plus possible. Effectivement, lors du premier procès, Jean-Pierre Léger est venu témoigner, disant: «... *La veille, on m'avait donné des informations supplémentaires quant au dossier de madame Michelle Perron*»...

Après avoir quitté Jean-Pierre Léger, je suis descendu dans le hall d'entrée de l'hôtel, et j'ai téléphoné à Claire. Évidemment, elle savait que j'avais rencontré son frère ce matin-là. Elle était impatiente de savoir comment ça s'était passé, mais plutôt que de tout lui raconter au téléphone, je lui ai demandé de venir me rejoindre dans le stationnement de l'hôtel. À son arrivée, je lui ai tout raconté et lui ai dit, à propos de son frère: «Ça s'peut pas être bouché comme ça, ça n'a pas de bon sens. T'es bien mieux d'essayer d'y parler...»

Lorsque nous nous sommes revus ce soir-là, chez elle, j'ai appris qu'il y avait eu de la bisbille dans la famille au cours de la journée. En fait, c'était si sérieux que Claire avait presque été congédiée. Son frère et sa mère ne voulaient plus qu'elle travaille au bureau des Rôtisseries St-Hubert tant que nous nous fréquenterions, même s'ils étaient disposés à continuer de lui verser son salaire. Jean-Pierre était donc prêt à tout pour détruire notre relation, y compris à associer sa mère et l'entreprise familiale à son dessein. À ses yeux, j'étais la personne à éliminer, le *gros méchant loup* qui, s'imaginait-il, allait dévorer sa sœur...

Encore une fois, j'ai proposé à Claire de la quitter, mais elle m'a répondu de façon catégorique: «Tu restes!» J'ai décidé de demeurer avec elle, tout de même flatté de constater que son amour pour moi était aussi grand.

Quelques semaines plus tard, le 29 novembre 1988, le téléphone a sonné à l'appartement de Claire aux environs de 6 h 45. C'était Jean-Pierre qui m'annonçait qu'il avait fait publier une annonce dans les journaux, offrant une récompense de 100 000 $ à quiconque fournirait des détails pouvant conduire à l'arrestation du ou des meurtriers de Michelle Perron. C'était la première fois que nous nous reparlions depuis notre rencontre à l'hôtel Sheraton. Son initiative m'a étonné, et le mot est faible! Je l'ai remercié en ajoutant que je ne disposais pas d'une telle somme et qu'il m'aurait été impossible d'offrir une telle récompense. Le ton de cette conversation a été relativement poli, puisque je savais fort bien qu'il poursuivait ses manœuvres pour que sa sœur me quitte.

Aussitôt, j'ai ouvert *La Presse* qu'on venait de livrer à la porte et j'ai trouvé rapidement ce que je cherchais. C'était très impressionnant: l'annonce occupait une pleine page dans la première section, et ressemblait presque à une affiche de western, style «recherché mort ou vif»!

J'ai appris au cours du premier procès qu'encore une fois, ce matin-là, Jean-Pierre Léger s'était improvisé comme détective en enregistrant notre conversation. Le matin même, il s'empressait d'aller remettre l'enregistrement aux enquêteurs.

Ce jour-là, plusieurs amis et collègues de travail m'ont parlé de cette annonce. Bon nombre désiraient savoir qui était disposé à payer une récompense de 100 000 $! Jean-Pierre m'avait fait promettre de ne pas dévoiler son nom et j'ai tenu ma parole en répondant que je l'ignorais.

Cette annonce a été reproduite jusqu'à la fin de décembre dans différentes publications, mais les informations reçues étaient sans importance. Cependant, elle a suscité l'intervention d'une dame de Sherbrooke que je voyais de façon très irrégulière depuis plusieurs années... Cette dame a décidé de se manifester pour raconter ce qu'elle savait à mon sujet. Au cours du premier procès, la Couronne a tenté de démontrer qu'elle était ma maîtresse et que, de ce fait, elle constituait l'un des mobiles majeurs qui aurait pu me pousser à assassiner mon épouse. On était bien loin de la vérité, comme vous le constaterez un peu plus loin.

***

Entre-temps, ma relation avec Claire tenait le coup, mais je m'apercevais qu'elle était ébranlée par les pressions de son entourage. En dépit de ces embêtements, nous avions décidé, au cours de l'automne, de nous marier. La date de la cérémonie, qui devait avoir lieu en Estrie, avait été fixée au 19 février 1989.

Nous nous apprêtions à célébrer notre premier Noël ensemble lorsque, le 22 décembre 1988, j'ai reçu un appel téléphonique de Jean-Claude Poulin, de la police de Laval. Il voulait savoir si je pouvais me rendre au poste de police de Chomedey afin d'apporter des précisions sur quelques points nébuleux. J'ai accepté, mais j'ai pris la précaution de téléphoner à un ami que je connaissais depuis quelques années, André Piché, un avocat qui m'avait notamment aidé à mettre sur pied ma compagnie et qui s'était occupé de certaines formalités lors du décès de Michelle. Je lui ai demandé s'il pouvait m'accompagner, car je me doutais de plus en plus que j'étais considéré comme le suspect principal.

Quand nous sommes arrivés au poste, les sergents-détectives Jean-Claude Poulin et Pierre Lafleur nous ont demandé la permission d'enregistrer la conversation, que je leur ai accordée. Ils m'ont aussi énuméré mes droits de citoyen pour la toute première fois, et ils ont ajouté la mise en garde habituelle, qui précise notamment que tout ce que j'allais dire pourrait être retenu contre moi. Le magnétophone, déposé sur une chaise voisine de la mienne, a été mis en marche, et tout semblait fonctionner normalement; je voyais même le ruban de la cassette défiler. L'interrogatoire a duré plus d'une heure, en présence de Me Piché. On m'a surtout demandé des précisions sur mon témoignage initial, entre autres, ce que j'avais fait de mon balai à neige avant de quitter Michelle pour me rendre aux Galeries Papineau.

Le sergent-détective Lafleur prenait quelques notes, pendant que Jean-Claude Poulin posait les questions. Quant au magnétophone, il continuait d'enregistrer. À un certain moment, Jean-Claude Poulin a changé la cassette de côté et l'interrogatoire s'est poursuivi.

Quand nous avons quitté le poste de police, j'avais l'esprit en paix. J'avais répondu du mieux que je le pouvais en sachant bien que je n'avais absolument rien à me reprocher et en espérant toujours qu'ils puissent mettre la main sur le ou les meurtriers de ma femme.

Lors du premier procès, mes avocats et moi avons appris que, inexplicablement et je dirais même mystérieusement, l'enregistrement de cet interrogatoire avait été raté. Après notre départ, les policiers ont constaté qu'aucun mot n'avait été enregistré, ni d'un côté de la cassette ni de l'autre... Plutôt bizarre, non? Comme vous le verrez plus tard, ce malheureux incident a eu des répercussions au cours du premier procès, car le juge a décidé d'admettre en preuve les notes sommaires du policier Lafleur, comprises sur six pages. Six pages pour un interrogatoire qui avait duré une heure et dix minutes!

Chapitre 6

Mon arrestation

J'ai passé le temps des Fêtes en compagnie de mes enfants, et, bien sûr, aux côtés de Claire. Mes enfants aimaient bien Claire, ils la trouvaient simple et chaleureuse. Ils étaient ravis de notre bonheur et de notre projet de mariage.

J'ai revu Jean-Pierre Léger une fois à la résidence de Claire dans les Laurentides. Nous n'avons pas eu une longue conversation. Évidemment, il devait être horrifié à l'idée que j'allais bientôt devenir son beau-frère!

Ma relation avec Claire commençait cependant à donner des signes de malaise; Claire éprouvait de plus en plus de difficulté à vivre avec la tension causée par l'attitude de sa famille. Au début de février, nous avons eu une conversation concernant notre mariage. Claire m'a demandé si je voulais bien reporter le mariage à une date ultérieure. Nous avons décidé de tout annuler et c'est moi qui ai pris toutes les dispositions nécessaires. Si le mariage n'avait pas été remis, le marié ne se serait jamais présenté, puisque j'ai été arrêté par les policiers le 15 février 1989...

Avant de vous raconter mon arrestation, j'aimerais vous livrer une petite anecdote qui m'a été racontée par mon fils Sylvain, qui habitait toujours avec nous au condominium de l'île Paton. Cette péripétie en dit long sur les comportements aberrants que peuvent avoir certains individus.

L'après-midi du 15 février 1989, Sylvain se trouvait seul au condominium quand on a sonné à la porte. Deux policiers se sont présentés, Jean-Claude Poulin et Pierre Lafleur. Jean-Claude Poulin lui a demandé si son père était là. Sylvain lui a répondu que j'étais à Radio-Canada, et il a ajouté: «*Qu'est-ce que vous lui voulez?*» Jean-Claude Poulin a répliqué: «*On a des bonnes nouvelles pour lui. Alors aussitôt qu'il arrive, dis-lui de nous téléphoner.*» Et les deux policiers sont partis. Sylvain en a conclu que le meurtrier de sa mère avait enfin été arrêté. Il était donc surexcité et m'attendait impatiemment pour m'apprendre la nouvelle. Il ignorait que les policiers avaient menti. Ils étaient repartis mais deux autres policiers avaient été placés en faction, m'attendant dans la rue pour procéder à mon arrestation.

Lorsque Sylvain a appris que j'avais été arrêté et accusé du meurtre de sa mère, il est tombé de haut! Personne dans ma famille et dans mon entourage ne l'a trouvé drôle! Quand Sylvain m'a raconté ça, plus tard, dans la prison de Parthenais, je suis devenu *bleu marine;* il en avait les larmes aux yeux. Je trouve franchement *écœurant* qu'un policier ait abusé ainsi de mon fils qui avait alors quinze ans et qui en a été traumatisé. Il lui a fait du mal consciemment et je ne lui pardonnerai jamais ce manque flagrant de jugement.

Voici maintenant tous les détails de mon arrestation, tels qu'ils ont été corroborés dans le rapport des deux policiers auxquels j'ai eu affaire ce jour-là.

Au condo de l'île Paton, il y avait un stationnement intérieur. Pour y entrer, il fallait d'abord ouvrir la porte à l'aide d'une commande électronique. J'ai donc procédé ainsi à mon retour du travail et suis entré dans le garage, sans savoir que des policiers guettaient mon arrivée à bord d'une voiture. Avant que la porte ne se referme, leur véhicule s'est glissé discrètement derrière le mien.

Plutôt que de me stationner à l'endroit habituel, je me suis dirigé vers le fond du garage, où se trouve un tuyau d'arrosage. Je voulais nettoyer le dessous des ailes de la voiture et laver les phares et les feux arrière. J'ai donc tourné dans la dernière allée, et j'ai immobilisé mon véhicule en plein milieu de cette voie, tout près du tuyau d'arrosage. Il n'y avait aucune possibilité qu'une autre voiture puisse passer, mais je savais que cela ne prendrait que quelques minutes.

Lorsque je suis sorti de mon automobile, j'ai vu arriver une voiture bleue qui est venue se placer pas très loin derrière la mienne. Je n'ai pas compris qu'il s'agissait d'une auto de police, pour la bonne raison qu'elle n'était pas identifiée et qu'il n'y avait pas de gyrophare sur le toit. J'ai vu des gens sortir du véhicule, mais je n'ai pas eu le temps de constater qu'il s'agissait de policiers. D'ailleurs, et c'est important que je le mentionne, jamais ils ne se sont identifiés.

J'ai pensé qu'ils allaient me demander: «Monsieur, s'il vous plaît, voulez-vous enlever votre voiture, nous voulons aller stationner la nôtre?» Je suis donc remonté tout bonnement à bord de mon automobile afin de céder le passage. L'une des personnes s'est néanmoins approchée de mon côté et c'est à ce moment que j'ai réalisé qu'il s'agissait d'un policier. Il m'a demandé si j'étais bien Gilles Perron et il a procédé à mon arrestation, m'accusant du meurtre de Michelle.

Je n'ai su que plus tard que les deux policiers m'avaient attendu à l'extérieur et m'avaient suivi à l'intérieur du garage, car je n'avais rien remarqué. Si j'avais tout de suite pris conscience qu'une voiture de police se trouvait derrière moi lorsque je me suis immobilisé dans l'allée, je n'aurais peut-être pas eu la même réaction, même si rien ne pouvait me laisser supposer que j'allais être arrêté et accusé de meurtre.

Ces détails sont importants, car le sergent-détective Jean-Claude Poulin, qui n'était pas présent lorsque j'ai été arrêté, a prétendu devant la juge chargée d'entendre ma requête en libération sur caution, que j'étais remonté à bord de mon véhicule dans l'intention de m'enfuir. C'était tout à fait faux, et il le savait fort bien. Il a menti à la cour, mais nous y reviendrons plus loin.

Lorsque j'ai été arrêté, l'un des policiers est allé stationner mon automobile et m'a remis un sac contenant mes effets personnels. Compte tenu des circonstances, les deux policiers ont été *corrects*: je n'ai pas eu de problème avec eux, et ils n'en ont pas eu avec moi. Ils m'ont fait monter à bord de leur voiture, mais je n'ai jamais pu prévenir Sylvain qui m'attendait à l'intérieur de l'appartement, sans doute pour m'annoncer que Jean-Claude Poulin avait une bonne nouvelle pour moi... Bonne nouvelle, en effet!

J'ai eu l'impression, au moment de l'arrestation, de ne plus être Gilles Perron. Je me sentais comme un observateur détaché qui aurait regardé une scène vécue par un étranger. Je ne pouvais pas croire que je venais d'être arrêté. Je me disais: «Ça s'peut pas, ça n'a pas de sens!»

On m'a conduit au poste de police de Chomedey, où l'on m'a permis de faire un seul appel téléphonique. J'ai téléphoné à Me Jeffrey Boro, un avocat dont j'avais obtenu la carte par Me Piché peu de temps auparavant. On m'a retiré mes objets personnels et on m'a fait pénétrer dans un cubicule, où j'ai attendu Me Boro avec impatience. Lorsqu'il est arrivé, il est resté une dizaine de minutes avec moi, le temps de me réconforter et de me dire qu'il s'occupait de mon dossier. Avant de partir, il a bien pris soin de me recommander de ne plus parler aux policiers, de ne pas répondre à leurs questions. Sage conseil, car Jean-Claude Poulin et le directeur intérimaire de la division des enquêtes criminelles à Laval, René Desjardins, ont commencé à me harceler en me posant quelques questions. Les seules paroles que j'ai prononcées ont été pour affirmer que ce n'était pas moi qui avais commis le meurtre.

On m'a conduit au Palais de justice de Laval, sur le boulevard des Laurentides, où l'on m'a fait entrer dans une cellule. Je ne savais plus trop ce qui se passait lorsque je me suis retrouvé seul dans cette pièce. J'étais véritablement perdu, je ne savais pas comment réagir. Quand on se retrouve seul dans une cellule de huit pieds sur cinq, que l'on réalise que l'on est enfermé dans une cage et que la liberté vient d'être anéantie d'un seul coup, la sensation de malaise est indescriptible. On ne peut plus sortir, on ne peut plus rien faire, sauf s'asseoir, se coucher, et attendre que le temps passe et qu'il se produise quelque chose.

Je le répète: j'étais innocent, je l'avais clamé aux policiers qui m'avaient arrêté, et je ne pouvais faire autrement que de songer constamment que j'étais victime d'une grave injustice. Déjà que je trouvais ridicule et insensé depuis plusieurs mois d'être considéré comme suspect, alors qu'on aurait dû démontrer un peu plus de compassion envers un homme qui venait de perdre sa femme de façon tragique! Être maintenant arrêté et emprisonné dépassait les limites du raisonnable, les bornes de ma compréhension.

J'ai appris plus tard que, pendant que je croupissais en cellule, Jean-Claude Poulin, son supérieur Nadon ainsi qu'un policier du nom de Desjardins, ont rendu visite à Claire Léger le soir même, aux environs de 23 h, pour lui annoncer que j'avais été arrêté, et ce qui allait se passer. J'imagine qu'elle le savait depuis un bon moment, car mes avocats ont découvert par la suite que Jean-Pierre Léger avait reçu un appel téléphonique de Jean-Claude Poulin le 15 février, deux heures avant mon arrestation, qui l'avait informé que j'allais être accusé du meurtre et arrêté. Est-ce là une pratique courante? Nous sommes en droit de nous le demander... Toujours est-il qu'enfin, Jean-Pierre Léger avait obtenu ce qu'il désirait depuis si longtemps!

Chapitre 7

Premier séjour à Parthenais

Le lendemain de mon arrestation, après avoir passé une nuit affreuse en cellule, j'ai comparu au Palais de justice de Montréal pour être formellement accusé du meurtre de Michelle. C'est à ce moment que mon avocat m'a annoncé que j'allais être conduit à *Parthenais* (surnom donné à l'établissement de détention et centre de prévention situé au 1701, rue Parthenais, à Montréal), pour y attendre le début de mon enquête préliminaire. Une enquête préliminaire est une audition devant un juge de première instance, à laquelle sont appelés à comparaître des témoins afin de déterminer s'il y a matière à procès. Des preuves sont présentées et la Couronne, c'est-à-dire la poursuite, tente de convaincre le juge qu'il y a suffisamment de preuves pour aller à procès.

Avant de me quitter, mon avocat m'a dit: «Ne t'inquiète pas, je vais aller te voir, mais entre-temps, je vais essayer de te faire libérer sous cautionnement.» Moi qui ne connaissais rien à la loi, j'étais surpris d'apprendre que cela pouvait être possible, même si j'avais été formellement accusé de meurtre, et je me suis mis à espérer que je pourrais peut-être retrouver ma liberté dans un avenir rapproché.

Quelques jours après mon arrivée à Parthenais, j'ai téléphoné à Claire, entre autres parce que je voulais savoir ce qu'il allait advenir de mon fils Sylvain. Notre conversation a été très brève, je la sentais froide, pour ne pas dire glaciale, à l'autre bout du fil... Je m'y attendais. Jean-Pierre Léger devait se «péter les bretelles» auprès de sa sœur. Claire devait maintenant regretter amèrement de ne pas avoir écouté son frère, en persistant dans sa relation avec moi. Je lui ai demandé une chose: «Si je sors de prison, j'aimerais ça qu'on ait au moins une dernière rencontre.» Cette rencontre n'a jamais eu lieu, je n'ai jamais revu Claire Léger.

C'est aussi quelques jours après mon incarcération à Parthenais que Jeffrey Boro m'a rendu visite. Il venait m'annoncer que la requête de libération sous cautionnement serait entendue très bientôt. Cette audition a eu lieu le 23 février 1989 au Palais de justice de Montréal. Dans l'esprit de mon avocat, il était clair que j'allais être libéré en attendant mon enquête préliminaire parce que je n'étais pas un récidiviste; son attitude m'apportait un peu de réconfort. J'étais naturellement présent à l'audition, la défense était constituée par mes avocats, Me Jeffrey Boro et Me Richard Shadley, et le procureur de la Couronne était Me Yves Berthiaume. Son rôle consistait évidemment à s'objecter à ce que je sois libéré sous cautionnement. Mes filles Line et Isabelle sont d'abord venues faire état, devant la juge Dionysia Zerbisias, des relations entre leur mère et moi, de notre vie de famille, du travail que Michelle faisait, et des vacances que nous prenions tous ensemble chaque été. Il a aussi été question des amis de la famille et de ma relation avec Claire Léger. Appelé à la barre, Philippe Turcotte, un ami de longue date, a raconté ce qu'il savait sur moi et sur le couple que Michelle et moi avions formé. Puis Me Yves Berthiaume a demandé au sergent-détective Jean-Claude Poulin de venir témoigner. Après les questions d'usage pour établir son identité et son rôle dans le dossier, Me Berthiaume l'a questionné sur mon arrestation.

Me Berthiaume: «*Est-ce que les policiers étaient en uniforme, ou non, à l'intérieur du garage?*»
Jean-Claude Poulin: «*Ces policiers-là étaient en uniforme et ils avaient une auto sans gyrophare, donc c'était une auto, ce qu'on appelle nous autres semi-lettrée. C'était une auto de couleur bleue, bleu police, mais non munie de phare, de gyrophare sur le toit. Donc, ils ont suivi monsieur Perron à l'intérieur du garage, et à un moment donné, la voiture de monsieur Perron s'est immobilisée dans l'allée.*

Les policiers se sont arrêtés à l'arrière. Monsieur Perron est sorti, les policiers sont sortis, et ont dit à monsieur Perron: police! À ce moment-là, monsieur Perron a eu comme réaction qu'il est retourné à l'intérieur de son véhicule, et il faisait des manœuvres. Donc, un des policiers a remis monsieur Perron en joue en position 45° avec son arme de service. Avec son arme de service, l'autre policier s'est approché du côté conducteur, et il a sommé monsieur Perron de sortir de son véhicule, ce qu'il a fait. Alors, ils ont dû sortir leur arme selon le rapport qu'ils ont fait pour l'arrêter. Un des policiers a sorti son arme, tandis que l'autre avait la main sur son arme, prêt à dégainer. Celui qui s'est rapproché de monsieur Perron.»

Que voulait dire Jean-Claude Poulin par «il faisait des manœuvres»? Celui-ci allait préciser ses propos un peu plus tard. Son témoignage s'est poursuivi, et il a raconté à la cour qu'il s'était entretenu à mon sujet avec un psychiatre du nom de Wolvetz. Écoutons ce qu'il avait à dire à la juge:

Jean-Claude Poulin: *«Donc, suite aux faits que j'ai exposés à ce docteur, celui-ci m'a décrit monsieur Perron comme étant un psychopathe fonctionnel et social.»*
Juge Zerbisias: *«Est-ce qu'une personnalité de ce type-là sans qu'il ait rencontré monsieur Perron, est-ce que cette personnalité de ce type-là qu'il a décelé comporte des dangers selon ce que vous avez compris?»*
Jean-Claude Poulin: *«Au point de vue, au point de vue que le, que ce type de personne accepte pas ou très mal la défaite, cette personne-là peut très bien... l'évasion ou faire disparaître des témoins.»*

Imaginez! J'étais au banc des accusés et j'écoutais témoigner Jean-Claude Poulin sous serment. Les cheveux me dressaient sur la tête! Je me disais: «Il raconte n'importe quoi! Qu'est-ce que c'est que cette histoire? Il veut convaincre la juge que j'ai tenté de m'évader et que je pourrais être un tueur? Voyons donc!» Mais ce n'était qu'un début!

Juge Zerbisias: *«Vous êtes de cet avis-là vous-même?»*
Jean-Claude Poulin: *«C'est exact, parce que j'étais en possession du fait, lors de l'arrestation, qu'il avait eu un geste d'évasion lorsqu'il rentre dans son véhicule, après que les policiers se soient identifiés à lui.»*

Sans doute pour plaire à Jean-Pierre Léger, Jean-Claude Poulin mentait manifestement et effrontément à la cour pour éviter que je sois libéré. La preuve, découlant des rapports de police, démontrait que j'avais collaboré avec les policiers. Jamais je n'avais songé un instant à me sauver lorsque j'avais constaté que j'avais affaire à des policiers, voyons donc! Le plus curieux est que dans le rapport de police que nous n'avons eu en main qu'en 1992, en aucun endroit les policiers qui étaient sur place affirment que j'ai tenté de m'évader ou que j'ai fait un geste d'évasion. Au contraire, ils ont écrit qu'ils n'avaient pas eu de problème avec moi et que j'avais été très très poli, comme eux l'avaient été envers moi.

Comme on peut s'en douter, aucun de ces deux policiers n'a témoigné lors de la requête de demande de libération sous cautionnement. C'est probablement parce qu'ils auraient contredit leur chef, à moins qu'ils n'aient eux aussi été mis dans le coup! Jean-Claude Poulin connaissait la vérité, puisqu'il avait lu le rapport des deux policiers et qu'il avait obtenu leur version des faits.

Mes procureurs ont appelé au banc des témoins le psychiatre consulté par Jean-Claude Poulin. Je n'avais jamais vu cet homme de ma vie et pourtant, selon Poulin, il avait posé un diagnostic sur moi! Son témoignage fut bref. Il a d'abord dit à madame la juge: «Qu'est-ce que je fais ici, moi? Je ne sais pas pourquoi je suis ici! C'est vrai, j'ai rencontré Jean-Claude Poulin, on a parlé d'un cas hypothétique. Je peux donner une opinion sur un cas hypothétique, mais ce n'est pas un jugement qui va être approprié à monsieur Perron.»

Mon avocat lui a demandé si, au cours de sa rencontre avec Jean-Claude Poulin, ils avaient discuté de mon cas. Monsieur Wolvetz a répondu: «Oui, il m'en a glissé un mot, on a jasé peut-être cinq, dix minutes maximum, d'un cas hypothétique. Sur un cas hypothétique, je peux donner une opinion, mais moi, je n'ai jamais rencontré monsieur Perron et je n'ai jamais évalué monsieur Perron. Je ne peux pas dire ici devant la cour que monsieur Perron est ça, ou ça, ou ça, je ne peux pas. Sur un cas hypothétique, d'une façon qu'on peut me raconter, je peux émettre une opinion, mais ce n'est pas un diagnostic.»

Voyant bien que l'histoire racontée par Jean-Claude Poulin tombait à l'eau, l'avocat de la Couronne a plutôt insisté sur le fait que j'avais des dettes importantes, ce qui constituait, à son avis, un mobile pour tuer ma femme. Il a aussi été question du délai entre le moment où Michelle est sortie de la polyclinique, et celui où j'ai découvert son corps et suis entré à l'intérieur pour demander de l'aide. L'avocat de la Couronne prétendait même démontrer que j'avais eu le temps de changer de vêtements avant de tuer Michelle, ce qui aurait expliqué qu'il n'y avait pas de traces de sang sur moi...

Me Berthiaume a aussi fait mention de la dame de Sherbrooke. Aux yeux de la Couronne, elle était ma maîtresse et le scénario était clair: j'entendais couler des jours heureux à ses côtés après avoir éliminé mon épouse et récolté l'argent des assurances, rien de moins! Ajoutez à cela cette histoire insensée de tentative d'évasion lors de mon arrestation, et il semble que cela ait été suffisant pour convaincre la juge Zerbisias que j'étais le suspect numéro un. Elle a donc refusé de me libérer, même si je n'avais aucun antécédent judiciaire. De toute évidence, elle a cru les propos de Jean-Claude Poulin concernant mon arrestation. Elle me considérait sans doute trop dangereux pour être remis en liberté...

Ainsi, la juge Zerbisias me condamnait à retourner en cellule à Parthenais et l'enquête préliminaire allait débuter quelques jours plus tard, soit le 7 mars. Mon avocat Jeffrey Boro a tenté tant bien que mal de me réconforter. «On a perdu une bataille, on n'a pas perdu la guerre. On va aller à l'enquête préliminaire, et je vais faire les démarches pour aller en cour d'appel pour faire renverser le jugement, parce que ça n'a pas de bon sens.»

***

Si j'avais eu un choc en étant confiné dans une cellule le soir de mon arrestation, je ne vous cacherai pas que mon adaptation à Parthenais n'a pas été plus facile. Quand on arrive làbas, on ne sait absolument pas comment tout cela fonctionne. Quels sont nos droits, quelles sont les choses que l'on peut faire et, surtout, celles que l'on ne doit pas faire... D'abord, à l'arrivée, j'ai dû me déshabiller, et les gardiens ont entrepris une fouille complète. Puis, ils m'ont redonné mes vêtements, et m'ont conduit à une cellule.

C'était à la fois impressionnant et angoissant, parce que je me suis retrouvé dans un milieu que je ne connaissais pas.

Imaginez: vous marchez dans un grand corridor, et tout ce que vous voyez, sur deux étages, ce sont des barreaux et encore des barreaux, des cages superposées. Comment ne pas être inquiet? C'est le choc total! En plus du stress causé par l'arrestation, qui constituait déjà un véritable coup de masse, voilà que je me retrouvais en prison, sans connaître la loi, sans savoir comment je serais traité, ni ce qui allait m'arriver. En somme, je ne savais rien, mais vraiment rien; je nageais dans l'inconnu le plus total!

Ça m'a pris environ une dizaine de jours avant de sortir de ma torpeur et de comprendre comment cela fonctionnait. J'ai passé ma première nuit dans une cellule du treizième étage avec les «bébés», ceux qu'on appelle ainsi parce qu'ils mettent les pieds en prison pour la première fois. Ce sont surtout des jeunes qui logent dans ces cellules.

Le lendemain, on m'a attribué une nouvelle cellule, située au douzième étage. J'avais alors comme compagnons des gens qui avaient déjà eu pour la plupart des démêlés avec la justice, et qui étaient âgés en moyenne de vingt à trente ans. Dans ces nouveaux quartiers où j'allais passer trois mois, j'ai été accueilli par le comité des prévenus, constitué d'un président, d'un vice-président et d'un secrétaire. Ce sont des prévenus qui sont chargés de renseigner les nouveaux arrivants sur la routine et les règles à respecter. J'ai ainsi appris que tous ceux qui arrivent à Parthenais ont droit à une ration de tabac et que les repas se prennent à l'intérieur des cellules sauf le week-end, alors qu'il est permis de manger aux tables communautaires. En général, les prévenus passent entre quelques jours et un mois à Parthenais. Il y a des exceptions, bien sûr, mais ce sont des cas plutôt rares.

L'une des choses les plus frappantes est le bruit. C'est absolument infernal! Les prévenus sont de différentes ethnies et se montrent extrêmement bruyants. C'était la pagaille totale pour moi, homme calme de nature et ordonné, habitué à vivre dans une certaine tranquillité. Je me prenais la tête à deux mains, essayant de faire abstraction du vacarme qui régnait, et je me disais: «Ça n'a aucun bon sens! Mais qu'est-ce que je vais faire là-dedans? Je vais devenir fou!»

Pour tout dire, j'étais vraiment traumatisé. J'étais angoissé et je n'avais plus d'appétit. Chaque fois que j'entendais des pas ou que je voyais approcher un gardien, j'avais espoir qu'il venait m'annoncer une visite ou mieux, que tout cela était un cauchemar et que je pouvais recouvrer ma liberté.

Afin de conserver un certain équilibre, j'ai tenté de m'occuper, notamment en me liant avec quelques prévenus. J'ai été chanceux, car j'en ai rencontré un qui aimait jouer aux échecs, comme moi. Nous avons commencé à jouer, ce qui m'occupait l'esprit, mais j'ai aussi demandé aux gens du comité des prévenus s'ils pouvaient me trouver une occupation afin que les journées paraissent moins longues. J'avais constaté que certains prévenus sortaient de temps à autre pour nettoyer des tables, laver le plancher, et je les enviais. Quelques jours plus tard, à ma grande satisfaction, on m'a trouvé un petit boulot, qui consistait à faire le nettoyage du corridor adjacent aux cellules.

La composition du comité des prévenus est provisoire. Aussitôt que l'un de ses membres quitte Parthenais, il est remplacé par un autre. À un certain moment, le président est parti, le vice-président l'a remplacé, et je suis devenu secrétaire. Une semaine plus tard, je suis devenu président, un poste, disons-le, qui ne confère aucun privilège particulier.

Je me suis beaucoup consacré à cette fonction durant le premier mois. J'ai essayé, avec un certain succès, de faire réduire le vacarme, et j'ai été chargé de fournir du tabac et des vêtements à mes compagnons d'infortune. C'était très valorisant parce que je m'occupais l'esprit, et qu'en plus, j'avais la chance d'apporter un peu de soleil dans le quotidien d'êtres humains souvent démunis.

Certains gars venaient me voir et me disaient: «Gilles, je n'ai plus de cigarettes, peux-tu faire quelque chose pour moi?» Je sentais à quel point fumer était important pour eux. Ma fonction me permettait d'avoir accès à une provision de tabac, et je pouvais donc satisfaire ceux qui m'en demandaient. Il y avait vingt-neuf prévenus dans mon aile — en prison, on dit «wing» — et ils me respectaient tous car je faisais beaucoup pour eux. Ils savaient que je donnais l'heure juste à tout le monde et que lorsque je promettais quelque chose, ils pouvaient obtenir satisfaction. Le gardien en chef avait d'ailleurs l'habitude de me dire: «Gilles, ton aile, c'est la meilleure!»

Lorsqu'un homme arrivait habillé «tout croche» à Parthenais — j'ai souvent vu des prévenus se présenter blessés,

portant un pantalon ou un chandail déchiré — c'est moi qui me chargeais de lui remettre des vêtements plus convenables. Je précise qu'il y avait une banque de vêtements, approvisionnée par certains détenus à leur départ du centre de détention. Je conservais également dans ma cellule de la nourriture non périssable à l'usage de ces nouveaux venus dont certains n'avaient pas mangé depuis quelques jours.

Pendant mon séjour à Parthenais, certains prévenus se sont fait voler des effets dans leur cellule, mais moi, jamais. Pourtant, ma cellule était en quelque sorte le coffre-fort de l'aile, puisque j'y conservais tabac, nourriture, vêtements, souliers, etc. Ce n'est que plus tard que j'ai su que quelqu'un avait été chargé de surveiller continuellement ma cellule, lorsque je n'y étais pas, pour empêcher les vols.

***

Mon enquête préliminaire a débuté le 7 mars 1989 au Palais de justice de Montréal et s'est terminée le 23 du même mois. Mes procureurs étaient Jeffrey Boro et Richard Shadley, et c'est devant le juge Gérard Rouleau que cette étape cruciale de l'accusation s'est déroulée.

Plus de vingt témoins ont été appelés, notamment les médecins Duchesne et Vanier, ainsi que le pathologiste qui avait examiné le corps de Michelle. Une infirmière du nom de Nicole Villeneuve a aussi été convoquée. Le témoignage de cette dame, qui travaillait à la polyclinique Concorde depuis douze ans à l'époque du crime, a certainement influencé le juge et devait peser lourd lors de mon premier procès. Cette dame a déclaré que le soir du 15 décembre 1987, je serais entré dans la polyclinique pour demander de l'aide et que je serais ensuite ressorti pour aller déplacer ma voiture dans le stationnement. Nous reviendrons plus longuement sur cette allégation dans un chapitre ultérieur, alors que vous pourrez prendre connaissance des détails de son témoignage.

La Couronne a aussi fait témoigner Michel Foucault, superviseur administratif au service de la paie et des vacances à Radio-Canada au moment du crime. M. Foucault a indiqué à la cour que je n'avais jamais signalé mon intention de prendre des vacances en février 1988. Or, moi je prétendais, avec témoin à l'appui (Mme Francine Paré, de l'agence de voyages Paco, à Laval), que Michelle et moi devions partir pour la République Dominicaine le 6 février pour une période de deux semaines, et qu'un dépôt avait été fait en septembre 1987. Nous devions d'ailleurs, Michelle et moi, effectuer le paiement final le 23 décembre 1987, soit un montant de 2 964 $. Si je n'en avais pas parlé à mes supérieurs à Radio-Canada, c'est tout simplement parce que je n'avais qu'à donner un préavis de deux semaines avant mon départ pour me conformer au règlement de travail.

Il a aussi été question de mes dettes, un montant global s'élevant à environ 50 000 $. Selon la Couronne, un tel endettement aurait pu me pousser à tuer mon épouse, puisque je pouvais encaisser des sommes importantes de diverses compagnies d'assurances. La Couronne avait consulté un expert-comptable du ministère de la Justice. Ce fait ne nous a été révélé qu'au moment de l'enquête du Comité de déontologie policière, en 1992. Selon les écrits de l'enquêteur, l'expert-comptable exprimait l'avis suivant: «... *La situation de monsieur Perron n'était pas enviable, mais pas alarmante.*» Si ce document avait été présenté lors de l'enquête préliminaire, l'issue de cette dernière aurait pu être tout autre; mais la Couronne s'est bien gardée de le produire...

Parmi les autres éléments de preuve, il y a eu cette dame de Sherbrooke qui est venue raconter qu'elle et moi entretenions une relation depuis une douzaine d'années. Le juge pouvait ainsi penser que j'avais tué ma femme dans le but de poursuivre librement cette liaison. Sur ce témoignage comme sur la plupart des autres, nous reviendrons en détail quand je raconterai le déroulement du premier procès. Pour l'instant, qu'il suffise de dire qu'il fallait bien, dès l'enquête préliminaire, quelques témoignages accablants pour étayer l'accusation de meurtre au premier degré et convaincre le juge Rouleau de me citer à procès.

En cours de procédure, Me Boro m'a dit: «Gilles, je crois que je peux "casser" l'enquête préliminaire...», signifiant par là qu'il pouvait invoquer des arguments susceptibles, croyait-il, de convaincre le juge qu'il n'y avait pas matière à procès. Je n'ai jamais su quels étaient ces arguments et ce qu'il aurait pu faire,

parce que je lui ai répondu: «Non, s'ils décident d'aller en procès, je vais y aller, parce que je suis innocent et j'ai raison. Je
veux être blanchi sur toute la ligne.» Il m'a regardé et m'a répliqué: «D'accord, je respecte ta décision.» Nous n'en avons jamais
reparlé par la suite.

Au terme des témoignages, le juge a pris la requête de la
Couronne en délibéré et, une semaine plus tard, soit le 31 mars
1989, il a rendu sa décision: je devais subir un procès.

Chapitre 8

Libération et nouvelle arrestation

Le sort en était jeté: j'aurais un procès et des jurés décideraient si j'étais coupable ou non. Il ne restait plus qu'à déterminer la date du procès, ce qui n'allait pas tarder.

Pendant ce temps-là, j'étais toujours incarcéré à Parthenais. Une semaine après la décision du juge Rouleau, Jeffrey Boro est venu m'annoncer qu'il allait tenter de faire casser le jugement me refusant ma liberté provisoire, en s'adressant à la cour d'appel. «Les chances sont bonnes, mais les démarches seront probablement longues», m'a-t-il dit. La demande a été entendue début mai, et le comité de trois juges, présidé par le juge Malouf, a rendu sa décision dix jours plus tard.

Le 19 mai, vers 17 h, j'étais occupé à distribuer les derniers repas aux prévenus lorsque l'un d'entre eux passa près de moi et, sans s'arrêter, me glissa: «Monsieur Perron, c'est votre dernier repas avec nous...» Sur le coup, je me suis demandé ce qu'il voulait dire, mais étant donné que j'avais beaucoup de boulot, je ne m'en suis pas préoccupé. J'ignorais que ce prévenu arrivait du palais de justice où, en attendant de comparaître, il avait appris que la cour d'appel acceptait ma remise en liberté moyennant un cautionnement de 10 000 $ à verser le plus tôt possible.

J'ai su plus tard que mon avocat avait téléphoné à Parthenais à l'heure du dîner pour que les gardes m'annoncent la bonne nouvelle, mais ce n'est qu'aux environs de 18 h que je l'ai apprise officiellement.

Le jugement avait été de deux contre un en faveur de ma mise en liberté provisoire, et cette décision fait maintenant jurisprudence. Elle est invoquée par les avocats qui défendent des clients arrêtés pour la première fois, qui n'ont aucun antécédent judiciaire.

Philippe Turcotte, l'un de mes grands amis, a appris la décision de la cour d'appel de la bouche de ma fille Line, alors qu'il se trouvait dans un terrain de camping, à l'extérieur de Montréal. Il est arrivé le plus rapidement possible au Palais de justice de Montréal afin de garantir, avant 16 h, une valeur de 10 000 $ en échange de ma libération.

Contrairement à ce que plusieurs peuvent croire, les cautionnements ne sont pas uniquement des sommes d'argent à payer immédiatement. Il suffit parfois de garantir, en valeurs personnelles, le montant exigé par le juge. La personne qui effectue cette garantie se porte ainsi «garante» de l'accusé, qui a l'obligation de se présenter en cour à la date prévue.

Dès que j'ai su que j'allais recouvrer ma liberté, je me suis affairé à ranger mes effets personnels, le cœur léger, heureux de pouvoir redevenir un homme libre. J'ai nommé un nouveau président avant mon départ, et lorsque, de l'intercom, tout le monde a pu entendre: «O.K. Perron, tu peux t'en venir, t'es libre», il y a eu des cris de joie dans les cellules de la «wing» où j'avais passé trois mois. De toutes parts, on me souhaitait bonne chance, certains gardiens me saluaient, bref, j'avais des ailes. Je n'ai pas l'habitude de laisser paraître mes émotions, mais je peux vous dire que j'étais extrêmement ému et heureux. J'ai suivi le garde qui m'a escorté jusqu'à la sortie, où m'attendaient mes enfants, mon ami Philippe Turcotte ainsi que plusieurs journalistes.

***

Ce soir-là, mes enfants m'ont emmené dans un restaurant où ils avaient rassemblé la plupart de mes amis, afin de fêter ma libération. J'ai pu revoir ma belle-sœur Nicole, mon père et tous mes proches qui n'avaient jamais cessé de m'appuyer et de croire à mon innocence. Cette soirée a été une véritable fête qui s'est poursuivie jusqu'aux petites heures du matin. Je me suis amusé, j'ai ri, j'ai pleinement savouré ma chère liberté retrouvée. C'est comme si ce jour-là, on m'avait ouvert des portes et que je pouvais voir la liberté à l'infini... Ce n'est que quelques jours plus tard que j'ai recommencé à penser à ce qui m'attendait.

J'ai récupéré mon automobile, qui avait été garée chez un copain, et j'ai pu reprendre mon emploi à Radio-Canada. Je dois préciser que la direction de Radio-Canada a toujours été très honnête avec moi. Mes patrons sont demeurés impartiaux et m'ont constamment donné la chance de prouver mon innocence. Les trois mois passés à Parthenais avaient été considérés comme un congé sans solde, et j'ai donc pu reprendre le boulot à mon salaire habituel. On m'a chargé d'effectuer une étude comparative sur plusieurs aspects (réalisation, décors, jeu des acteurs, etc.) des téléromans diffusés à Radio-Canada et aux autres chaînes francophones.

J'ai aussi récupéré tous mes effets qui étaient demeurés au condo de Claire Léger à l'île Paton. Ils ne se trouvaient plus dans l'appartement, car Claire les avait entreposés dans une consigne.

Je me suis d'abord installé chez mes filles Line et Isabelle, qui partageaient ensemble un appartement depuis la vente de notre maison familiale à la fin du mois d'août 1988. Sylvain faisait la navette entre l'appartement de ses sœurs et celui d'amis qui habitaient à proximité. Aussitôt, je me suis mis en quête d'un logement pour Sylvain et moi. En juin, nous emménagions dans le nouvel appartement. J'ai bien sûr avisé les policiers de ma nouvelle adresse et de mon nouveau numéro de téléphone, tel que la loi l'exige.

Même si j'avais repris mon emploi, ma situation financière était loin d'être rose. En plus, j'allais devoir payer mon procès, dont la date n'était pas encore arrêtée, bien que l'automne fût déjà arrivé. Mes avocats, Me Boro et Me Shadley, me réclamaient une somme importante que je ne pouvais absolument pas payer. Je leur ai dit: «Écoutez, je ne peux pas vous payer, parce que je n'ai pas cet argent-là. La seule chose que je peux vous offrir en garantie, ce sont les indemnités d'assurances, qui sont gelées pour l'instant.» Les partenaires de mes deux procureurs n'ont pas voulu accepter ma proposition. Je n'en veux pas à Me Boro et à Me Shadley, puisqu'ils devaient s'attaquer à un procès qui allait durer de cinq à six semaines et effectuer beaucoup de travail pour préparer ma défense. Je ne peux pas les blâmer, surtout après ce qu'ils ont fait pour moi. Et je comprends qu'il fallait que ma cause soit payante pour leur bureau, ce qui était loin d'être assuré. Je me suis donc retrouvé sans avocat quand un fait inusité s'est produit, qui devait avoir d'heureuses conséquences.

Un soir d'octobre, je me trouvais à mon appartement lorsqu'on a sonné à la porte. J'ai ouvert: j'avais devant moi ce cher Jean-Claude Poulin, accompagné du sergent-détective Pierre Lafleur. Ils m'ont dit: «*On sait que tu n'as plus d'avocat, alors on vient te dire que tu dois te présenter à la cour pour aller chercher ta date pour ton procès.*» Je les ai remerciés poliment et ils sont partis, tandis que je me demandais comment ils étaient déjà informés que je n'avais plus d'avocat... J'ai alors décidé d'agir seul, en me présentant au palais de justice, où j'ai demandé et obtenu un délai pour le début du procès. Celui-ci devait avoir lieu au début de novembre, il était maintenant reporté d'environ deux semaines. Mon initiative est devenue une nouvelle qui s'est répandue comme une traînée de poudre: Perron n'avait plus d'avocat pour le défendre!

Fin octobre, j'ai reçu un appel téléphonique d'un grand copain de travail qui m'a dit: «Gilles, je connais des personnes qui sont spécialisées en droit criminel. Voici le numéro de téléphone, tu peux les appeler et leur faire confiance.» Le numéro était celui de Me Jean Dury. Je lui ai téléphoné, nous nous sommes rencontrés, et Me Dury a accepté de commencer à examiner le dossier avec sa collègue Me Anne-Marie Lanctôt. Il restait à conclure l'entente de façon officielle, mais j'étais tout de même rassuré à l'idée de pouvoir compter sur des avocats pour me défendre.

***

Le 1er novembre 1989, je suis revenu à mon appartement aux environ de 14 h après avoir fait quelques courses, et j'ouvrais à peine la porte lorsque le téléphone a sonné. C'était Sylvain qui, par son ton de voix, paraissait très énervé.

— Papa, les policiers sont à l'école!
— Qu'est-ce qu'ils font là?
— Ils veulent m'interroger... Moi, je ne veux pas leur parler...
— Bouge pas, j'arrive. Je viens te chercher.

Je suis ressorti aussitôt pour me rendre au collège Letendre, situé dans le nord de Montréal. Sylvain m'attendait à l'extérieur et il m'a annoncé: «Ils sont là, en dedans...», en désignant l'école. Il avait refusé de leur parler, il était sorti de la pièce où se trouvaient les policiers pour me téléphoner, et il n'était pas retourné de peur d'avoir à répondre à leurs questions. Il redoutait particulièrement Jean-Claude Poulin, qu'il ne portait pas dans son cœur depuis mon arrestation.

J'ai répliqué: «Viens-t'en, on va aller les voir.» Je n'aurais jamais dû faire ça, j'aurais dû lui dire de monter dans la voiture et nous aurions dû partir. Mais je ne pouvais pas me douter que ça allait mal tourner. Il me semble que c'était clair: Sylvain ne voulait pas leur parler, point final. D'autant plus que le 2 mai précédent, lors d'une rencontre avec les policiers, ma belle-sœur Nicole, qui agissait comme tuteur de mon fils pendant mon incarcération à Parthenais, leur avait catégoriquement défendu d'interroger mon fils et de le rencontrer à l'école. Nous sommes néanmoins rentrés dans l'école et avons retrouvé les sergents-détectives Lafleur et Poulin dans une salle de conférence. Ils étaient tous deux assis devant une table. Jean-Claude Poulin m'a salué, et m'a demandé:

— Bon, qu'est-ce qui se passe, là?
Je lui ai répondu:
— Apparemment, vous voulez interroger Sylvain, et il ne veut pas. En tout cas, moi je m'objecte.
— Comment?
Jean-Claude Poulin s'est levé, s'est approché de moi et de la porte. Je lui ai demandé:
— Comment ça se fait que vous êtes ici pour l'interroger? Vous n'avez pas d'affaire à interroger un enfant, c'est un mineur!
— Est-ce que tu veux qu'on l'interroge, ou pas?
— Je m'objecte.

Jean-Claude Poulin m'a mis en garde: «Attention!», mais je n'y ai pas porté attention et lui ai plutôt demandé:

— Qui est-ce qui vous a donné la permission de parler à Sylvain?

— C'est le directeur.

— On va aller le voir, le directeur.

— Moi, je n'ai pas besoin d'aller le voir, le directeur.

En disant cela, Jean-Claude Poulin a fermé la porte qui était demeurée entrouverte et, me regardant dans les yeux, il m'a répété:

— Tu t'objectes toujours, c'est ça que tu me disais?

— Oui, je m'objecte toujours.

— T'es bien sûr de ça?

— Hé! On va aller voir le directeur.

— Moi, le directeur m'a donné la permission, j'ai pas besoin d'une autre permission que ça.

— Ho! Un instant, là! C'est lui le mineur, c'est moi le père. C'est-y clair, ça?

— Fais attention, là, si tu me dis encore que tu t'objectes, il peut t'arriver des choses pas correctes...

— Je m'objecte.

— Je te mets en état d'arrestation.

— Tabarnouche! Ça va mal, ton affaire! Si tu veux absolument y parler, parles-y, mais je vais rester.

— Non, non, non, t'es en état d'arrestation pour entrave à la justice.

Je n'en revenais tout simplement pas, et Sylvain, lui, était dans tous ses états. J'ai dit:

— Je veux appeler mon avocat.

Jean-Claude Poulin m'a lancé, sur un ton sarcastique:

— Lequel?

— Je veux appeler mon avocat. T'as pas d'affaire à savoir qui j'appelle!

— D'accord, vas-y, le téléphone est dans le coin.

J'ai essayé de téléphoner, mais l'appareil ne fonctionnait pas, et il le savait bien puisque c'est de là que Sylvain avait d'abord tenté de me téléphoner. J'ai dit à Sylvain:

— Va appeler Jeff, voilà son numéro.

Ce fut ma première réaction, car Jeff m'avait dit, même s'il ne s'occupait plus officiellement de mon dossier, que je pouvais tout de même l'appeler s'il y avait quelque chose de spécial.

Sylvain a donc appelé Jeffrey Boro qui a pu parler à Jean-Claude Poulin. Quand lui et mon fils sont revenus, j'ai dit à Sylvain en lui tendant un bout de papier:

— Sylvain, voici un autre numéro de téléphone. Prends ce numéro-là et appelle Jean Dury.

Les policiers m'ont emmené au poste, sans menottes, et Sylvain est demeuré sur place. Sur mes instructions, il a aussi appelé sa sœur Line, pour que quelqu'un vienne chercher mon automobile. Vraiment, c'était encore le bordel, la *merde* qui recommençait!

Me Jean Dury est venu me rejoindre au poste de police, et le lendemain, j'ai comparu devant le juge Pinard. Il m'a libéré sous cautionnement, acceptant d'emblée ma proposition: je m'engageais à m'abstenir de toute communication avec mon fils tant que tout ne serait pas terminé. J'ai donc été libéré et il fallait maintenant que mes avocats se préparent pour la grande bataille qui devait débuter le 20 novembre 1989. Je dois mentionner que la Couronne a retiré cette accusation d'entrave pour le moins farfelue.

J'ajoute une information au sujet de mes avocats. Me Jean Dury et Me Daniel Rock allaient assurer ma défense.

***

Avant de «plonger» dans le premier procès, il y a lieu d'apporter quelques précisions sur un personnage dont il a été question à quelques reprises depuis le début de ce récit, soit la dame de Sherbrooke. Parce qu'elle a été plutôt échaudée par mes démêlés avec la justice, et parce que je sais qu'elle a beaucoup souffert, je préfère taire son nom. Pour les besoins de ce livre, nous l'appellerons Diane Thomas, un nom fictif.

C'est en 1976 que j'ai fait sa connaissance, dans un bar de Sherbrooke. Je me trouvais dans cette région pour les besoins d'un reportage au programme de l'émission *La Semaine Verte*.

Voici certains extraits de ma déclaration sous serment, effectuée le 7 mai 1992 lors de mon second procès, alors que j'étais interrogé par Me Rock, mon procureur, concernant cette histoire.

Me Rock: «*Et je comprends que vous l'avez revue à l'occasion?*»
Gilles Perron: «*Oui, c'est un fait.*»

Me Rock: «*Et je comprends que vous ne lui avez pas toujours exactement mentionné le même plan de carrière que vous définissez?*»

Gilles Perron: «*Non! C'est pas tout à fait ça que j'ai fait avec Madame! Je pense que moi, pis mon intention, c'était qu'elle ne sache pas qui j'étais vraiment. Je ne voulais pas qu'elle sache qui était ma famille, qui étaient mes amis. Pour moi, ce n'était qu'une aventure. Je m'excuse de dire ça, mais c'était ça exactement. Puis je lui ai monté un bateau! C'est aussi simple que ça!*»

Me Rock: «*Pis, au fil des années, ben, le bateau il prenait de l'eau sur un bord pis de l'autre...*»

Gilles Perron: «*C'est ça! Mais il n'allait nulle part!*»

Me Rock: «*Et, euh... la fréquence des rencontres qu'elle a mentionnées, quatre, cinq fois par année, c'est réaliste?*»

Gilles Perron: «*C'est très réaliste.*»

Me Rock: «*Pis, c'était pas des rencontres bien longues?*»

Gilles Perron: «*Non! Ça pouvait varier des fois de deux heures ou de quatre heures, tout dépend, je veux dire, de la disponibilité que j'avais.*»

Vous aurez sûrement compris que j'avais eu une aventure avec cette dame, que je ne voyais cependant que quelques fois par année. D'accord, je l'avoue, je trompais mon épouse, mais pour moi, ce n'était qu'un *kick*, une aventure sans lendemain. Jamais je n'ai considéré Diane Thomas comme ma maîtresse, au sens qu'on y donne habituellement. Je n'ai jamais vraiment songé un instant, contrairement à ce qu'affirme le témoignage que vous pourrez lire plus loin, à accorder plus d'importance à cette simple aventure. Autrement dit, je la rencontrais, nous passions quelques heures ensemble et, dans ma tête, ça se terminait là. À plusieurs reprises, j'ai voulu cesser de voir cette dame, parce que je m'apercevais qu'elle s'attachait de plus en plus à moi et qu'elle commençait à s'imaginer que j'allais devenir son compagnon de vie.

Afin d'éviter les embêtements, entre autres, qu'elle me relance chez moi, j'avais décidé de lui cacher plusieurs détails de ma vie, et je m'étais amusé à modifier la réalité. Attention! Mon comportement n'avait pas pour but de lui causer du tort, mais plutôt de prévenir des problèmes.

Les policiers ont sûrement cru que cette «mystérieuse femme de Sherbrooke» était vraiment ma maîtresse. Ils s'attendaient à trouver une «maîtresse type», alors qu'il s'agissait d'une femme que je voyais à peine cinq ou six fois par année. Âgée d'une quarantaine d'années, elle avait élevé deux enfants et tenait un journal intime depuis 1980, dans lequel elle avait beaucoup romancé notre relation.

La Couronne a cependant décidé de recourir à son témoignage pour prouver que cette liaison constituait l'un des mobiles du meurtre.

Chapitre 9

Ouverture du premier procès

«*Mesdames et messieurs les candidats jurés, douze d'entre vous sont sur le point de participer comme jurés à un procès. L'accusé ici présent se nomme Gilles Perron. Il est accusé d'avoir, à Laval, le ou vers le quinze décembre mil neuf cent quatre-vingt-sept, causé la mort de Michelle Perron, commettant ainsi un meurtre au premier degré, l'acte criminel prévu à l'article 235 du Code criminel. Ses avocats sont Maîtres Dury et Rock. L'avocat de la Couronne est Maître Berthiaume.*» C'est ainsi qu'a débuté mon procès, le 20 novembre 1989, au Palais de justice de Montréal.

Dès l'ouverture, mes procureurs ont présenté une requête à l'honorable juge André Biron pour que Me Berthiaume, le procureur de la Couronne, soit remplacé par un autre avocat. Voici les raisons qui fondaient une telle demande.

Quelques jours avant mon arrestation à l'école Letendre le 1er novembre 1989, Jean-Claude Poulin avait consulté trois avocats, Me Berthiaume, Me Doyon et Me Lebœuf, sur la possibilité de rencontrer mon fils Sylvain en mon absence. Le 2 mai 1989, ma belle-sœur Nicole avait pourtant bien indiqué aux policiers qu'elle refusait qu'ils interrogent Sylvain. Dans leur rapport, on peut d'ailleurs lire: «...*Concernant Sylvain, il demeure présentement chez elle, elle ne veut pas, d'aucune façon que nous communiquions avec lui. Nous lui avions parlé de notre intention de le voir et elle a préféré communiquer avec Isabelle, qui elle, a communiqué avec*

Mᵉ Boro. Ce dernier a exprimé le vœu qu'il préférait que nous ne rencontrions pas Sylvain, et elle a transmis cette information à Mme Lapierre qui approuve et refuse toute entrevue chez elle, nous interdisant même de le rencontrer à l'école ou ailleurs, nous mentionnant qu'elle aviserait l'école de ce fait.» Donc, Jean-Claude Poulin savait qu'il n'avait pas la permission d'interroger mon fils, mais l'avis juridique de Mᵉ Berthiaume et des deux autres avocats lui donnait le feu vert. Cette manœuvre n'avait en fait qu'un seul but: me conduire à une nouvelle arrestation.

Voici un extrait de l'interrogatoire de Jean-Claude Poulin, lors d'une procédure civile, effectué le 5 octobre 1990 par Mᵉ Pierre Quesnel. Cet extrait démontre bien que l'opération avait été soigneusement planifiée. Jean-Claude Poulin y raconte pourquoi il avait demandé un avis juridique à Mᵉ Berthiaume et à deux autres avocats.

Jean-Claude Poulin: *«...C'était justement dans ce but-là aussi. Si monsieur Perron arrivait, qu'est-ce que je vais faire avec ça? Est-ce que je dis: "Excusez-moi, je me suis trompé d'adresse", puis je m'en vais, là? C'est pour ça, moi, je voulais savoir quoi faire aussi avec tout ça. Si j'avais les possibilités que j'avais, là, de voir Sylvain, O.K.? Puis si toutefois monsieur Perron faisait telle chose, qu'est-ce que je faisais? Je voulais savoir ça aussi.»*

Mᵉ Quesnel: *«Ça fait qu'il en a été question?»*

Jean-Claude Poulin: *«Il en a été question.»*

Mᵉ Quesnel: *«Et quel a été le conseil?»*

Jean-Claude Poulin: *«Bien, la conclusion qu'on en connaît.»*

Mᵉ Quesnel: *«Bien, je ne le sais pas.»*

Jean-Claude Poulin: *«L'arrestation.»*

Mᵉ Quesnel: *«Mais si M. Perron venait, vous l'arrêtiez.»*

Jean-Claude Poulin: *«Et puis qu'il s'opposait.»*

Mᵉ Quesnel: *«Et puis qu'il s'interposait à l'entrevue?»*

Jean-Claude Poulin: *«Qu'il s'interposait, là, dans la situation* qu'on connaît, là, qu'on explique présentement. S'il s'interposait, on l'arrêtait pour entrave.»

Un peu plus loin au cours de cet interrogatoire, le policier a ajouté: «*...Puis ce qui avait été convenu avant avec les procureurs, que si tel événement se passait, on réagissait de telle façon.*»

Jean-Claude Poulin savait donc qu'il avait de fortes chances, ce jour-là, de procéder à mon arrestation, connaissant mon tempérament et n'ignorant pas que je n'avais plus d'avocat pour me défendre. Autrement dit, il voulait me plonger encore plus dans la *merde*, avec l'assentiment de Me Berthiaume, l'avocat de la poursuite!

Voici, d'autre part, un extrait du jugement Pinard rendu le 3 novembre 1989, lors de la requête de mes avocats pour que je sois libéré sous cautionnement. Il faisait référence au motif invoqué par les policiers pour procéder à mon arrestation. «*Il n'est pas en preuve que l'accusé a tenu des propos visant à empêcher Sylvain de témoigner éventuellement, s'il en était requis. Il n'est pas non plus en preuve que l'accusé aurait demandé à son fils de contrecarrer de quelque façon que ce soit l'enquête policière, laquelle est présentement toujours en déroulement. Le fait d'indiquer que son fils n'était pas obligé de répondre aux questions ne constitue pas de l'entrave. Au risque de me répéter, c'est l'exercice d'un droit fondamental.*» Un peu plus loin dans son jugement, il ajoutait: «*... n'est pas moins répugnante à mes yeux, la tentative des enquêteurs de berner le directeur de l'école pour obtenir de lui une entrevue qu'ils savaient non voulue par Sylvain lui-même, et par sa famille, incluant son propre père.*»

Revenons à Me Berthiaume qui, en plus d'avoir manigancé avec Jean-Claude Poulin mon arrestation pour entrave à la justice, avait fait des démarches pour que je demeure incarcéré, malgré la décision du juge Pinard. Les faits se sont déroulés ainsi. Le 2 novembre, le juge Pinard m'a remis en liberté provisoire jusqu'au lendemain, le temps de délibérer pour rendre son jugement. Dès qu'il fut parti, Me Berthiaume a tenté de s'opposer à ma libération, invoquant une confusion entre les deux actes d'accusation et le jugement du juge Pinard. Sa tentative a d'ailleurs fait l'objet d'un commentaire du juge Pinard lorsqu'il a rendu son jugement le lendemain: «*Est non moins répugnante à mes yeux l'attitude du procureur de la poursuite lequel, hier, après mon départ, a tenté d'empêcher le greffier de donner suite à mon ordonnance, laquelle s'appliquait clairement dans les deux dossiers dont j'ai été saisi.*» Le juge a cependant décidé, après avoir reçu les explications du greffier, d'ajouter une note à son jugement, indiquant qu'il retirait le commentaire défavorable au procureur Berthiaume...

Mes avocats ont néanmoins conclu que Me Berthiaume devait être écarté du dossier, pour avoir délibérément tenté de me causer du tort avant même le début du procès. Ils ont même envoyé une lettre au ministre de la Justice, Gil Rémillard, soutenant qu'avec Me Berthiaume comme procureur de la Couronne, je n'aurais pas droit à un procès juste et équitable. Mes avocats estimaient qu'il y avait absence d'apparence de justice et qu'il était inconcevable que Me Berthiaume reste mandaté dans ce dossier.

Le juge André Biron a rejeté notre requête. Il s'est même servi de la lettre du ministère de la Justice pour appuyer sa décision: «...*Par lettre du dix-sept novembre, le ministre de la Justice, par le substitut en chef du procureur général, maître Claude Parent, a déclaré ne pouvoir donner suite ni ne devoir donner suite à cette demande ajoutant qu'il est du devoir des procureurs de la Couronne de conseiller les agents de la paix dans la conduite de leur enquête.*» Me Berthiaume demeurait donc le procureur de la Couronne dans ce dossier.

***

La première journée du procès s'est terminée par le choix des membres du jury et ce n'est que le lendemain que les témoignages ont débuté. Toutefois, les premiers témoins n'ont pas été entendus en présence du jury, parce qu'il s'agissait d'un «voir-dire». Le «voir-dire» est une procédure qui se déroule pendant un procès, hors la présence du jury. Cette procédure a pour but de déterminer si certaines preuves sont admissibles.

Au cours de mon procès, mon seul témoignage a été justement sur «voir-dire», concernant l'interrogatoire du 22 décembre 1988 au cours duquel l'enregistrement sur magnétocassette n'avait pas fonctionné. Je n'ai été appelé à donner ma version que pour permettre au juge de décider si les notes prises par le policier Lafleur au cours de cet interrogatoire pouvaient ou non être admises en preuve. Vous pourrez lire dans le prochain chapitre une partie de mon témoignage, mais enchaînons pour le moment avec les autres «voir-dire» de ce début de procès.

Le policier Mario Champagne a été le premier appelé à la barre. C'est lui qui était venu me retrouver à l'intérieur de la polyclinique Concorde et qui m'avait tenu compagnie. C'est aussi lui qui avait reçu le docteur Vanier pour m'examiner et qui avait exigé que le docteur Raymond Duchesne aille demander l'autorisation de me parler. Mario Champagne était demeuré à mes côtés jusqu'à ce qu'on me demande de me rendre au poste de police n⁰ 1, à Chomedey. Il était arrivé au poste en même temps que moi.

Ce policier a été l'un des premiers à arriver sur la scène du crime. Il avait reçu un appel du centre de télécommunications de la police à 19 h 09 (notez bien cette heure, c'est important) pour se rendre à l'intersection De la Concorde et Des Alouettes. On lui avait dit qu'il s'agissait d'une femme dans son véhicule, qui était malade. Il a raconté tout ça et, en réponse aux questions de mon procureur Me Jean Dury, il a affirmé qu'il n'avait pas vu de sang sur mon manteau, ni de marque sur moi, ni de sang sur mes mains, pas plus qu'il n'avait vu de sang dans le local où je me trouvais. Mario Champagne devait être rappelé à la barre un peu plus tard.

Le médecin de garde à l'urgence de la polyclinique Concorde le 15 décembre 1987, Réjean Vanier, est ensuite venu raconter qu'il avait été appelé à se rendre dans le stationnement pour examiner Michelle, à la demande de l'infirmière Nicole Villeneuve. La secrétaire, Francine, était allée le voir vers 19 h 05 pour lui demander d'aller dans le stationnement parce qu'une personne y était malade. Il était interrogé par mon procureur, Me Rock.

Réjean Vanier: «...c'est que mon infirmière est allée la première, elle, à l'auto, et quand elle revenait, moi j'étais dans le portique et j'attendais pour y aller, parce que je me suis dit: "Elle va venir me dire...", bon, il neigeait à gros flocons. Alors là, elle me dit: "Venez vite, c'est Michelle, je pense qu'elle a fait une hémorragie, mais je pense qu'elle est finie." Bon. Alors là, je suis allé à l'auto, et quand je suis revenu, quand je suis revenu de l'auto, hein, il y avait monsieur Perron. Là mon infirmière m'a dit: "C'est monsieur Perron.»

Me Rock: «Votre infirmière qui était restée à la clinique?»

Réjean Vanier: «Qui était ren... elle m'avait suivie pour aller avec moi. Là, on n'a pas parlé puis là, elle était en arrière de moi, puis quand j'ai commencé à examiner, les quelques minutes que j'étais là en tout cas, elle a dit: "J'ai froid, je vais rentrer." Puis quand je suis revenu, elle est ressortie, c'est là qu'on, qu'on s'est recroisés.»

Le docteur Vanier a aussi raconté l'épisode où, à la demande du policier Champagne, il m'a examiné. Autre détail important, il a affirmé qu'il ne m'avait jamais vu avec un sac à main. Ce détail a de l'importance, puisqu'il s'agit du sac à main de Michelle, que j'avais vu dans la neige, juste avant de découvrir Michelle couverte de sang. Vous constaterez, au fil des témoignages, que personne n'a été en mesure de dire qui avait pris possession de ce fameux sac à main et qui l'avait emporté à l'intérieur de la polyclinique.

Vous vous rappelez cet interrogatoire du 22 décembre 1988, lorsque le magnétophone avait fait défaut? Eh bien! Le policier qui a pris des notes ce jour-là, Pierre Lafleur, est venu raconter ce qui s'était passé. C'est d'ailleurs à ce moment que nous avons appris que l'enregistrement n'avait pas fonctionné.

Pierre Lafleur: «...*on a réalisé à un moment donné qu'il n'y avait rien qui avait marché.*»

Me Berthiaume: «*Pourquoi, est-ce que vous avez une raison?*»

Pierre Lafleur: «*J'ai cru à un moment donné que peut-être que la cassette avait été posée à l'envers. Mais après... je me suis dit en moi-même, peut-être que c'est une cassette qu'on avait utilisée qui n'était pas neuve et que peut-être que les petites tablettes en arrière là, avaient été enlevées puisqu'elle ne pouvait pas enregistrer.*»

Me Berthiaume: «*Alors, à votre connaissance, là, cet enregistrement-là n'a jamais été fait?*»

Pierre Lafleur: «*Il n'a pas été fait.*»

Me Berthiaume: «*Mais la machine était à la vue, lorsqu'il en a été question avec maître Piché?*»

Pierre Lafleur: «*Bien certain.*»

Le policier a ensuite déclaré qu'il avait pris six pages de notes au cours de cet interrogatoire. Il a précisé, à la demande de l'avocat de la Couronne: «*J'ai écrit disons, au meilleur de ma connaissance, les paroles qui étaient rapportées par monsieur Perron. À d'autres occasions par maître Piché, puis certaines des questions de monsieur Poulin.*»

Contre-interrogé par Me Dury, Pierre Lafleur n'a eu d'autre choix, par ses réponses, de faire comprendre à tous qu'il lui avait été impossible d'écrire tout ce qui s'était dit lors de l'interrogatoire — il ne connaissait pas la sténographie — et que ses notes ne constituaient donc pas un reflet fidèle de cette conversation.

Mᵉ Dury: «*... Dois-je comprendre que vous posiez des questions, on vous donnait une réponse puis là, il y avait des temps morts, le temps que vous écriviez tout ça là, parce qu'il fallait quand même prendre le temps d'écrire?*»

Pierre Lafleur: «*Non, ce qui arrive, c'est que sachant qu'il y avait une enregistreuse, j'aurais pu simplement m'asseoir puis regarder passer le train. Mais ce n'est pas ça qui est arrivé. J'ai écrit en même temps que la discussion marchait. Et puis, c'est peut-être un peu le reflet qu'on voit là, qu'il n'y a pas souvent d'indications qu'il y a des questions, c'est presque toutes des réponses. Ah oui, il n'y a pas de questions presque là-dessus...*»

Mᵉ Dury: «*Mais il y avait des réponses, quand monsieur vous donnait des réponses, puis vous écriviez les réponses, est-ce que vous disiez à monsieur Poulin: "Arrêtez de le questionner, parce que je veux suivre le courant de la conversation, je vais écrire ce qu'il vient de dire et puis vous continuerez après"?*»

Pierre Lafleur: «*Non, je n'ai pas parlé.*»

Mᵉ Dury: «*Donc, quand vous écriviez, la conversation continuait, n'est-ce pas?*»

Pierre Lafleur: «*Exact.*»

C'est après avoir quitté le poste de police ce jour-là, en compagnie de Mᵉ Piché, que les policiers Poulin et Lafleur ont réalisé que l'enregistrement n'avait pas fonctionné. Notez que le policier Lafleur s'est contredit concernant le moment où il a appris que l'interrogatoire n'avait pas été enregistré.

Mᵉ Dury: «*Alors, vous avez voulu l'écouter, vous étiez en présence de monsieur Lafleur?*»

Pierre Lafleur: «*C'est moi!*»

Mᵉ Dury: «*C'est-à-dire, excusez, monsieur Poulin?*»

Pierre Lafleur: «*Oui.*»

Mᵉ Dury: «*Puis vous vouliez réécouter la bobine?*»

Pierre Lafleur: «*Puis il n'y a rien eu.*»

Allons un peu plus loin dans ce témoignage.

Mᵉ Dury: «*Vous avez juste écouté le début, vous n'avez pas été au milieu, ou juste au début puis là vous dites: "Il n'y a rien, donc on arrête"?*»

Pierre Lafleur: «*Bien c'est-à-dire que, c'est-à-dire que monsieur Poulin, je crois, a essayé à différents endroits, mais il n'y avait rien dessus.*»

Mᵉ Dury: «*Un seul côté ou les deux côtés, que monsieur Poulin a essayé?*»

Pierre Lafleur: «*Je n'étais pas là, je veux dire...*»

Mᵉ Dury: «*Mais vous étiez là!*»

Pierre Lafleur: «*Il a dû essayer les deux côtés.*»

Mᵉ Dury: «*Mais vous étiez là, quand il a écouté, réécouté?*»

Pierre Lafleur: «*Non.*»

Mᵉ Dury: «*Ah! Vous n'étiez pas là?*»

Pierre Lafleur: «*Je n'étais pas là. J'ai su que ça n'avait pas fonctionné, c'est tout.*»

Un peu plus loin, Pierre Lafleur a affirmé que c'était Jean-Claude Poulin qui, au cours de l'après-midi, l'avait informé que l'enregistrement n'avait pas fonctionné... Bizarre, non? Cette histoire d'enregistrement défectueux n'était-elle qu'un prétexte pour écarter un témoignage où je clamais mon innocence et m'en tenais toujours à la même version des faits? On peut se poser la question.

Le pire est que la Couronne a insisté pour que les notes du policier Lafleur soient admises en preuve. Lafleur a d'ailleurs affirmé, au cours de son témoignage: «*C'est fidèle à la discussion tel que ça a eu lieu.*» Jean-Claude Poulin allait venir corroborer les propos de son collègue et le juge Biron a accédé à la requête de la Couronne. Or, jamais on ne m'a demandé de lire ces notes et de les approuver. Mᵉ Piché, qui m'accompagnait lors de l'interrogatoire, ne les a pas lues non plus. À mon avis, ces notes étaient incomplètes et loin de refléter la réalité des propos tenus.

Le témoignage du sergent-détective Jean-Claude Poulin concernant l'interrogatoire du 22 décembre 1988 a débuté le 21 novembre 1989 et s'est poursuivi le lendemain. Il a d'abord confié que c'est lui qui avait eu l'idée d'enregistrer la conversation. Puis il a affirmé à plusieurs reprises que les notes de Pierre Lafleur correspondaient tout à fait aux propos tenus, ce qui est faux. Je dois préciser qu'au cours de cet interrogatoire, Jean-Claude Poulin s'était attardé surtout au sort des balais à neige après que j'eus décidé d'aller chercher mes clés dans mon automobile. J'avais affirmé que j'avais remis mon balai à Michelle qui avait déjà le sien en main, et qu'elle était retournée à la polyclinique avec les deux balais, qu'on devait plus tard retrouver sur le plancher de sa voiture.

Poulin a aussi clairement établi qu'il n'y avait toujours eu qu'un seul suspect dans cette affaire: moi. C'est pourquoi il avait sollicité en trois occasions différentes ma version des faits (dans la nuit du 15 au 16 décembre 1987, le 5 janvier 1988, et enfin ce fameux 22 décembre 1988). Il a aussi révélé que jamais, au cours de l'enquête préliminaire, il n'avait cru bon de mentionner qu'il m'avait interrogé le 22 décembre et que l'enregistrement n'avait pas fonctionné. Sans doute pour réserver une plus grande surprise à mes avocats!

Chapitre 10

Qui donc a emporté le sac à main de Michelle?

Le 22 novembre, deuxième journée du procès. Le docteur Raymond Duchesne, l'employeur de Michelle, a été appelé à la barre. Raymond et moi nous connaissions depuis une dizaine d'années au moment du drame. Il a raconté qu'il avait reçu un appel chez lui provenant de la polyclinique, lui annonçant qu'il venait d'arriver quelque chose de malheureux à Michelle. Il était alors revenu à la polyclinique, où il m'avait rencontré vers 20 h.

Je vous ai rapporté, au chapitre 2, les faits saillants de son témoignage. Souvenez-vous notamment qu'il lui avait fallu la permission des policiers pour pouvoir s'entretenir avec moi. Il a aussi raconté que c'est lui qui m'avait appris le décès de Michelle.

Fernand Lamarche, pour sa part, est l'un des policiers appelés sur les lieux le soir du 15 décembre 1987. Il a été établi qu'il était arrivé à 20 h 30. Au poste de police, en présence de Jean-Claude Poulin, il avait recueilli ma déclaration, que j'avais signée au cours de la nuit. Voici un extrait des notes de ce policier: «*Elle a ouvert son auto, elle a parti l'auto, elle lui a donné un balai, la porte s'est fermée, coincée. S'est aperçue qu'elle ne pouvait pas ouvrir la porte. Il mentionne: "C'est pas grave, j'ai les miennes." A été au garage au centre d'achats, a embarqué dans sa voiture. Ses clés étaient là, il les avait oubliées. Il est demeuré, il va rejoindre Michelle, les lumières dessous, de son auto... Elle n'était pas là. Il voit l'auto, la sacoche par terre toute ouverte. Il a ouvert la porte, il l'a vue, il ne sait plus après. Les deux jambes lui ont coupé, il mentionne: "Épouvantable comme image."»*

Après ce premier interrogatoire, les policiers m'avaient demandé mes clés d'automobile. Ils avaient quitté le poste de police pour aller vérifier *«s'il y avait des balais dans l'auto»*. Il y avait effectivement deux balais dans ma voiture, des balais qui n'avaient rien à voir avec ceux de Michelle. Nous avions l'habitude, Michelle et moi, d'en avoir chacun deux. Poursuivant son interrogatoire, Me Rock a demandé au policier: *«Avez-vous vu, vous, une sacoche près de l'auto?»*

Fernand Lamarche: *«Non.»*
Le tribunal: *«Pardon?»*
Fernand Lamarche: *«Il me semble que non.»*
Me Rock: *«Et subséquemment, quand vous êtes entré à la clinique, quand vous avez eu contact, à un moment donné vous dites, vous pensez que vous avez parlé à monsieur Perron, mais à tout le moins vous l'avez vu. Est-ce que vous avez vu une sacoche à ce moment-là?»*
Fernand Lamarche: *«Je ne me souviens pas de ça.»*

Qui donc avait pris ce sac à main? Le mystère demeurait entier. Quelqu'un aurait-il tenté de faire disparaître un élément de preuve qui aurait contribué à m'innocenter? Je rappelle aussi que le fameux trousseau de clés, celui du père de Michelle, n'a jamais été retrouvé.

Le policier Lamarche a eu plusieurs trous de mémoire au cours de son témoignage. Il ne se souvenait pas si l'agent qui était resté à mes côtés à la polyclinique, était allé lui dire que je voulais sortir, pas plus qu'il ne se souvenait que le docteur Duchesne était allé le voir pour lui demander la permission de me parler...

Lamarche a aussi raconté qu'à 21 h 00, le soir du meurtre, il avait quitté la polyclinique pour se rendre au garage Esso, situé à côté des Galeries Papineau, faire une vérification (vous comprendrez plus loin pourquoi au garage Esso).

Voyons la suite: «*...ça a duré peut-être dix, quinze minutes. En revenant, il y a un club sur le boulevard de la Concorde qu'on appelle Le Futuriste; on avait un projet d'écoute à ce moment-là à cet endroit-là, sur un autre cas, et j'ai fait une vérification. On avait des sujets qui étaient sur ce projet-là qui étaient là puis que j'ai rencontrés. J'ai noté certains détails. Ça a fait, j'ai profité de l'occasion étant là pour noter ce projet. J'ai continué au poste après.*» Si l'on prend pour acquis qu'il avait quitté la polyclinique à 21 h 00, comment, logiquement, pouvait-il être revenu au poste de police «*...vers les vingt-deux heures*», en pleine tempête de neige, comme il l'a affirmé au cours de son témoignage? Comme vous le verrez un peu plus loin, en d'autres occasions, soit lors du deuxième procès et lors de l'enquête de la Commission de police, le policier Lamarche a modifié son témoignage concernant son emploi du temps.

Jean-Claude Poulin est revenu à la barre confirmer que, le soir du meurtre, seulement trois témoins avaient été interrogés sur les lieux, soit Louisette Esposito, Nicole Villeneuve et Réjean Vanier. Trois déclarations, pas une de plus, sur une scène de meurtre, alors que bien d'autres personnes auraient certainement eu des faits intéressants à révéler. Il est évident que l'enquête, ce soir-là, n'a pas été poussée plus loin tout simplement parce que la police était déjà convaincue de tenir le coupable, c'est-à-dire moi.

Me Dury a aussi questionné Jean-Claude Poulin sur le sac à main de Michelle, que personne ne semblait avoir touché ou remarqué...

Me Dury: «*Vous, pendant que vous étiez sur les lieux, est-ce que vous avez fait une visite de la scène du crime?*

Jean-Claude Poulin: «*Oui monsieur le juge, j'ai examiné un cadavre, l'intérieur du véhicule et les alentours de la scène.*»

Me Dury: «*Est-ce que vous avez vu une sacoche?*»

Jean-Claude Poulin: «*Je n'ai pas vu de sacoche monsieur le juge, mais j'ai vu deux choses par terre, là, près d'une... de la porte côté passager avant.*»

Me Dury: «*Et est-ce que vous avez entendu parler de la sacoche sur les lieux?*»

Jean-Claude Poulin: «*De la sacoche, j'ai entendu parler par une tierce personne que, je ne me souviens pas qui là, qui avait une* *bourse puisqu'elle était en présence de monsieur Perron. J'ai demandé qu'on apporte le tout, là, au bureau.»*

À ce jour, il n'a jamais été établi clairement qui avait emporté ce fameux sac à main au poste de police. Je veux expliquer pourquoi ce détail a tellement d'importance. La première fois que j'ai vu ce sac à main, il était à côté de la voiture de Michelle, près de la portière du côté du passager, dans la neige. Je me souviens aussi de l'avoir vu dans la salle d'urgence de la polyclinique, où je me trouvais en compagnie du policier Mario Champagne. Lorsque j'ai quitté cette salle, je n'ai vu aucun des policiers qui m'ont emmené avec eux prendre le sac. Il était demeuré là. Tout au long du premier procès, aucun des policiers n'a pu dire à la cour: «J'ai pris ce sac-là et je l'ai emporté au poste de police.» Personne ne l'avait pris! S'était-il volatisé pour réapparaître au poste?

Voici pourquoi ce mystère est si important. Il s'agit de ce qu'on appelle, dans le jargon judiciaire, une «chaîne de possession». Lorsqu'un crime est commis et qu'on découvre une arme ou des objets qui peuvent être reliés au crime, ces «pièces à conviction» sont normalement saisies par les policiers et déposées dans des sacs de plastique en vue d'analyses et d'expertises. Or, le sac à main de Michelle a d'abord été ramassé par Nicole Villeneuve, qui a toujours maintenu qu'elle l'avait emporté à l'intérieur de la polyclinique. Par la suite, on ne sait plus du tout quel policier l'a emporté au poste de police de Chomedey. Ce qui est curieux, c'est que la police n'ait pas cherché à relever des empreintes sur ce sac le soir du meurtre; certes, on aurait pu y trouver des empreintes n'ayant rien à voir avec le crime, mais également les empreintes du ou des responsables de la mort de Michelle.

Voici un autre détail bizarre concernant ce sac à main. Nous avons appris, lors de l'enquête de la Commission de police en 1992, que le relevé du contenu du sac à main de Michelle avait été fait par le policier Mario Champagne à 19 h 30. Mais il ne peut avoir effectué ce relevé à ce moment-là, car dans tous ses témoignages il a affirmé qu'il n'avait jamais touché au sac à main. Pourquoi et comment peut-il avoir écrit dans l'un de ses rapports qu'il en avait examiné le contenu?

Le défilé des agents de la paix s'est poursuivi par le témoignage de Louis Beshara, qui avait été le troisième policier à arriver sur les lieux du crime le 15 décembre 1987. Répondant aux questions de Me Berthiaume, il a raconté ce qui s'était passé à son arrivée.

Me Berthiaume: «*Est-ce que vous avez eu contact avec Gilles Perron vous-même ou l'avez-vous aperçu?*»

Louis Beshara: «*Je l'ai, je l'ai entre... je l'ai aperçu, oui, entre-croisé par-dessus l'épaule d'un policier dans une salle.*»

Me Berthiaume: «*Alors voulez-vous nous expliquer les circonstances qui ont fait que monsieur, si c'est à votre connaissance, était dans cette salle-là?*»

Louis Beshara: «*Oui, rendu sur les lieux de l'incident, monsieur, le policier Champagne m'informa que c'est une, une dame qui venait d'être victime d'un assaut, puis que le mari se trouvait dans une salle, une salle de médecins à la polyclinique, à l'intérieur.*»

Me Berthiaume: «*Alors vous-même, lorsque vous arrivez, il est déjà à l'intérieur de la clinique?*»

Louis Beshara: «*C'est exact, oui.*»

Me Berthiaume: «*Vous ne prenez aucune disposition pour qu'il s'y retrouve?*»

Louis Beshara: «*Non, non, non, aucunement.*»

Me Berthiaume: «*Alors, vous êtes informé de ce fait-là et, mais il n'y a pas de policier encore, avec lui.*»

Louis Beshara: «*Non, aucunement.*»

Me Berthiaume: «*Est-ce vous qui décidez d'en envoyer un?*»

Louis Beshara: «*Oui, c'est moi.*»

Me Berthiaume: «*Pourquoi?*»

Louis Beshara: «*Suite à la, à l'incident, je me disais étant donné que c'était l'époux de la dame, je me disais bien peut-être pour pouvoir le réconforter là, si on peut être d'une aide quelconque, parce que normalement, les parents des victimes sont tout le temps dans un état plus ou moins de choc. J'ai demandé qu'il demeure avec lui, dans la salle où il était.*»

Louis Beshara a ajouté qu'il avait dit au policier Champagne: «*...si jamais il y avait des allées et venues, là, dans la salle où il était, de prendre note de qui pouvait le voir là, limiter l'accès un petit peu, là, c'est tout.*»

Maintenant, remarquez bien la contradiction entre le témoignage de Louis Beshara et celui de Raymond Duchesne. Beshara était alors interrogé par Me Dury.

Me Dury: «*Monsieur Beshara, pourquoi ça prenait une permission pour que monsieur Duchesne puisse aller rencontrer monsieur Perron?*»

Louis Beshara: «*Pourquoi ça prenait une permission? Je ne pourrais pas vous le dire. Il est simplement venu me demander la permission, parce que je crois que c'est monsieur, au début, il avait été voir monsieur Perron, et puis monsieur Perron l'avait référé à moi, puis c'est à ce moment-là...*»

Me Dury: «*Monsieur Perron l'avait référé à vous?*»

Louis Beshara: «*C'est exact, oui. Il avait dit que, suite à l'incident, là, c'était, c'était moi qui étais en charge de l'incident, et puis que sa femme était entre mes mains, c'est moi qui avais la responsabilité, là, de l'incident.*»

Me Dury: «*Mais l'aviez-vous vu, Perron, vous?*»

Louis Beshara: «*Non, je ne l'avais pas vu.*»

C'est une autre entorse à la vérité. Je n'avais jamais dit à Raymond Duchesne qu'il fallait qu'il demande la permission à Louis Beshara; c'est le policier Champagne qui le lui avait dit! Imaginez un peu comment je me sentais en entendant de telles sornettes. J'étais hors de moi et je me disais constamment la même chose: «Mais pourquoi ne disent-ils pas la vérité, tout simplement, telle qu'elle est?...» À cette époque, j'étais peut-être naïf. Je n'aurais jamais cru que des gens étaient disposés à mentir, sous serment, dans le but de faire condamner un individu dont ils n'aimaient pas la face. J'étais de toute évidence un coupable idéal...

Les sergents-détectives Lamarche et Poulin sont ensuite venus raconter la rencontre du 5 janvier 1988, à mon domicile. Lors de cette visite, les policiers avaient pu, avec mon accord, s'entretenir, séparément, en mon absence, avec chacun de mes enfants.

Me Rock: «*Et ensuite, après avoir terminé avec les enfants, vous avez rencontré monsieur Perron et ça a duré un bon bout de temps?*»

Jean-Claude Poulin: «*Ça a duré un bon bout de temps, monsieur le juge.*»

Me Rock: «*Oui, on voit sur la photocopie d'un document que vous avez, vingt heures cinq à vingt-deux heures trente-neuf?*»

Jean-Claude Poulin: «*C'est exact, monsieur le juge.*»

Ce soir-là, j'avais raconté aux deux détectives l'histoire des trousseaux de clés et je leur avais donné de nouveau ma version des faits survenus le 15 décembre 1987. Jean-Claude Poulin avait noté mes propos et m'avait ensuite fait lire et signer cette déclaration.

Le policier Lamarche a raconté: «*...Ça a débuté suivant l'entrevue avec les enfants, dans la première entrevue qu'on avait eue avec monsieur Perron, il avait été question d'une explication à propos des clés, des clés qui avaient été utilisées, et monsieur Perron tenait absolument à nous parler de ces clés-là. Il avait trouvé une explication en rapport avec, une nouvelle hypothèse en rapport avec les clés. Et là, il tenait à nous parler, il tenait à nous parler. Alors là, suivant l'entrevue avec les enfants, on a abordé ce sujet-là, et c'est là qu'il s'est mis à tout refaire et à tout reparler de l'incident du quinze décembre. Et à ce moment-là, on avait une nouvelle version qui nous était fournie, alors monsieur Poulin l'a notée par écrit.*»

Les entretiens que les policiers désiraient obtenir avec mes enfants n'étaient en fait qu'un prétexte: ils voulaient m'interroger à nouveau. À preuve, la série de vingt-trois questions qu'ils avaient préparées! Ce questionnaire est un autre document auquel mes avocats n'ont pu avoir accès qu'en novembre 1992.

À mon tour, j'ai été appelé à témoigner concernant l'interrogatoire au poste de police le 22 décembre 1988. J'ai raconté que j'avais au préalable communiqué avec Me André Piché, un ami, qui avait accepté de m'accompagner et, qu'une fois rendu au poste, Jean-Claude Poulin m'avait fait une première mise en garde tout juste avant de débuter. Voici une partie de ma déclaration «voir-dire» faite à la cour.

Me Dury: «*Bon, alors comment ça s'est déroulé à la salle d'interrogatoire?*»

Gilles Perron: «*Bon. La première chose après les bonjours usuels, qui se sont dites, première chose que moi j'ai entendue, c'est* *monsieur Poulin qui a dit à maître Piché: "Tu es un civiliste, tu n'es pas un criminaliste, tout ce que je te demande c'est de t'asseoir là puis d'écouter, t'as pas un mot à dire."*»

Me Dury: «*Suite à ça?*»

Gilles Perron: «*Suite à ça, bon, nous nous sommes assis. Et monsieur Poulin s'est adressé à moi en disant: "Tu n'as pas objection à ce que nous puissions enregistrer cette conversation-là?" Je lui ai répondu que non, je n'avais aucune objection. Alors, à partir de ce moment-là, monsieur Poulin s'est exécuté, a pris l'appareil qui était déjà sur la table, l'a déposé sur la chaise parce que le cordon électrique n'était pas assez long pour se rendre à la prise de courant. Alors, il l'a mis sur une chaise qui était à côté de moi, a inséré une cassette, et a démarré l'enregistrement. J'ai bien vu que la bobine tournait.*»

Un peu plus tard, à la demande de mon avocat, j'ai donné des détails supplémentaires: «*Alors donc, à partir de ce moment-là, monsieur Poulin a fait ses avertissements et on a commencé la conversation ou une interrogation, si vous voulez. Par la suite, après un certain temps, il s'est levé parce que l'enregistrement, la bobine ne tournait plus. Il y avait, je n'ai pas remarqué qu'il y avait une lumière sur l'appareil pour indiquer, à ma mémoire, je ne me souviens pas, et a retourné la cassette pour continuer l'enregistrement. Et nous avons terminé par la suite, et nous nous sommes levés et nous avons continué un petit bout de conversation dans le corridor.*»

Me Dury: «*Et vous avez terminé. Avant de quitter, est-ce qu'on vous a fait réentendre la bobine?*»

Gilles Perron: «*Non, pas du tout, parce que moi j'avais confiance à ce que l'enregistrement, je veux dire, ait pu fonctionner, parce que j'ai remarqué que la bobine tournait très bien et que les... boutons avec lesquels nous démarrons l'enregistrement étaient bien appuyés. Alors ma confiance était là, que l'enregistrement était bon. Eh...*»

Me Dury: «*Est-ce que maître Piché a demandé à entendre l'enregistrement?*»

Gilles Perron: «*Pas du tout, ni maître Piché ni moi-même, Votre Honneur, nous avons demandé à écouter l'enregistrement. Puis je, enfin autant je pense, je veux dire, que maître Piché et que moi-même, on croyait que l'enregistrement était, était bien fait.*»

Ce fut ensuite au tour de Me Berthiaume de me poser des questions. Il s'est surtout attardé au contenu de l'interrogatoire.

Me Berthiaume: «*Est-ce que vous avez été questionné sur les balais, le vingt-deux décembre quatre-vingt-huit?*»

Gilles Perron: «*Oui, Votre Honneur.*»

Me Berthiaume: «*Et vous avez répondu à ça?*»

Gilles Perron: «*Exact, j'ai répondu à ça.*»

Me Berthiaume: «*Est-ce que vous, vous avez été interrogé sur la position ou l'emplacement où vous avez rencontré votre femme, le quinze décembre?*»

Gilles Perron: «*C'est exact, Votre Honneur.*»

Me Berthiaume: «*Est-ce que vous avez été amené, par les questions, à préciser exactement, là, l'endroit où ça s'était déroulé?*»

Gilles Perron: «*Exact, Votre Honneur.*»

Me Berthiaume: «*Est-ce que vous avez été interrogé sur le fait que votre épouse avait été trouvée dans l'auto, dans telle position plutôt qu'une autre?*»

Gilles Perron: «*...Je m'excuse, Votre Honneur, je ne me souviens pas.*»

Me Berthiaume: «*Mais c'est possible, monsieur Perron?*»

Gilles Perron: «*Si c'est possible? Peut-être, oui!*»

Me Berthiaume: «*Est-ce que le surnom "Mon Pit" vous dit quelque chose?*»

Gilles Perron: «*Bien oui, c'était mon habitude de l'appeler comme ça.*»

Me Berthiaume: «*Votre épouse, hein? Est-ce qu'on vous a parlé d'une station-service Esso sur Concorde, lorsqu'on vous a interrogé le vingt-deux décembre quatre-vingt-huit?*»

Gilles Perron: «*C'est possible, Votre Honneur.*»

Me Berthiaume: «*Mais est-ce que vous vous en rappelez aujourd'hui?*»

Gilles Perron: «*Non, exactement, non, Votre Honneur.*»

Me Berthiaume: «*Est-ce que vous vous rappelez si on vous a interrogé sur la neige qu'il pouvait y avoir sur l'auto de votre épouse?*»

Gilles Perron: «*Oui, Votre Honneur.*»

Me Berthiaume: «*Et vous avez répondu à ces questions-là?*»

Gilles Perron: «*Bien sûr. On a même élaboré sur chacune des questions.*»

Me Berthiaume: «*Après. Maintenant... est-ce qu'on vous a interrogé sur la distance où votre auto était stationnée par rapport à celle de votre épouse?*»

Gilles Perron: «*C'est possible, Votre Honneur, parce que voyez-vous, au départ, il avait deux petites questions à me poser, puis ça a fini par je ne sais plus combien de questions.*»

Mon témoignage ne portait que sur l'interrogatoire du 22 décembre. J'ai donc bien pris la peine de préciser à Me Berthiaume, au sujet des notes du policier Lafleur: «*...je vous ferai remarquer que je n'ai jamais pu signer cette déclaration-là parce qu'on se fiait, on se fiait, je veux dire, à l'enregistrement.*»

Mes avocats ont aussitôt demandé que les notes de Lafleur ne soient pas admises en preuve: «*...Je vais vous plaider que cette preuve n'a pas été faite libre et volontairement, premièrement. Et deuxièmement, qu'elle n'est pas fidèle à ce qui s'est passé cette journée-là*», a déclaré Me Dury au juge Biron. Comme vous le savez déjà, le juge en a décidé autrement.

***

Cette deuxième journée du procès s'est ainsi terminée. J'étais quelque peu dépité, parce que je croyais sincèrement que cette preuve allait être refusée. À mes yeux, il était clair que les notes griffonnées par Lafleur ne se tenaient pas, et qu'elles ne pouvaient que me causer du tort.

Le lendemain, le juge a adressé ses directives aux douze jurés sélectionnés et le procès a véritablement débuté avec l'audition des premiers témoins en leur présence.

L'un des témoins était le policier André Rivest, employé au service de l'identité judiciaire de la Police de Laval. Il a présenté dix-sept photographies en noir et blanc prises sur les lieux du crime le soir du 15 décembre 1987.

Les autres témoins entendus cette journée-là, la plupart des policiers, n'ont rien déclaré qui puisse éclairer mon affaire d'un jour nouveau. Leurs témoignages visaient plutôt à permettre aux jurés de bien situer la scène du crime et d'avoir une bonne idée du déroulement des opérations policières.

Je retiens cependant la déclaration de l'agent Paul Dakkat concernant le sac à main de Michelle, qu'il n'avait pas aperçu sur le sol où moi je l'avais vu, mais plutôt... dans les mains de l'infirmière Nicole Villeneuve!

Me Berthiaume: *«Tantôt, vous avez parlé que vous aviez vu deux personnes sur la rue. Il y avait un monsieur à qui vous avez parlé?»*

Paul Dakkat: *«C'est bien ça, Votre Seigneurie.»*

Me Berthiaume: *«Et l'autre personne est madame Villeneuve?»*

Paul Dakkat: *«C'est ça, elle est infirmière. La première personne, c'était monsieur Vanier qui est médecin.»*

Me Berthiaume: *«Docteur Vanier?»*

Paul Dakkat: *«Docteur Vanier qui est médecin à la polyclinique.»*

Me Berthiaume: *«Alors madame Villeneuve, lorsque vous la voyez sur la rue?»*

Paul Dakkat: *«Sur la rue, en arrivant, elle était sur la rue à côté de monsieur Vanier.»*

Me Berthiaume: *«Est-ce qu'elle avait un objet à ce moment-là avec elle?»*

Paul Dakkat: *«Elle avait une bourse noire dans ses mains, mais c'est un porte-monnaie.»*

Me Berthiaume: *«Avez-vous vu l'objet de près, vous-même?»*

Paul Dakkat: *«Oui, j'ai vu que c'était une bourse noire. Je lui ai demandé c'était à qui, elle m'a dit: "C'est à la victime, madame Perron."»*

Me Berthiaume: *«Ça, c'est lorsque vous arrivez avec l'autopatrouille, là?»*

Paul Dakkat: *«C'est ça.»*

Me Berthiaume: *«Est-ce qu'elle vous remet ça?»*

Paul Dakkat: *«Elle ne me l'a pas, elle ne me l'a pas redonné à moi, elle est partie avec à la, à la clinique.»*

Vous savez à quel point cette histoire de sac à main a de l'importance. Il en sera encore question au cours du témoignage de l'infirmière Nicole Villeneuve dans le prochain chapitre. Ce témoignage devait avoir lieu le lundi suivant, soit le 27 novembre, et devait s'avérer déterminant. Par ses propos, cette infirmière a sûrement contribué à me faire condamner au cours du premier procès, mais lors du second, son témoignage a manqué de crédibilité et incité les jurés à conclure que j'étais innocent.

***

Le 27 novembre, le premier témoin a été André Rivest, qui a été contre-interrogé par Me Dury. Il a d'abord révélé que lorsqu'il avait pris ses photographies le soir du 15 décembre 1987, il n'avait pas vu le sac à main de Michelle. «...*Un sac à main... je ne m'en souviens pas...*».

Habilité à effectuer des relevés d'empreintes digitales, André Rivest a aussi admis que personne ne lui avait demandé, le soir du 15 décembre 1987, de faire un relevé d'empreintes à l'intérieur de l'automobile de Michelle, pas plus que sur son sac à main.

Me Dury: «*On ne vous a pas demandé ça. Et subséquemment, est-ce qu'on vous l'a demandé?*»

André Rivest: «*Ça a été en date du dix-sept, Votre Seigneurie.*»

Ainsi, le 17 décembre, André Rivest s'était rendu au poste où se trouvait l'automobile de Michelle dans une cage fermée (pour justement la garder dans l'état où elle se trouvait le soir du crime), afin d'y relever des empreintes. Ses tests se sont avérés négatifs, et il a confié qu'il n'avait jamais tenté de relever des empreintes ni sur le portefeuille de Michelle ni sur son sac à main, tout simplement parce qu'il ne pouvait prendre de telles initiatives. L'enquêteur qui aurait pu lui demander de le faire, Jean-Claude Poulin, n'a donc jamais mis le sac à main de Michelle à la disposition du policier Rivest, et il ne lui a pas non plus demandé de relever les empreintes sur les clés qui se trouvaient à l'intérieur de la voiture.

Chapitre 11

Le témoignage de l'infirmière Nicole Villeneuve

Au moment du procès, Nicole Villeneuve travaillait depuis douze ans comme infirmière à la polyclinique Concorde. Elle a déclaré à la cour qu'elle connaissait mon épouse, et que le soir du 15 décembre 1987, elle était de garde à l'urgence. Elle était sortie de l'urgence à 18 h pour aller souper avec Louisette Esposito au centre des rendez-vous, comme elle en avait l'habitude. En chemin, elle avait rencontré Michelle dans le corridor de la polyclinique. C'est Me Berthiaume qui interrogeait alors le témoin.

    Me Berthiaume: «*Est-ce que vous lui avez parlé?*»
    Nicole Villeneuve: «*Oui, nous nous sommes parlé.*»
    Me Berthiaume: «*Est-ce que vous vous parliez usuellement en vous rencontrant?*»
    Nicole Villeneuve: «*Oui, on se disait bonsoir, quelle journée as-tu passée? Je lui ai parlé spécialement des verres de contact de ma fille cette journée-là.*»
    Me Berthiaume: «*Oui, alors dites-nous ça exactement.*»
    Nicole Villeneuve: «*Bien, le matin, je lui avais parlé au téléphone à propos des verres de contact de ma fille. Et puis le soir en la rencontrant, on s'est reparlé de ça, puis je lui ai dit de, que la prochaine fois qu'elle verrait ma fille, de lui faire une remontrance sur l'entretien de ses verres de contact.*»

Mᵉ Berthiaume: «*Votre fille est patiente chez le docteur...*»
Nicole Villeneuve: «*Duchesne.*»
Mᵉ Berthiaume: «*...Duchesne?*»
Nicole Villeneuve: «*Oui.*»
Mᵉ Berthiaume: «*Elle n'entretenait pas à votre goût ses verres, c'est ça?*»
Nicole Villeneuve: «*Elle m'a répondu là-dessus: "J'ai assez de mes filles à m'occuper, les remontrances, tu les feras toi-même."*»
Mᵉ Berthiaume: «*Et quelle heure approximativement était-il?*»
Nicole Villeneuve: «*Il était six heures.*»
Mᵉ Berthiaume: «*Précisément?*»
Nicole Villeneuve: «*Oui, oui, je ne peux pas me tromper, c'est à six heures que je dois aller souper.*»

Un peu plus loin au cours de son témoignage, Nicole Villeneuve ajoutera que pendant son heure de souper, «*...l'urgence continue avec le médecin, la réceptionniste, mais je ne dois pas m'absenter à l'extérieur pour aller manger. C'est pour cette raison-là que je dois rester là.*»

Le témoin a poursuivi en précisant qu'il était peut-être 18 h 00, 18 h 05 lorsque Michelle l'avait quittée en disant: «*Je vais sortir pour m'en aller chez moi.*» Puis elle a affirmé qu'il était environ 18 h 20 lorsque Michelle était entrée de nouveau dans la polyclinique. Nicole Villeneuve soupait au centre des rendez-vous avec Louisette Esposito lorsqu'elle avait vue Michelle revenir.

Mᵉ Berthiaume: «*Il est six heures vingt?*»
Nicole Villeneuve: «*Oui.*»
Mᵉ Berthiaume: «*Est-ce vous qui l'abordez ou l'inverse?*»
Nicole Villeneuve: «*Elle rentre puis elle nous dit qu'elle, qu'elle s'est embarrée, elle était en train de balayer sa voiture...*»
Le Tribunal: «*Un instant, madame... oui?*»
Nicole Villeneuve: «*Et qu'elle est venue pour ouvrir la porte, elle avait démarré sa voiture à ce moment-là, puis elle ne se souvenait pas de l'avoir rebarrée lorsqu'elle a fermé la porte. Alors elle est entrée en dedans pour nous dire que son mari était parti chercher les clés.*»
Mᵉ Berthiaume: «*Son mari était là?*»

Nicole Villeneuve: «*Elle ne l'attendait pas parce qu'elle dit: "Tout en balayant ma voiture, j'ai senti une présence derrière moi, alors..."*»

Me Berthiaume: «*Juste un instant, madame, on veut savoir tout ce qui a été dit, d'accord?*»

Nicole Villeneuve: «*Oui, d'accord. Alors elle dit: "J'ai senti une présence derrière moi et je me suis retournée et j'ai dit: "Ah, c'est toi! mais ne me fais plus peur, jamais comme ça." Alors il s'est offert d'aller chercher les clés au garage."*»

Me Berthiaume: «*Est-ce qu'il a été question de quel garage?*»

Nicole Villeneuve: «*Oui, elle m'a demandé où était, lorsqu'elle est entrée, elle m'a demandé où était le garage Esso.*»

Me Berthiaume: «*Avez-vous répondu?*»

Nicole Villeneuve: «*Je lui ai répondu: "D'après moi, c'est loin d'ici." Parce que je fais ce trajet-là, moi, régulièrement pour aller travailler. Je dis: "D'après moi, c'est loin d'ici." Alors elle me dit: "Heureusement que Gilles est arrivé." Il avait laissé sa voiture supposément au garage dans le but de la faire réparer.*»

Me Berthiaume: «*Avez-vous précisé, vous, l'emplacement du Esso dont vous, vous parliez, vous avez dit c'est loin mais avez-vous dit loin par où?*»

Nicole Villeneuve: «*Sur Concorde.*»

Me Berthiaume: «*Oui?*»

Nicole Villeneuve: «*Elle m'a demandé où c'était, j'ai dit: "C'est sur Concorde mais c'est, c'est plus près de chez moi, de mon domicile à moi que de la polyclinique." Ça se fait...*»

Rétablissons quelques faits. J'ai toujours maintenu, parce que c'est la vérité, que j'avais rencontré Michelle alors qu'elle se dirigeait vers son automobile. Je ne lui ai jamais fait peur, pas plus qu'elle ne m'a dit: «*...ne me fais plus peur, jamais comme ça.*» Deuxième point: lorsque j'ai rencontré Michelle, je ne me rappelle pas lui avoir mentionné que mon automobile était au garage Esso. Il est possible que je lui aie dit qu'elle était tout près du garage Esso, mais je ne m'en souviens pas.

Poursuivons avec le témoignage de Nicole Villeneuve.

Me Berthiaume: «*Et lui avez-vous dit que c'était loin?*»

Nicole Villeneuve: «*Oui, je lui ai répondu à ce moment-là, étant donné qu'il faisait une assez bonne tempête, que ça se faisait dif-*

ficilement à pied, mais qu'il s'était offert d'aller chercher le double des clés pour pouvoir ouvrir celle de la porte de, les portières de la voiture de Michelle. Alors à ce moment-là, moi je lui ai dit, mais j'ai dit: "C'est trop loin, ça ne peut pas se faire à pied." J'ai dit: "C'est trop loin, d'après moi, avec cette tempête, ça ne peut pas se faire à pied. Est-ce que tu as vu à ce qu'il prenne un taxi?"... parce qu'il y a toujours quelques voitures de taxi qui se tiennent à l'avant de la polyclinique. J'ai dit: "Est-ce que tu as vu à ce qu'il prenne un taxi en avant de la clinique?" Elle m'a répondu là-dessus: "Je ne le sais pas, moi, qu'il s'arrange."»

Me Berthiaume: «*Est-ce qu'elle est demeurée... vous étiez avec madame Esposito encore?*»

Nicole Villeneuve: «*C'est ça.*»

Me Berthiaume: «*Est-ce que madame Esposito vous paraissait, à vous là, entendre ce qui se passait?*»

Nicole Villeneuve: «*Madame Esposito doit répondre même, tout en soupant, doit répondre à son téléphone et aux patients, des gens qui rentrent dans la clinique pour avoir des informations.*»

Me Berthiaume: «*Elle est plus occupée que vous ne l'étiez?*»

Nicole Villeneuve: «*Oui, oui, moi je suis en heure de souper, donc je n'ai pas à répondre à des gens qui, qui arrivent. Si je le fais, c'est parce que ça me fait plaisir. Mais elle doit répondre constamment au téléphone parce que ça sonne beaucoup, il y a beaucoup d'appels.*»

Me Berthiaume: «*Vous demeurez combien de temps avec madame Perron à échanger, là?*»

Nicole Villeneuve: «*Ah, elle est entrée vers six heures et vingt, et à sept heures moins vingt, entre sept heures moins vingt-cinq et moins vingt au plus tard, elle a quitté, parce qu'à un moment donné, elle a ouvert la porte du centre des rendez-vous.*»

Après avoir situé la porte du centre des rendez-vous sur un plan, Nicole Villeneuve a enchaîné.

Nicole Villeneuve: «*...elle a dit: "Je vais regarder si Gilles s'en vient." Bien j'ai dit: "Voyons, c'est impossible." Elle a dit: "Je vais regarder voir si Gilles s'en vient." J'ai répondu là-dessus: "C'est impossible, ça ne se peut pas qu'il soit déjà revenu s'il a fait ça à pied." Elle a ouvert quand même la porte et la porte de l'extérieur aussi. Elle dit: "Oui, Gilles s'en vient." J'ai dit: "Pas déjà?" J'ai répondu: "Pas déjà? C'est impossible." Elle a dit: "Non, ce n'est pas lui." Puis elle est sortie.*»

Mᵉ Berthiaume: «*Ce sont les paroles qui ont été prononcées?*»
Nicole Villeneuve: «*Oui.*»
Mᵉ Berthiaume: «*Entre vous trois?*»
Nicole Villeneuve: «*C'est ça.*»
  Mᵉ Berthiaume: «*Est-ce que madame Esposito a participé à l'échange à des moments?*»
  Nicole Villeneuve: «*Oui, il y a des choses même qu'elles se sont dites, puis moi j'étais occupée ailleurs. J'ai même parlé à des gens à la réception ce soir-là, chose que je fais aussi habituellement.*»

Le témoignage de Nicole Villeneuve a alors été interrompu parce que l'avocat de la Couronne voulait débattre un point devant le juge Biron. Mᵉ Berthiaume désirait que tous les propos que Michelle avait supposément adressés à Nicole Villeneuve puissent être admis en preuve, tandis que mes avocats s'y opposaient, prétendant qu'il s'agissait d'un ouï-dire. «*...Déjà, mon confrère vous a mentionné qu'il était question de parler du garage Esso; alors notre prétention est à l'effet que ce que mon confrère tente d'introduire en preuve, ce sont des paroles par l'accusé quelques ins-tants avant le décès de madame Perron, par le biais de madame Perron. Et à notre sens à nous, c'est totalement inadmissible*», a soutenu Mᵉ Dury.

Le juge Biron a accepté que les propos de Michelle rapportés par Nicole Villeneuve, soient admis en preuve, mais il a refusé d'admettre les propos que moi j'aurais tenus et que Michelle aurait transmis à l'infirmière. En somme, c'est l'histoire du garage Esso qui n'a pas été acceptée par le juge, lequel a d'ailleurs eu ce commentaire: «*... ce qu'on ne sait pas là, c'est est-ce que madame Perron a vraiment compris qu'il était question d'un garage? Mais elle n'est pas ici pour être contre-interrogée... Mais est-ce que c'était vraiment un garage, est-ce que, ça, on ne le saura jamais, là.*»

Après ce débat, Nicole Villeneuve a été rappelée à la barre, où elle a réaffirmé que Michelle lui avait dit: «*J'étais en train de balayer ma voiture, tout à coup, j'ai senti comme quelqu'un derrière moi. Je me suis retournée puis j'ai dit, ah, c'est toi, mais ne me fais plus peur jamais comme ça.*»

Répondant aux questions de Mᵉ Berthiaume, Nicole Villeneuve a raconté ensuite ce qui s'était passé.

  Mᵉ Berthiaume: «*...aviez-vous terminé votre souper?*»

Nicole Villeneuve: «*Oui, à sept heures.*»

Me Berthiaume: «*Oui, à sept heures?*»

Nicole Villeneuve: «*Oui.*»

Me Berthiaume: «*Et que se passe-t-il?*»

Nicole Villeneuve: «*Rendue à l'urgence, je me remets au travail et j'ai le temps de donner une injection à un patient. C'est tout juste le temps que j'ai eu à faire, et j'entends quelqu'un courir dans le corridor.*»

Me Berthiaume: «*... dans un des corridors menant...*»

Nicole Villeneuve: «*Oui.*»

Me Berthiaume: «*...à l'urgence?*»

Nicole Villeneuve: «*Oui. J'entends crier quelqu'un dire: "Vite, vite, on a besoin d'une infirmière à l'extérieur, il y a quelqu'un qui se sent mal."*»

Me Berthiaume: «*Est-ce que vous voyez la personne qui dit ça?*»

Nicole Villeneuve: «*Non, je ne l'ai pas vue.*»

Me Berthiaume: «*Vous ne reconnaissez pas la voix?*»

Nicole Villeneuve: «*Non, je ne reconnais pas, c'est une voix de femme, mais je ne peux pas identifier.*»

Me Berthiaume: «*Que faites-vous?*»

Nicole Villeneuve: «*J'ai vite pensé d'enfiler mes bottes pour aller...*»

Me Berthiaume: «*Ça vous concernait directement ça, vous avez senti...*»

Nicole Villeneuve: «*Oui, je suis la seule infirmière, le médecin est occupé dans une salle, alors j'ai vite enfilé mes bottes, puis j'ai couru à l'extérieur. J'ai passé dans ces corridors ici* (elle a désigné le plan), *je suis sortie par la porte ouest (...) En, et en passant dans le corridor en courant, j'entends quelqu'un, il y avait des personnes qui étaient dans le corridor que je ne peux pas identifier, mais j'entends dire: "C'est le mari de Michelle." Alors je me suis vite empressée, j'ai ouvert les portes et je suis sortie.*»

Me Berthiaume: «*L'avez-vous vu, ce mari de Michelle?*»

Nicole Villeneuve: «*En sortant, ce que je vois dans le, c'était une personne qui s'en vient dans le stationnement du Provisoir de, qui est de l'autre côté de la rue.*»

Me Berthiaume: «*Alors, vous voyez, vous, quelqu'un qui s'en vient de là alors que vous vous dirigez vers là?*»

Nicole Villeneuve: «*Oui, qui s'en vient en titubant, puis je me dépêche à me rendre vers cette personne. J'arrive auprès de lui puis je* *lui dis: "C'est toi, Gilles, tu te sens mal? Viens-t'en avec moi, dépêche-toi, on va aller voir le médecin à l'urgence." Et il m'a répondu: "Non, ce n'est pas moi, c'est Michelle."*»

Me Berthiaume: «*Alors vous, vous lui demandez si c'est lui, il vous répond que ce n'est pas lui, c'est Michelle?*»

Nicole Villeneuve: «*Il me répond: "Non, c'est Michelle." Moi je lui demande à ce moment-là: "Mais où elle est, Michelle?" Il me fait signe de la main pour me démontrer où est stationnée la voiture, il dit: "Elle est là-bas, dans la voiture."*»

Me Berthiaume: «*Vous rappelez-vous s'il vous parle, s'il l'indique avec sa main gauche ou sa main droite?*»

Nicole Villeneuve: «*Face à moi, c'est sa main droite.*»

Me Berthiaume: «*Est-ce que sa main est libre ou est-ce qu'elle, il y a quelque chose dedans?*»

Nicole Villeneuve: «*Il n'y a rien dans ses mains.*»

Me Berthiaume: «*Aucune de ses mains?*»

Nicole Villeneuve: «*Vous voulez dire quoi? Un sac?*»

Me Berthiaume: «*Un vêtement?*»

Nicole Villeneuve: «*Vêtement... À ce moment-là, je n'ai rien identifié.*»

Me Berthiaume: «*Alors vous, vous vous faites pointer vers une automobile, et vous vous rendez immédiatement là?*»

Nicole Villeneuve: «*Oui.*»

Me Berthiaume: «*Sans lui?*»

Nicole Villeneuve: «*Sans lui, je l'ai laissé, je me suis mise à courir aussitôt, je n'ai pas pensé à d'autre chose que d'aller vers celle qui se sentait mal.*»

Me Berthiaume: «*Et il ne vous accompagne pas, lui?*»

Nicole Villeneuve: «*Je pensais, mais ensuite, j'ai réalisé qu'il n'était pas là.*»

Me Berthiaume: «*Alors qu'est-ce que vous faites, vous-même?*»

Nicole Villeneuve: «*Arrivée à l'auto, la porte de droite était ouverte.*»

Me Berthiaume: «*C'est la première que vous allez prendre, celle de droite par rapport à celle de gauche?*»

Nicole Villeneuve: «*C'est la seule porte d'ailleurs qui était ouverte, c'est...*»

Me Berthiaume: «*Avez-vous sondé la porte gauche?*»

Nicole Villeneuve: «*Non, je n'ai rien touché.*»

Mᵉ Berthiaume: «*Est-ce que la porte est déjà béante lorsque vous arrivez?*»

Nicole Villeneuve: «*La porte est ouverte et je constate que Michelle est assise à l'intérieur de la voiture, sur la banquette avant.*»

Mᵉ Berthiaume: «*Du côté gauche ou droit?*»

Nicole Villeneuve: «*Du côté droit.*»

Mᵉ Berthiaume: «*Assise?*»

Nicole Villeneuve: «*Assise.*»

Le témoin a alors indiqué à la cour dans quelle posture se trouvait Michelle lorsqu'elle l'avait aperçue, dans l'automobile, assise un peu penchée, et le cou, la tête inclinée vers la droite. Elle a raconté que Michelle «*...avait le visage couvert de sang, j'ai vu ses yeux qui étaient demi-ouverts...*» Et elle a ajouté: «*...j'ai essayé de tâter son pouls, il n'y avait rien.*»

Mᵉ Berthiaume: «*Est-ce que, l'auto était-elle en marche, madame Villeneuve?*»

Nicole Villeneuve: «*L'auto ne fonctionnait pas.*»

Mᵉ Berthiaume: «*Pouvez-vous nous dire si les clés étaient visibles?*»

Nicole Villeneuve: «*Il n'y avait pas de clés.*»

Mᵉ Berthiaume: «*Vous n'avez pas vu de clés?*»

Nicole Villeneuve: «*Il n'y avait pas de clés.*»

Le procès a été ajourné au lendemain sur cette dernière déclaration surprenante. L'infirmière se fourvoyait en affirmant qu'elle n'avait pas vu de clés, puisque les photographies prises par le policier André Rivest, le soir du crime, montraient clairement que les clés étaient insérées dans le démarreur électrique.

***

Tout au long du procès, j'étais là, tout près de mes avocats. Dans la salle se trouvaient aussi mes enfants ainsi que des amis, entre autres Philippe Turcotte, celui qui avait facilité ma libération sous cautionnement. Chaque soir, je pouvais regagner l'appartement que je partageais avec mon fils Sylvain. J'ai passé plusieurs nuits blanches à me demander comment on en était venu à penser que j'avais tué Michelle. Même si j'étais conscient de tout ce qui m'arrivait, je ne pouvais me résoudre à accepter ce non-sens, encore moins à imaginer un instant que je pourrais être reconnu coupable. Pourtant, il m'arrivait de penser que mon sort était entre les mains de mes avocats, entre les mains de personnes qui venaient témoigner devant un juge, et que si j'étais reconnu coupable, j'allais être envoyé en prison. Vraiment, je ne savais plus quoi penser ni quel saint implorer pour pouvoir retourner vivre tranquille auprès de mes enfants. Mes amis et mes proches avaient beau se montrer rassurants, je n'en étais pas moins inquiet, nageant dans l'inconnu.

Tous les jours, de nombreux journalistes assistaient au procès, le «couvraient» comme on dit dans le métier, et les photographes étaient à l'affût. Je savais que toute mon histoire était largement médiatisée, et je me disais que lorsque je serais libéré, je ne pourrais plus passer inaperçu dans la rue comme toutes ces vedettes que j'avais vu défiler aux *Démons du Midi*, du temps que je réalisais cette émission. Mais au fond, j'étais loin de trouver cela drôle. Et l'étalage de mes souvenirs personnels, le rappel du drame avec tous ses détails, l'évocation incessante de Michelle ravivaient la douleur d'avoir perdu la femme que j'avais épousée en juillet 1963.

Chapitre 12

Le témoignage de Nicole Villeneuve (suite)

Le 28 novembre, Nicole Villeneuve a poursuivi son témoignage, toujours interrogée par Me Berthiaume.

Me Berthiaume: «*Alors, lorsque vous êtes à la voiture ou près de la voiture, monsieur Perron n'est pas avec vous?*»

Nicole Villeneuve: «*Non.*»

Me Berthiaume: «*Est-ce que vous le voyez par la suite?*»

Nicole Villeneuve: «*Tout en examinant, en essayant de constater les dégâts qu'il y avait dans la voiture, lorsque j'en ai eu terminé et puis que je m'apprêtais à aller chercher le médecin pour venir à mon aide, je me suis levé les yeux et j'ai vu une voiture qui s'en venait dans le stationnement, qui s'apprêtait à stationner. Ça a attiré beaucoup mon attention, les phares se sont éteints...*»

Me Berthiaume: «*Est-ce que vous étiez... vous pensez, madame, ou vous attendez que je vous pose une question?*»

Nicole Villeneuve: «*Les phares se sont éteints, et je regardais toujours dans cette direction et j'ai vu qu'il y avait quelqu'un qui sortait de la voiture, et c'était monsieur Perron qui s'en venait vers moi. Ne voulant pas qu'il voie son épouse dans cet état-là, je me suis empressée de partir, et en me retournant j'ai, j'ai ramassé le sac à main qui était par terre dans la neige, et le porte-monnaie qui était ouvert, près de la roue arrière.*»

Me Berthiaume: «*Le sac à main était-il au même endroit que le porte-monnaie?*»

Nicole Villeneuve: «*Non, il était plus vers l'avant.*»

Me Berthiaume: «*Est-ce que vous pouviez voir les objets dans le porte-monnaie?*»

Nicole Villeneuve: «*Je n'ai pas, je l'ai refermé aussitôt, et je me suis vite empressée de tout remettre dans le sac à main. Il y avait un, un autre petit contenant là, de, je ne sais trop, que j'ai ramassé et que j'ai mis aussi dans, dans le sac à main, et j'ai, je me suis en allée vers, rencontrer monsieur Perron pour lui remettre le sac à main et s'en retourner à l'urgence pour demander de l'aide le plus vite possible.*»

L'infirmière a alors soutenu qu'elle m'avait vu stationner mon automobile à une trentaine de pieds de l'automobile de Michelle.

Me Berthiaume: «*Comment est-il habillé à ce moment-là que vous le revoyez?*»

Nicole Villeneuve: «*Monsieur avait des vêtements de couleur foncée, un veston court qui semblait gris foncé. La couleur de ses pantalons, je ne pourrais pas vous le dire. Il portait un gant.*»

Me Berthiaume: «*Un gant?*»

Nicole Villeneuve: «*J'ai vu le gant dans la main droite, et la main gauche, je ne pourrais pas vous dire, je n'ai pas observé.*»

Me Berthiaume: «*Il avait un gant. C'est la première fois que vous voyez ce gant-là, ce soir du quinze?*»

Nicole Villeneuve: «*Oui.*»

Nicole Villeneuve avait donc vu bien des choses contraires à la vérité. Cette histoire selon laquelle je serais venu stationner mon automobile est complètement farfelue. Et je n'ai jamais eu de gant à la main droite comme elle l'a affirmé.

Me Berthiaume: «*Est-ce que vous lui remettez les objets?*»

Nicole Villeneuve: «*Oui, je, tout était enfoui dans le sac à main. Je lui donne le sac à main au complet, il le prend, il le met dans son bras gauche.*»

Me Berthiaume: «*Et vous...*»

Nicole Villeneuve: «*Et moi...*»

Me Berthiaume: «*... prenez la direction de la clinique?*»

Nicole Villeneuve: «*Et moi je le prends par le bras droit et on s'en va, on se dirige vers la clinique.*»

Un peu plus loin, l'infirmière devait déclarer: «*... nous sommes rentrés à la clinique, et nous nous sommes dirigés vers la salle d'urgence. J'ai demandé à la secrétaire qui travaillait ce soir-là de le surveiller et de le garder, d'en prendre soin, alors que je demandais au docteur Vanier de me suivre pour retourner à l'extérieur auprès de Michelle.*» Retenez bien cette déclaration, vous verrez à quel point elle diffère du témoignage du docteur Vanier.

Nicole Villeneuve: «*Je n'ai pas spécifié qu'elle était décédée à ce moment. En retournant, en passant dans le corridor, je croise le docteur Vanier qui s'en venait avec son veston. Nous sommes sortis et nous nous sommes dirigés vers la voiture. (...) Nous nous sommes dirigés vers la voiture et tout en s'en allant, je lui ai dit: "C'est effrayant, c'est Michelle." Lui, il ne savait vraiment pas là ce qui se passait, c'était le premier contact que nous avions ensemble. Il me dit: "De quoi tu parles?" Mais, je ne trouvais pas mes mots pour lui dire que c'était Michelle Perron qui était morte, je bafouillais. Alors nous sommes arrivés à la voiture et il a constaté lui-même. Et là, il s'est, nous avons regardé ensemble, il a bougé sa tête, chose que je n'avais pas fait lorsque j'étais seule. Et à ce moment-là, on a, on s'est aperçu qu'il y avait un énorme trou dans, du cô..., dans la gorge, du côté droit.*»

Me Berthiaume: «*Cette fois-ci, l'avez-vous manipulée lorsque vous retournez à l'auto avec le docteur?*»

Nicole Villeneuve: «*C'est le médecin qui l'a manipulée en voulant tenter de faire un genre de massage cardiaque, mais en vain. À ce moment-là, j'avais froid, j'ai dit au docteur Vanier, elle a, elle a changé de position à ce moment-là, ce n'était plus la même position dans laquelle je l'avais trouvée, et j'ai dit au docteur Vanier: "J'ai froid, je vais aller mettre mon manteau." Alors je revenais, je suis partie, je suis rentrée, je suis allée mettre mon manteau, et en sortant, le docteur Vanier revenait de la voiture, près de la rue, et pas longtemps par la suite, les voitures de la police sont arrivées.*»

Elle a affirmé ensuite: «*Le docteur Vanier revenait de la voiture, on s'est rencontrés près de, du trottoir, au début du stationnement.*»

Me Berthiaume: «*À leur, à leur arrivée, vous retournez à l'intérieur de la clinique?*»

Nicole Villeneuve: «*Nous sommes restés à l'extérieur quelque temps, ils nous, par la suite, ils nous ont fait asseoir dans une de leurs voitures, parce qu'on avait froid, puis on était tout mouillés. J'étais transie par la neige, j'étais effectivement mouillée.*»

Me Berthiaume: «*Monsieur Perron, lorsque vous l'aviez vu la première fois, est-ce qu'il était dans un état semblable, la première fois que vous le voyez, là, est-ce qu'il est mouillé, lui?*»

Nicole Villeneuve: «*Non, je ne pourrais pas vous dire à ce moment-là, mais lorsque, quand il est revenu, on s'est rencontré, son manteau n'était pas mouillé.*»

Et Nicole Villeneuve de préciser: «*...c'était bien sec, les vêtements me semblent, m'ont paru secs.*» Or, mon manteau était bien trempé, puisque j'avais marché jusqu'aux Galeries Papineau pour récupérer mon automobile et qu'il n'avait certainement pas eu le temps de sécher durant le retour dans mon véhicule. La version de Nicole Villeneuve allait d'ailleurs être contredite par un autre témoin, qui ne fut cependant déniché qu'après le deuxième procès.

L'infirmière a d'autre part confié à Me Berthiaume: «*...dans la nuit qui a suivi l'événement, il y avait des choses que j'avais omis de dire, parce que je ne me souvenais pas, et dans la nuit qui a suivi cet événement-là, je me suis souvenue de certaines choses dont j'ai fait part à la police de Laval le lendemain.*»

Il était tard, les travaux furent ajournés au lendemain.

Voici maintenant le contre-interrogatoire mené par mon procureur Me Dury.

Me Dury: «*Lorsque vous quittez pour aller à la rencontre de monsieur Perron à l'extérieur pour la première fois, et que vous allez à la voiture en question constater le décès, n'est-ce pas, vous parlez d'une voiture qui arrive sur les lieux. C'est bien ça?...*»

Nicole Villeneuve: «*Oui.*»

Me Dury: «*Avez-vous mentionné ça le premier soir aux policiers?*»

Nicole Villeneuve: «*Non.*»

Me Dury: «*Et vous dites que vous avez, vous vous êtes rappelée cela pendant...*»

Nicole Villeneuve: «*Oui.*»

Mᵉ Dury: «*... de certaines choses, est-ce que c'est une des choses que pendant la nuit, vous...?*»

Nicole Villeneuve: «*Je réalisais que mon trajet que j'avais mentionné le soir, je réalisais que ce n'était pas comme ça que ça s'était produit. Et à la maison, j'en avais même causé avec les membres de ma famille.*»

Elle a alors précisé que, le lendemain du meurtre, elle avait communiqué avec le service de police de Laval en composant le 911, pour tenter de joindre le sergent Lamarche.

Mᵉ Dury: «*Et est-ce que c'est de la polyclinique que vous avez fait le téléphone au 911, ou c'est de chez vous?*»

Nicole Villeneuve: «*Je sais que j'en ai parlé à une de mes compagnes de travail, celle qui est ma supérieure, et elle m'a dit que c'était important. Je, si je me souviens bien, on a, j'ai communiqué de la polyclinique Concorde.*»

Mᵉ Dury: «*Vous avez communiqué de la polyclinique Concorde au poste de police?*»

Nicole Villeneuve: «*Oui. Je sais que c'est cette journée-là.*»

Au cours de cette communication téléphonique, le sergent Lamarche lui aurait dit qu'il allait transmettre l'information au sergent-détective Poulin, et que ce dernier allait entrer en contact avec elle.

Mᵉ Dury: «*Et monsieur Lamarche a transmis l'information, selon ce que vous dites, à monsieur Poulin et monsieur Poulin vous a rappelée la journée même?*»

Nicole Villeneuve: «*Il m'a rappelée, là, oui.*»

Mᵉ Dury: «*La journée même, où vous a-t-il rappelée, monsieur Poulin? Était-ce à votre travail?*»

Nicole Villeneuve: «*Non, j'étais à la maison, je me souviens, j'étais, avant mon travail, je m'excuse, il m'a rappelée à la maison.*»

Notez bien au passage que, le 16 décembre 1987, l'horaire de travail de Nicole Villeneuve était de 16 h à 23 h.

Mᵉ Dury: «*Avant votre travail, la journée du seize?*»

Nicole Villeneuve: «*Oui, oui.*»

Me Dury: «*Mais...*»

Nicole Villeneuve: «*Je lui ai raconté ça et, moi, je suis partie travailler par la suite.*»

Me Dury: «*Donc, dois-je comprendre que vous avez signalé le 911 non pas au travail, mais à votre...*»

Nicole Villeneuve: «*À la maison.*»

L'infirmière a donc d'abord indiqué qu'elle avait téléphoné de la polyclinique, puis elle s'est ravisée pour déclarer que c'était plutôt de la maison qu'elle avait fait cet appel...

Me Dury: «*Vous souvenez-vous dans le, le corridor, vendredi dernier, que vous avez discuté avec une amie des événements qui sont survenus le quinze décembre quatre-vingt-sept?*»

Nicole Villeneuve: «*...*» (pas de réponse)

Me Dury: «*Ici, là, à l'extérieur, vous souvenez-vous d'avoir discuté de ces événements-là avec une personne?*»

Nicole Villeneuve: «*Bien, la semaine dernière?*»

Me Dury: «*Oui, vendredi dernier dans le corridor.*»

Nicole Villeneuve: «*Vendredi dernier? On a causé, mais je ne sais pas avec quelle personne vous voulez mentionner.*»

Me Dury: «*Avec un policier, peut-être?*»

Nicole Villeneuve: «*Peut-être.*»

Me Dury: «*Vous souvenez-vous d'avoir dit que vous aviez été éblouie par les phares, puis que vous ne saviez pas c'est qui qui était là?*»

Nicole Villeneuve: «*Oui, j'ai été, les phares m'ont vraiment attiré l'attention. Pourquoi, je ne saurais vous dire.*»

Me Dury: «*Vous souvenez-vous d'avoir dit ça que vous étiez éblouie puis que vous ne le saviez pas qui sortait de la voiture?*»

Nicole Villeneuve: «*Je ne pouvais pas réaliser qui était dans la voiture jusqu'au moment que je l'ai aperçu, qu'il s'en venait vers moi. À ce moment-là, je l'ai vraiment bien reconnu.*»

C'était la première fois que Nicole Villeneuve affirmait à la cour qu'elle avait été éblouie par des phares, mais il a été établi par la suite qu'elle l'avait déjà mentionné à Jean-Claude Poulin.

Allons-y maintenant pour une autre contradiction, concernant le soir du meurtre.

Nicole Villeneuve: «... *j'ai vu une voiture qui s'en venait dans le stationnement, qui s'apprêtait à stationner. Ça a attiré beaucoup mon attention...*»

Me Dury: «*Bon, à quel moment vous la voyez arriver, vous, la voiture. Quand elle est stationnée ou...?*»

Nicole Villeneuve: «*Elle est arrêtée, effectivement, elle est arrêtée. Puis c'est au moment où je me lève la tête pour m'apprêter à m'en aller, et je vois cette voiture qui arrive.*»

Me Dury: «*Bon. Alors quand vous la voyez pour la première fois, n'est-il pas exact, vous venez de le dire, elle est arrêtée la voiture?*»

Nicole Villeneuve: «*Elle est arrêtée, les phares sont encore allumés, et je vois les phares s'éteindre, et je suis restée là...*»

Me Dury: «*Bon. Et vous n'avez jamais vu la voiture en mouvement, n'est-ce pas?*»

Nicole Villeneuve: «*Non.*»

Me Dury: «*Vous ne l'avez pas vue en mouvement cette voiture?*»

Nicole Villeneuve: «*Non.*»

Dans la suite de son témoignage, Nicole Villeneuve a confié que lorsqu'elle était revenue à l'urgence avec moi, elle m'avait laissé avec «*la secrétaire*». Qui était cette secrétaire? «*Elle s'appelle Francine, a-t-elle précisé. Elle n'est plus à la clinique, elle, elle a quitté, je ne me souviens pas de son deuxième nom, tout ce que je sais, c'est Francine.*» Or, cette Francine, selon Nicole Villeneuve, «*est restée chez nous environ un an*».

L'infirmière a aussi déclaré qu'au moment où elle était entrée dans la clinique avec moi: «*... c'est à ce moment-là, devant le bureau de la réception, j'ai demandé à madame Esposito de téléphoner immédiatement à une ambulance parce que madame Perron était en hémorragie.*»

Toujours au cours du contre-interrogatoire, l'infirmière a dit qu'au moment où elle était revenue à la clinique pour chercher son manteau, il n'y avait pratiquement personne à l'urgence. Elle avait vu Francine (la secrétaire) «*... et puis monsieur Perron se promenait dans le corridor...*».

Notez bien les heures. Nicole Villeneuve dit être retournée à l'urgence à 19 h pour se remettre au travail. Puis, elle a entendu quelqu'un demander une infirmière à l'extérieur vers 19 h,

19 h 05. Elle a estimé qu'elle n'était demeurée que quelques minutes à l'extérieur, «*le temps de prendre le pouls, de la regarder, de
regarder un peu en arrière*». Et à son retour à l'intérieur avec moi,
elle dit avoir demandé à madame Esposito d'appeler une ambulance. Quelle heure était-il à ce moment? Nous le verrons dans
les pages qui suivent, quand nous évoquerons le témoignage de
madame Esposito.

Voilà donc l'essentiel du témoignage de Nicole Villeneuve,
à mon avis très peu crédible. Cette histoire d'automobile que
j'aurais garée, et de gant que j'aurais porté est invraisemblable.
Comme personne, au cours du procès, n'a pu venir confirmer
que j'avais eu du sang sur les mains parce que j'avais touché à
Michelle, et que j'avais lavé mes mains à l'intérieur de la clinique, l'hypothèse du gant et l'ensemble du témoignage de Nicole Villeneuve ont pu influencer décisivement le jury.

Chapitre 13

Les témoignages de la réceptionniste Louisette Esposito et du docteur Réjean Vanier

Louisette Esposito, la réceptionniste, connaissait Michelle depuis environ dix ans, ainsi que, évidemment, Nicole Villeneuve avec qui elle avait l'habitude de prendre son souper au travail. Elle a vu Michelle sortir de la clinique à 18 h 05, puis revenir vers 18 h 15. «*À son retour, elle est entrée dans mon local, puis elle dit: "Ah, je ne le sais pas ce qui m'arrive, j'ai l'air d'une vraie folle." Elle dit: "Je suis embarrée dans mon auto."*»

Me Berthiaume: «*Est-ce qu'elle s'est expliquée après, est-ce que, vous venez de donner des paroles, elle explique ça comment, ça, c'est arrivé ça après?*»

Louisette Esposito: «*Mais c'est ça, elle a dit: "Je ne sais pas si je me suis accrochée dans la pitoune, là, mais..." Elle dit: "Je suis embarrée, je ne peux plus rentrer dans mon auto."*»

Me Berthiaume: «*Bon. C'est tout ce qu'elle a dit ou elle a dit d'autres choses?*»

Louisette Esposito: «*Bien là, elle dit qu'elle est en train de déblayer son auto, de nettoyer son auto, puis elle a senti une présence en arrière d'elle... Là, elle dit qu'elle s'est revirée puis elle a vu son mari, puis elle lui a dit, puis elle lui a dit: "Qu'est-ce que tu fais là, maudit fou, tu m'as fait peur?"*»

Me Berthiaume: «*Vous vous souvenez de ces, cet adjectif-là, madame Esposito?*»
Louisette Esposito: «*Oui.*»
Me Berthiaume: «*Elle a dit ça, maudit fou?*»
Louisette Esposito: «*Oui, oui.*»

Encore une fois, j'ai sursauté et j'ai jeté un regard vers mes enfants assis à l'arrière, avec tous les curieux. Ils savaient, tout comme moi, qu'il était peu probable que Michelle ait pu dire ça: *maudit fou* n'était pas du tout une expression qu'elle utilisait, elle n'employait jamais l'adjectif *maudit*.

Madame Esposito a ajouté: «*Elle est venue pour partir, elle a ouvert la porte de mon local, puis elle a dit: "Ah, tiens, v'là mon mari. Ah non, ce n'est pas lui." Puis elle est repartie, puis on ne l'a pas revue.*»

Elle a ensuite déclaré m'avoir vu entrer à l'intérieur de la polyclinique pour demander de l'aide: «*Il était à peu près 7 h 05*», a-t-elle précisé. Elle avait ensuite composé le 911 pour demander une ambulance, à la demande de Nicole Villeneuve, «*aux alentours de 7 h 15*».

Ce témoin a aussi raconté qu'au moment où j'étais entré dans la polyclinique pour demander de l'aide, elle avait remarqué que j'avais des gants, des gants noirs, et que mon visage «*... était rouge un peu, il était un petit peu mouillé*». C'est là l'essentiel du témoignage de Louisette Esposito.

Revoyons de plus près la question des heures. Nicole Villeneuve a affirmé qu'à 19 h, elle était de retour au travail à l'urgence, et que vers 19 h, 19 h 05, elle avait entendu quelqu'un demander de l'aide. Louisette Esposito, pour sa part, a prétendu que j'étais entré dans la polyclinique pour demander de l'aide à environ 19 h 05, et qu'il était approximativement 19 h 15 lorsqu'elle avait appelé le 911 pour obtenir une ambulance. Au cours du premier procès, mes avocats n'ont pu démontrer que ces heures n'étaient pas exactes. Or, il me semblait impossible que Nicole Villeneuve soit demeurée dix minutes à l'extérieur avant de revenir demander à sa collègue d'appeler une ambulance. J'avais tout à fait raison, mais mes avocats ne pouvaient alors avoir accès aux rapports officiels de la police. Ce n'est que lors du deuxième procès qu'ils ont pu obtenir les informations exactes.

De fait, ces rapports contredisent les versions de Nicole Villeneuve et Louisette Esposito sur leur emploi du temps. Un rapport officiel indique que l'appel de Louisette Esposito au service 911 a été effectué entre 19 h 05 et 19 h 06. L'ambulance a été appelée par la police à 19 h 07 et les policiers ont été demandés sur les lieux par le centre de télécommunications du service de la police à 19 h 09. Le policier Mario Champagne a d'ailleurs révélé au cours de son témoignage (rapporté aux chapitres neuf et quatorze) qu'il avait bien reçu l'appel à 19 h 09.

À la lumière de ces précisions, il est facile de conclure que je suis entré dans la polyclinique pour demander de l'aide avant 19 h 05, contrairement à ce qu'ont prétendu les témoins Villeneuve et Esposito. Personne n'a pu cependant déterminer avec exactitude à quelle heure Michelle était sortie — ce devait forcément être entre 18 h 30 et 18 h 45 — et à quelle heure elle avait été tuée.

***

La séance du 28 novembre s'est poursuivie par le témoignage du docteur Réjean Vanier. Le docteur Vanier me semble avoir été le seul témoin qui ait pu décrire correctement le déroulement des événements. Il a d'abord raconté dans quelles circonstances il avait été appelé à se rendre à l'automobile de Michelle.

Réjean Vanier: «... *Alors, je terminais de voir un patient, j'étais dans la salle un à l'urgence, lors..., il était entre 7 h, 19 h et 19 h 05 alors que ma secrétaire est venue me dire: "Docteur Vanier, vite, allez dans le stationnement, ça a l'air qu'il y a quelqu'un qui est plein de sang dans le stationnement."*»

En interrogatoire, le docteur Vanier devait préciser qu'il avait alors consulté sa montre, ce qui lui permettait d'être aussi affirmatif au sujet de l'heure.

Me Berthiaume: «*Qui est votre secrétaire?*»
Réjean Vanier: «*C'était, son prénom était Francine dans le temps, mais elle n'est plus chez nous, là. Je ne pourrais pas vous dire son nom de famille, mais elle s'appelait Francine.*»

Me Berthiaume: «*Elle n'est pas infirmière, elle est secrétaire à l'urgence?*»

Réjean Vanier: «*C'est ça, elle est à la réception, secrétaire à l'urgence.*»

Me Berthiaume: «*Je vous laisse continuer.*»

Réjean Vanier: «*Alors, à ce moment-là, j'ai quitté l'urgence pour me diriger vers la sortie du côté du stationnement en question, qui était le stationnement situé en arrière du Provisoir, de l'autre côté de la rue par rapport à la clinique. Et lorsque je suis arrivé, j'ai pris le temps de prendre mon manteau, et lorsque je suis arrivé à la porte de sortie, entre les deux portes, mon infirmière revenait de la voiture où se trouvait madame Perron.*

Alors là, je lui ai demandé: "Qu'est-ce que c'est, qu'est-ce qui se passe?" Alors, elle me dit: "C'est Michelle..." Là, on m'avait dit en sortant, juste au poste de la réception de la polyclinique, à cet endroit-là où se trouvait madame Louisette, j'oublie son nom, là...»

Me Berthiaume: «*Louisette Esposito?*»

Réjean Vanier: «*Esposito, c'est ça, alors on m'avait dit: "C'est Michelle Perron, la secrétaire du docteur Duchesne." Alors, je reviens là où j'étais, je croise mon infirmière, madame Nicole Villeneuve, et elle me dit: "Ah, docteur Vanier, c'est effrayant, elle est pleine de sang. Je pense qu'elle a fait, je pense qu'elle a fait une hémorragie, venez vite, je pense qu'elle est finie." Alors là, je m'en vais vers l'auto et madame Villeneuve me suit à l'arrière, et j'arrive à l'auto et là, je, j'aperçois madame Perron qui est assise du côté passager, elle est, elle est bien assise, légèrement glissée sur le siège. Et lorsque j'arrive, la porte est entrouverte, la porte de l'auto est entrouverte, donc la petite lumière intérieure est allumée. Et la première constatation que je fais c'est que j'aperçois le visage de madame Perron ensanglanté, elle a la main, la main droite légèrement à côté d'elle, la main gauche sur elle, sur, sur la cuisse plutôt, là, assise, et je remarque qu'elle a les jambes légèrement fléchies vers le dessous du siège. Le temps que je fasse ces constatations-là, j'avais madame Nicole Villeneuve qui est en arrière de moi, qui était légèrement vêtue, si je me souviens bien, elle avait juste un, un petit gilet de laine, puis elle me dit: "Docteur Vanier, j'ai froid, je vais rentrer à l'intérieur."*»

Le docteur Vanier contredisait donc la version de Nicole Villeneuve concernant le moment et l'endroit où elle avait demandé l'aide du docteur Vanier. L'infirmière a aussi affirmé qu'elle était entrée dans la polyclinique avec moi avant d'aller chercher le docteur Vanier, ce qui est faux, puisque le docteur Vanier l'avait vue arriver seule, en provenance de l'automobile de Michelle, comme il devait le soutenir un peu plus tard au cours du contre-interrogatoire.

Réjean Vanier: «*... j'arrive près de la porte, des deux portes là, avant de passer la première porte, je la vois qui revient de l'autre côté, elle n'a pas traversé la rue encore.*»

Me Rock: «*... vous voyez votre infirmière qui s'en vient vers vous?*»

Réjean Vanier: «*Oui.*»

Me Rock: «*Et avec qui?*»

Réjean Vanier: «*Elle est seule.*»

Étrange, non? Revenons à l'interrogatoire, au cours duquel le docteur Vanier décrivait avec précision le déroulement des faits. Il a raconté avoir constaté le décès de Michelle, puis «*...je suis entré à l'intérieur et j'ai fait deux choses, en fait, j'ai dit à la réceptionniste d'appeler la police parce que je ne savais pas si c'était fait ou pas, et ensuite, j'ai aperçu monsieur Perron qui était, de mémoire là, entre les deux portes près du mur, appuyé légèrement sur le mur.*»

Réjean Vanier a ensuite raconté qu'on lui avait demandé de m'examiner et qu'il avait constaté que j'avais les yeux rouges: «*... c'est pour ça que je me suis demandé, bon, est-ce qu'il a pris de l'alcool, ça aurait pu être une raison pour avoir les yeux rouges, alors dans, comme je l'ai dit, dans l'haleine, dans sa respiration, il n'avait pas d'odeur d'alcool. Ensuite, lorsque j'ai examiné les yeux avec une lumière, les pupilles réagissaient très bien, sans retard de façon bilatérale, ensemble, ce qui pouvait signifier qu'il n'avait pas pris soit de médicament ou de drogue, entre guillemets, qui pourrait altérer le mouvement, si on veut, des pupilles à la lumière. Et c'est à ce moment-là qu'étant plus proche, quand j'ai vu les yeux rouges, je me suis dit, bon, bien, il a probablement pleuré...*»

En contre-interrogatoire, le docteur Vanier a dû préciser où il avait discuté avec Nicole Villeneuve pour la première fois (souvenons-nous que l'infirmière a toujours affirmé qu'elle était entrée à l'intérieur de la clinique avec moi et qu'elle avait croisé le docteur Vanier dans le corridor de la polyclinique).

Me Rock: «*Bon. Puis quand vous nous dites que la première fois que vous voyez madame Villeneuve, vous êtes avant la, la première porte?*»

Réjean Vanier: «*Quand je la vois s'en venir, oui, effectivement.*»

Me Rock: «*Oui. Elle est de l'autre côté de la rue, c'est bien exact?*»

Réjean Vanier: «*Mais, elle est en train de traverser, ou de l'autre côté...*»

Me Rock: «*Oui, à peu près.*»

Réjean Vanier: «*... en tout cas, écoutez...*»

Me Rock: «*Dans cet environnement-là?*»

Réjean Vanier: «*Oui, oui.*»

Me Rock: «*Et...*»

Réjean Vanier: «*Là, j'ouvre la porte, puis je vais vers elle. Tantôt vous avez mentionné que j'ai discuté entre les deux portes, j'ouvre la porte puis je vais vers elle, puis là on se parle...*»

Me Rock: «*Vous ne la rencontrez pas dans l'entrée?*»

Réjean Vanier: «*Non, on se parle en quelque part avant de traverser la rue, là...*»

Donc, le docteur Vanier a discuté avec Nicole Villeneuve à l'extérieur de la polyclinique, et il s'est ensuite dirigé vers l'automobile de Michelle, suivi de l'infirmière Villeneuve. Il a affirmé que jamais il ne m'avait vu à l'extérieur, pas plus qu'il n'avait remarqué une automobile qui arrivait, et pas plus qu'il n'avait été ébloui par les phares d'une voiture. Les souvenirs de Nicole Villeneuve ne seraient-ils que pure affabulation?

Le docteur Vanier a également déclaré qu'il était retourné à l'intérieur de la polyclinique après avoir examiné Michelle, contredisant une autre allégation de Nicole Villeneuve. Rappelez-vous: elle a dit qu'elle et le docteur Vanier étaient demeurés à l'extérieur pour attendre la police.

L'infirmière a aussi affirmé qu'elle et le docteur n'étaient pas retournés dans la polyclinique, et que les policiers les avaient fait asseoir sur la banquette arrière d'une voiture de police, «*...parce qu'on avait froid, puis on était tout mouillés.*» Or, voici une autre partie du contre-interrogatoire de Réjean Vanier concernant ce détail.

Me Rock: «*Est-ce qu'à un moment donné, on vous a emmené dans une voiture de police, avant que vous reveniez à la polyclinique, là, assis à l'arrière d'une voiture pour parler et tout ça?*»

Réjean Vanier: «*Non, non.*»
Me Rock: «*Bon. Et, ça n'a pas eu lieu non plus durant la soirée?*»
Réjean Vanier: «*Non.*»

Vous vous y retrouvez? Imaginez un peu comment je me sentais, au banc des accusés, à entendre ces témoignages divergents qui, finalement, ne répondaient pas du tout aux questions que je me posais. Pourquoi Michelle ne m'a-t-elle pas attendue à l'intérieur de la polyclinique; qui donc l'a tuée et pour quels motifs? Pour le moment, je devais surtout penser à sauver ma peau, et tout ce que je souhaitais, c'est que mes avocats puissent démontrer de façon claire que je n'avais pas tué Michelle.

Le soir de cette journée éprouvante, assis dans mon appartement, je me demandais encore comment Nicole Villeneuve avait pu soutenir qu'elle m'avait vu garer ma voiture et en sortir, au moment où elle se trouvait tout près de l'automobile de Michelle. Je le répète avec insistance: la preuve démontre l'invraisemblance de cette affirmation.

Chapitre 14

Les témoignages du docteur Raymond Duchesne, du biologiste François Julien et du policier Fernand Lamarche

Le 29 novembre 1989, huitième journée de mon procès, s'annonçait aussi mouvementée que la séance de la veille puisque huit témoins allaient être entendus. Le premier fut l'ex-employeur de Michelle, l'ophtalmologiste Raymond Duchesne.

Il a d'abord déclaré qu'il travaillait avec Michelle depuis le mois de novembre 1978: «*J'ai fait ma première clinique avec elle, de tout ce temps-là, elle était mon bras droit lors de ma pratique médicale. En fait, je la connaissais très bien depuis neuf ans.*»

Il a raconté que le soir du meurtre, il l'avait croisée dans le secrétariat de la polyclinique, alors qu'il s'apprêtait à sortir pour se rendre chez lui, à Lorraine. «*J'ai été surpris de la voir là, évidemment, parce que je la pensais partie depuis déjà une vingtaine de minutes. Alors je lui ai demandé précisément, en l'apercevant, là, ce qu'elle faisait là. Je me souviens de son air un petit peu enjoué et en haussant les épaules en me disant... bon bien, un peu comme quelqu'un qui a à raconter une bonne blague: "Je me suis embarrée dans l'auto, les clés sont restées dans l'auto." Alors là je lui ai demandé: "Est-ce que tu as besoin d'aide?" Elle me dit: "Non, non, non." Elle dit: "Gilles s'en vient avec les clés." Et c'est à peu près l'essentiel de ce qu'on s'est dit, je l'ai saluée et c'est tout.*»

Lorsqu'il est arrivé chez lui, il avait déjà reçu un appel demandant qu'il rappelle à la polyclinique. C'est alors qu'il a appris que Michelle était décédée. Il est revenu à la polyclinique, où s'est déroulé l'épisode que j'ai déjà raconté, au sujet de la permission de me parler. Le docteur Duchesne a révélé un fait très intéressant qui laisse supposer que j'étais déjà considéré comme le suspect numéro un dès ce soir-là.

«Peut-être le seul point d'intérêt qui pourrait être mentionné, c'est que je me souviens qu'un des... un des policiers à l'époque, et ça m'avait mis un peu la puce à l'oreille sur ce qui se passait parce que, évidemment, jusque-là, tout se déroulait vite et je ne comprenais pas très bien. Un des policiers me dit: "Êtes-vous sûr que vous voulez retourner auprès de Gilles Perron?" J'ai dit: "Oui, absolument, je veux retourner auprès de Gilles Perron, c'est un ami, il m'attend et puis... il faut que je sois auprès de lui." Il m'a dit: "Écoutez, comme vous voulez, mais ça risque de vous créer des embêtements", ou quelque chose de cette nature-là. Alors, évidemment, ce genre de commentaire-là me met un peu la puce à l'oreille que Gilles Perron n'était peut-être pas gardé uniquement pour sa sécurité, mais qu'il y avait peut-être d'autres raisons.»

Répondant aux questions de mon avocat Jean Dury, Raymond Duchesne a raconté comment il m'avait annoncé la mort de mon épouse.

Raymond Duchesne: «*Il était dans la même salle quand je suis retourné là... une demi-heure, trois quarts d'heure plus tard.*»

Me Dury: «*Maintenant, monsieur Perron, à ce moment-là, qu'est-ce que vous faites, comment vous lui annoncez ça?*»

Raymond Duchesne: «*Évidemment, en me voyant, la première question qu'il me pose est de savoir ce qui est arrivé à Michelle. Alors, de front, je lui annonce que Michelle est décédée.*»

Me Dury: «*Immédiatement, vous lui annoncez ça?*»

Raymond Duchesne: «*Immédiatement, sans hésiter.*»

Me Dury: «*Et, à ce moment-là, il se met à pleurer?*»

Raymond Duchesne: «*À ce moment-là, encore une fois, c'est les sanglots dans mes bras. Il semble évidemment très abattu, très... prostré. Et puis, lorsqu'il se ressaisit un peu, on sent qu'il est également agressif: "Pourquoi j'ai été tenu dans l'ignorance, pourquoi ils ne me l'ont pas dit?" Il ne le savait pas. D'ailleurs, ça va revenir souvent dans la soirée, ça.*»

Me Dury: «*Pourquoi qu'on l'avait tenu dans l'ignorance?*»
Raymond Duchesne: «*Cette récrimination-là.*»

Le docteur Duchesne a poursuivi son témoignage en affirmant qu'il n'avait jamais vu de sang ni sur moi, ni autour de moi, et que je n'avais pas de marques non plus. On lui a aussi demandé, puisqu'il nous connaissait bien Michelle et moi, de parler de notre couple.

Raymond Duchesne: «*... je peux témoigner que, en autant que je sache et en autant que j'ai été témoin, l'un pour l'autre ont toujours témoigné le plus grand respect.*»
Me Dury: «*Et est-ce qu'il y avait de l'amour entre les deux, à votre..., selon vous?*»
Raymond Duchesne: «*Oui, c'était tangible, c'est-à-dire qu'il y avait des marques d'affection réciproques qui étaient continuellement données.*»
Me Dury: «*Et cela, vous avez constaté cela jusqu'au quinze décembre mil neuf cent quatre-vingt-sept?*»
Raymond Duchesne: «*Jusqu'au quinze décembre... bon, écoutez, je n'ai pas vu...*»
Me Dury: «*Non, peut-être pas la journée même, là...*»
Raymond Duchesne: «*... la veille, là, c'est-à-dire effectivement, je n'ai jamais vu de signes d'intolérance ou d'agressivité de l'un envers l'autre, jusqu'à la dernière minute.*»
Me Dury: «*Vous avez été un ami personnel de monsieur Perron pendant ces neuf années, docteur Duchesne. Avez-vous noté à une seule reprise un acte de violence quelconque de monsieur Perron?*»
Raymond Duchesne: «*Encore une fois, jamais.*»
Me Dury: «*Avez-vous dénoté chez lui de l'agressivité?*»
Raymond Duchesne: «*Non, c'est un type débordant d'énergie, qui est très vivace, très dynamique, mais je n'ai jamais vu ça traduit en agressivité, non.*»
Me Dury: «*Et étiez-vous au courant, parce que... évidemment vous les côtoyez depuis neuf ans, étiez-vous au courant si monsieur et madame Perron avaient des projets dans le futur?*»
Raymond Duchesne: «*Ah! là, absolument, c'est-à-dire qu'ils bâtissaient l'avenir ensemble, effectivement. Ils avaient des projets communs de retraite et, à plus court terme, ils avaient des projets com-*»

muns de vacances, là. Je sais que, après les années difficiles, pour les raisons familiales, concernant les parents de Michelle, je sais que là, tout récemment, ils quittaient le... dans les semaines qui suivaient, ils quittaient pour le sud ensemble, en vacances.»

Plus loin, Raymond Duchesne a ajouté: «*C'était une famille unie et c'était une famille modèle. C'était une famille que je respectais beaucoup et que je continue d'aimer beaucoup.*»

Voilà en gros le témoignage de Raymond Duchesne, qui m'était favorable et qui, je l'espérais, allait convaincre les jurés que je n'étais pas un meurtrier.

***

Ce fut ensuite au tour du médecin pathologiste Yasmine Ayroub de venir témoigner. Son témoignage n'a pas été facile à écouter pour moi, puisqu'elle était là pour décrire toutes les blessures infligées à Michelle, et pour expliquer la cause exacte de son décès.

Selon l'expertise de madame Ayroub, Michelle avait sept plaies au visage, causées par un couteau. Une seule blessure a, semble-t-il, causé des dommages mortels. En passant, je souligne que le couteau en question, l'arme du crime, n'a jamais été retrouvé. Je n'en dis pas plus sur ce témoignage, car non seulement les détails sont horrifiants, mais ils évoquent pour moi des images insoutenables.

Le policier Mario Champagne, premier agent arrivé sur les lieux, a été le témoin suivant. Il avait reçu l'appel d'urgence dans son automobile, à 19 h 09. À 19 h 16, il arrivait à la polyclinique. C'est ce policier qui était demeuré avec moi, m'empêchant d'aller voir dans quel état se trouvait ma femme. Mario Champagne a admis que l'infirmière Nicole Villeneuve lui avait dit: «*... que le mari avait vu la chose et s'était réfugié à la polyclinique, qui se trouve de l'autre côté de la rue.*» Pourtant, lors d'un témoignage précédent, il avait déclaré qu'il ignorait le lien entre la victime et moi...

Il a aussi indiqué qu'il avait bien vu le sac à main de Michelle sur le plancher de la salle où nous nous trouvions lui et moi, mais qu'il ne l'avait pas emporté au poste de police.

Contre-interrogé par Me Dury, Mario Champagne a fait mention de la secrétaire qui répondait au prénom de Francine. C'est elle qui lui avait indiqué où je me trouvais lorsqu'il était entré dans la polyclinique. Il n'a jamais interrogé cette femme, ni lui ni un autre policier. Or, cette secrétaire était un témoin capital qui ne fut retrouvé par mes avocats que bien plus tard et dont la comparution au cours de mon second procès a certainement dû contribuer à m'innocenter.

***

La séance du 30 novembre a donné lieu au témoignage fort important du biologiste François Julien, à l'emploi du laboratoire de police scientifique. Monsieur Julien a d'ailleurs comparu une bonne partie de la journée, s'attardant surtout à l'interprétation des projections des taches de sang.

C'est le 17 décembre 1987, deux jours après le crime, que le biologiste a pu examiner l'automobile de Michelle et y faire ses analyses; la voiture se trouvait alors dans la cage de sûreté afin de préserver les indices du crime. Il a noté qu'il y avait entre trois cents et quatre cents gouttes de sang dans l'automobile, en plus de flaques de sang importantes, particulièrement à l'arrière du siège du passager. Il n'a pas analysé le sang pour déterminer s'il provenait de la même personne, supposant que l'attaquant n'avait été ni coupé ni blessé; on lui avait dit qu'il n'y avait pas de traces de sang dans la neige, près de l'automobile de Michelle, le soir du 15 décembre. Il en est donc venu à la conclusion que tout le sang qui se trouvait à l'intérieur de l'automobile appartenait à Michelle.

Selon ses analyses des éclaboussures de sang, il a déduit que Michelle devait être penchée, à l'arrière des deux sièges, lorsqu'elle a reçu les premiers coups de couteau. Elle aurait reçu un ou deux coups pendant qu'elle avait la tête en arrière des deux banquettes. Il ne pouvait donc pas affirmer qu'elle était assise sur le siège avant, du côté du passager, au moment de l'agression.

Je rappelle que, lorsque les policiers sont arrivés sur la scène du crime, Michelle était affaissée entre les deux banquettes, à l'avant du véhicule. C'est moi-même qui l'avais assise sur le siège avant du passager, après l'avoir découverte entre les deux banquettes. Nicole Villeneuve a elle aussi déplacé le corps, puis le docteur Vanier, qui a même tenté de lui faire un massage cardiaque. Donc, lorsque les policiers sont arrivés sur les lieux, le corps de Michelle était loin d'être dans sa position initiale.

François Julien a aussi établi que, selon la projection des gouttes de sang, la portière du côté du passager devait être fermée, ou entrouverte de quelques pouces au maximum, lorsque Michelle a été attaquée.

Autre détail: il semble que les deux coussins qui se trouvaient toujours à l'intérieur de la voiture de Michelle (mais qu'elle n'utilisait pas lorsqu'elle conduisait) avaient été déplacés. Le biologiste a constaté qu'il y avait du sang en dessous, sur le siège. Il s'agit cependant d'une pure spéculation, car ces coussins ou d'autres objets se trouvant dans l'automobile ont peut-être été déplacés le soir même du meurtre, ou lorsque l'automobile de Michelle a été remorquée jusqu'au poste de police.

Le rapport de François Julien sur ces premières analyses ne fut rédigé que le 13 février 1989, soit... deux jours avant que le sergent-détective Jean-Claude Poulin n'obtienne l'autorisation de procéder à mon arrestation. Le biologiste a expliqué qu'il avait l'habitude d'attendre que des procédures judiciaires soient entreprises et que la police communique avec lui. À la demande de mes avocats, ce rapport n'a pas été admis par le juge.

C'est seulement le 21 avril 1988 que François Julien, à la demande de Jean-Claude Poulin, a pu effectuer des analyses sur le sac à main de Michelle. Il y a décelé une grande coulisse rougeâtre, mais il lui a été impossible de déterminer s'il s'agissait de sang humain.

Les conclusions du biologiste sont les suivantes, en résumé:

1- La portière du côté du passager devait être fermée ou entrouverte de quelques pouces.

2- Les taches de sang sur le siège arrière proviennent de l'arrière des deux sièges baquets.

3- Michelle devait se trouver au niveau du siège arrière, ou légèrement plus au-dessus du siège arrière, lorsqu'elle a été attaquée.

4- La position dans laquelle Michelle a été trouvée n'est pas du tout la position dans laquelle elle se trouvait lorsque les coups de couteau ont été portés.

5- Lors de l'examen, les coussins n'étaient pas exactement dans la position où ils étaient au moment du crime, parce qu'il y avait du sang en dessous.

Le témoignage suivant fut celui de Thérèse Gendreau, une infirmière en électrolyse qui, à l'époque du meurtre, travaillait à la polyclinique Concorde. Le soir du 15 décembre 1987, elle était d'ailleurs au travail. «*J'avais ma dernière patiente à six heures et trente, et c'était un petit rendez-vous de quinze minutes environ, quinze à vingt minutes au maximum. Et aussitôt le travail terminé, je suis sortie de la clinique, vers... six heures et cinquante peut-être.»*

L'automobile de cette dame était garée dans le stationnement situé à l'arrière du Provisoir, là même où se trouvait celle de Michelle. Il a été établi, à l'aide d'un plan, que son automobile était stationnée plus loin que celle de Michelle, plus à droite.

Mᵉ Berthiaume: «*... Alors, avez-vous noté quoi que ce soit, vous, en vous en allant à votre voiture ce soir-là?*»

Thérèse Gendreau: «*Non, c'était très calme. Il y avait une grosse neige épaisse, là, mais j'ai vraiment rien vu et je n'ai rien entendu non plus.*»

Mᵉ Berthiaume: «*Au moment où vous passez là, que vous estimez être vers?*»

Thérèse Gendreau: «*Peut-être moins cinq là..., le temps de m'habiller et puis sortir de la clinique là, ça ne prend pas cinq minutes, environ.*»

Mᵉ Berthiaume: «*Hum, hum, d'accord. Il neigeait de façon abondante, madame Gendreau?*»

Thérèse Gendreau: «*Oui, des gros... de gros flocons. Ce n'était pas très froid là, c'était une neige lourde, les vitres étaient chargées de neige. J'avais l'impression d'être toute seule.*»

Quand on lui a demandé à quel moment elle avait raconté cela à la police, Thérèse Gendreau a répondu: «*Je n'ai vraiment pas remarqué, ça fait peut-être... là, là, j'ai bien peur de..., ça fait peut-être une semaine et demie.*» À l'époque du meurtre, elle n'avait pas cru bon d'informer les policiers, et les policiers ne l'avait jamais interrogée. Conclusion: si son témoignage est exact, le meurtre de Michelle a été commis avant 18 h 55, ou dans les minutes suivant son départ. Lors du second procès, un témoin est venu ajouter du poids à la possibilité que le meurtre ait déjà été commis au moment où Thérèse Gendreau s'était dirigée vers sa voiture et avait quitté le stationnement.

Un autre témoin fut Louis Chatel, directeur général du marché public Concorde, appelé autrefois les Galeries Papineau. En mars 1988, il a eu en main les baux des commerces qui se trouvaient aux Galeries Papineau. Il est venu certifier en cour qu'en décembre 1987, il y avait trente et un commerces dans ce centre commercial. De ce nombre, il y avait cinq boutiques de vêtements pour dames et un fleuriste, ce qui rendait vraisemblable mon idée d'arrêter aux Galeries Papineau afin d'acheter un petit cadeau à Michelle. Il est intéressant de noter que dans l'un de ses premiers rapports, Jean-Claude Poulin indiquait qu'il n'y avait pas de fleuriste ni de bijouterie dans ce centre commercial à l'époque du meurtre, ce qui m'avait rendu d'autant plus suspect.

***

Pour clore cette séance, le policier Fernand Lamarche a été appelé à la barre, et commencé un témoignage qui s'est poursuivi le 1er décembre. Il a révélé être arrivé sur la scène du crime aux environs de 20 h 30. Il est retourné au poste de police de Chomedey vers 22 h, et dit avoir commencé à m'interroger avec Jean-Claude Poulin à 23 h 15. «*Il a été interrogé, étant la première personne ayant découvert la personne décédée, il était naturel de demander à monsieur Perron les circonstances, afin de..., pour savoir ce qui s'était passé.*»

Je signale que, pendant que Jean-Claude Poulin m'interrogeait, Fernand Lamarche prenait des notes et qu'il a même décrit mon habillement, de la tête aux pieds, en passant par la couleur de mes bas! Les policiers ont-ils l'habitude de toujours procéder ainsi lorsqu'une personne n'est pas soupçonnée?

Fernand Lamarche a aussi admis m'avoir demandé mes clés d'automobile, afin d'aller vérifier certains détails. Il était environ 00 h 50 lorsque son collègue et lui sont arrivés dans le stationnement, et Fernand Lamarche a dit avoir réussi à faire démarrer mon automobile au premier essai. «*L'auto était propre, aucune tache quelconque insolite n'a été notée, je n'ai rien remarqué qui pouvait... ressembler à quoi que ce soit. Dans l'auto, il y avait deux balais à neige, simplement. C'est les seuls objets que j'ai vus dans cette voiture-là.*»

Pensaient-ils y découvrir des taches de sang? On peut le supposer, tout comme on peut évidemment être porté à croire — et ça ne prend pas vraiment beaucoup de «jugeote» pour en venir à cette conclusion — que j'étais déjà soupçonné d'avoir commis le meurtre de ma femme.

Pour vérifier mes dires, Fernand Lamarche a même cru bon de faire une reconstitution du trajet que je disais avoir emprunté à pied. «*À partir du stationnement de la polyclinique où le crime a eu lieu, je suis parti à pied de cet endroit-là en empruntant la rue Des Alouettes, le boulevard De la Concorde, et j'ai marché jusqu'à la rue, jusqu'au centre d'achats Les Galeries Papineau, à l'époque... ça m'a pris neuf minutes pour faire ce trajet-là, que j'ai évalué à sept cent cinquante mètres.»*

Il a alors été question de l'infirmière Nicole Villeneuve.

Me Berthiaume: *«Et est-ce que vous avez eu l'occasion par la suite de parler avec madame Villeneuve?»*

Fernand Lamarche: *«Oui. Le dix-sept..., deux jours plus tard, dans l'après-midi, vers les quatorze heures, j'ai eu un appel de madame Villeneuve au bureau.»*

Me Berthiaume: *«Est-ce que c'était concernant la cause, l'affaire du décès de madame Perron?»*

Fernand Lamarche: *«Effectivement. Madame Villeneuve a voulu nous souligner certains détails qu'elle s'était rappelés, suivant l'entrevue qu'elle avait eue avec les policiers, qui n'avaient pas été mentionnés dans sa déclaration.»*

Me Berthiaume: *«Et qu'est-ce que c'était?»*

Fernand Lamarche: *«Les détails, c'était que, au moment où elle était dans la voiture en train de vérifier l'état de santé de madame Perron, elle a remarqué un véhicule qui entrait sur le terrain de stationnement de la polyclinique et, se sentant un peu craintive face à ce qu'elle vivait, elle a été absorbée par ce fait-là, et elle a vu cette auto-là se stationner. Elle a vu un individu descendre de l'auto, et elle a reconnu monsieur Gilles Perron.»*

Curieusement, Nicole Villeneuve, dans son témoignage, disait avoir appelé le policier Lamarche le lendemain du meurtre de Michelle, soit le 16 décembre 1987... Une autre contradiction! Manifestement, les choses étaient loin d'être claires et je commençais de plus en plus à craindre ces contradictions. Comment les membres du jury allaient-ils pouvoir s'y retrouver? Bien des détails ne semblaient pas très clairs, même pour moi.

Fernand Lamarche a aussi fait mention des objets qui se trouvaient à l'intérieur de l'automobile de Michelle. Parmi ceux-ci, un papier avait été retrouvé sous la banquette du siège avant, du côté gauche. *«C'était un document de la C.S.S.T. là, le genre de document là qui..., quand on a une réclamation à faire à la C.S.S.T., qui était au nom d'une personne... Michèle Izzo.»*

Personne n'a jamais pu expliquer comment ce papier avait pu se retrouver dans la voiture de Michelle, ni le docteur Duchesne ni aucun de ses collègues. Et Michelle n'emportait jamais ce genre de papiers à la maison.

Me Berthiaume: «*C'est un document émanant de la C.S.S.T.?*»
Fernand Lamarche: «*Et daté du quatre-vingt-sept, dix, douze (87/10/12) jusqu'au quatre-vingt-sept, onze, onze (87/11/11). Il y a un médecin qui apparaît, R. Duchesne...*»

Il sera question un peu plus loin de cette personne, Michèle Izzo, qui a aussi été convoquée comme témoin au cours du premier procès.

Soulignons que parmi les autres objets qui se trouvaient dans l'automobile de Michelle, les policiers ont trouvé une boucle d'oreille noire, en plastique, sur le plancher arrière gauche. Or, j'ai appris que lorsque Michelle a été transportée à la morgue, elle portait ses boucles d'oreille. Inexplicablement, les policiers n'ont jamais cherché à savoir à qui appartenait cette boucle d'oreille noire...

Passons à un autre témoin, dont la déclaration n'a pas été très longue, mais qui a eu une certaine importance. Il s'agit de Lucie Desbiens, une amie de la famille qui a acheté l'auto de Michelle, une Lynx Mercury, à la fin du mois de janvier 1988.

Elle a raconté qu'il lui était arrivé une fois, au printemps, d'oublier ses clés à l'intérieur de son véhicule. «*... c'était au chalet de mes parents à Saint-Sauveur, lorsque je suis venue pour repartir, évidemment, j'ai aperçu mes clés à l'intérieur...*» Me Berthiaume lui a alors demandé: «*Qu'est-ce que vous avez fait pour ouvrir la portière, les portières ou la portière?*»

Lucie Desbiens: «*Accidentellement, mon frère a pris sa clé de sa voiture, et puis il a ouvert la porte.*»
Me Berthiaume: «*De quel côté?*»
Lucie Desbiens: «*Passager.*»

Son frère Patrick possédait une Jeep Suzuki, et c'est avec la clé de son véhicule qu'il est parvenu à déverrouiller la portière du côté du passager de l'ancienne automobile de Michelle. Le frère en question est venu confirmer les propos de sa sœur, précisant qu'il ignorait qu'il y avait un problème avec la serrure de la portière du côté du passager.

Le procès a été ajourné à la suite de ces témoignages, et les travaux ont été remis au 7 décembre 1989.

Chapitre 15

La dame de Sherbrooke à la barre

Abordons maintenant le témoignage de Diane Thomas, cette dame de Sherbrooke que j'avais rencontrée en 1976. Je vous livre dans les pages qui suivent des extraits de ce témoignage, mais je tiens à préciser que cette histoire n'était pour moi qu'une aventure, un jeu, et qu'en aucun temps, il ne m'est venu à l'idée de quitter Michelle pour aller vivre avec cette dame. De toute évidence, dans son esprit, nos rencontres occasionnelles étaient beaucoup plus qu'une aventure.

C'est le 18 novembre 1976 que Diane Thomas et moi nous sommes rencontrés dans un bar à Sherbrooke.

Diane Thomas: «*Eh bien on a dansé toute la soirée, on... a échangé des confidences. Je lui ai parlé que j'étais divorcée, que j'avais des enfants. Lui m'a dit que lui aussi était dans la même situation que moi, qu'il avait deux filles, et puis qu'il était séparé ça faisait un bon bout de temps.*»

Me Berthiaume: «*Alors, est-ce que vous vous êtes revus après ce jour?*»

Diane Thomas: «*Quatre jours après, il est revenu dans la même localité, on est sortis, on est allés manger au restaurant. Il est revenu chez moi et il est parti le lendemain.*»

Un peu plus loin, Me Berthiaume lui a demandé si elle tenait un journal intime concernant sa relation avec moi.

Diane Thomas: «*Depuis dix-neuf cent quatre-vingt, j'ai mon journal. C'est surtout les événements-là, à chaque fois que je le voyais, ou quand il se passait quelque chose, je l'écrivais à la suite, là.*»

Me Berthiaume: «*Est-ce que c'était le jour même que c'était écrit, madame Thomas?*»

Diane Thomas: «*Ça pouvait varier d'un jour à deux, trois jours.*»

Je reconnais que mon comportement avec cette dame n'a pas été honnête, et il est vrai que je lui ai raconté une panoplie de mensonges afin de préserver mon intimité et mon bonheur familial. Mais je ne voulais pas d'embêtements, et c'est pour éviter qu'elle ne découvre la vérité à mon sujet que je lui ai raconté des histoires qu'elle a toujours crues. Vous savez sans doute ce que c'est, lorsqu'on commence à raconter des mensonges, le premier en entraîne un autre, et ainsi de suite… C'est ce qui m'est arrivé avec cette dame: je m'amusais à trafiquer la vérité, d'une part pour lui expliquer pourquoi je ne communiquais pas plus souvent avec elle, d'autre part parce que je ne désirais pas que mes proches apprennent que je la voyais à l'occasion.

Me Berthiaume: «*Et est-ce que vous avez, à certaines fréquences, là, continué, depuis ce temps, à vous rencontrer?*»

Diane Thomas: «*Oui. Au début, c'était environ tous les mois parce que là, à ce moment-là, il m'a expliqué que… il n'était pas très disponible parce qu'il était agent de narcotiques pour la G.R.C., et puis que… il avait souvent affaire à aller dans d'autres villes. Alors à ce moment-là, eh bien je ne le voyais pas souvent. Et puis quand on se voyait, eh bien c'était plutôt très intense, très intime, très profond, ce n'était pas une aventure.*»

Voilà une déclaration de Diane Thomas qui a certes contribué à faire croire au jury qu'elle était ma maîtresse et que, de ce fait, j'avais décidé d'assassiner mon épouse pour vivre avec elle!

Me Berthiaume: «*Est-ce que, à un moment quelconque, vos rencontres se sont faites plus fréquentes, moins fréquentes, et cætera, est-ce qu'il y a une constance là-dedans, ou ça a varié beaucoup?*»

Diane Thomas: «*Ça a varié. Dans les premières années, il a été une période où on a été neuf mois sans se voir. Là, il m'avait dit que... il voulait, c'est parce qu'il voulait réfléchir, qu'il avait un compagnon de travail qui avait été..., qui était mort, et puis que ce compagnon-là lui avait... un instant là, que je me souvienne là..., ce compagnon-là avait une femme dans sa vie là, dans le même style, et puis que cette femme-là avait très mal pris ça, et puis que lui, il se sentait responsable de ça. Mais finalement, on s'est entendus et puis ça a continué. Après, par la suite, les rencontres, eh bien..., c'était..., ça variait entre un mois, trois mois.*»

Me Berthiaume: «*Bon. Est-ce que vous vous parliez aussi là, outre les rencontres directes?*»

Diane Thomas: «*Oui. Il y avait des appels téléphoniques.*»

Me Berthiaume: «*Vous connaissiez son numéro de téléphone par exemple sur la rue Des Martinets?*»

Diane Thomas: «*Oui, parce que j'avais appelé à Radio-Canada pour lui parler, et puis on m'avait donné son numéro.*»

Me Berthiaume: «*Hum, hum.*»

Diane Thomas: «*Alors à ce moment-là, j'avais appelé, mais... il m'avait expliqué que, s'il avait son numéro sur la rue Des Martinets, c'est par protection, pour protéger sa famille, mais qu'il ne restait pas là.*»

Me Berthiaume: «*Alors vous l'appeliez à l'occasion à la maison?*»

Diane Thomas: «*Eh bien, quand je l'appelais à la maison, c'est parce que j'étais dans..., stressée parce que, étant donné là que moi, je pensais toujours qu'il était agent double là, que moi je pensais toujours qu'il était agent double et puis qu'il s'occupait des saisies de drogue et tout ça, et puis quand il y en avait, eh bien j'étais énervée, j'étais stressée, j'attendais son appel. Quand il n'appelait pas, eh bien je voulais savoir au moins s'il était vivant, qu'est-ce qui se passait. Parce que, pendant toutes ces années-là, j'ai été très stressée. Et puis, bon...*»

Me Berthiaume: «*C'est là que, de temps en temps, vous appeliez?*»

Diane Thomas: «*Sur la rue Des Martinets, pour qu'on me dise, eh bien... s'il y avait eu quelque chose, peut-être qu'on m'aurait dit, eh bien... il a eu un problème, il a eu un accident, quelque chose. Je ne sais pas, là...*»

Évidemment, lorsque Michelle est décédée et que la nouvelle a été publiée dans les journaux, je m'attendais bien à recevoir un appel téléphonique de Diane Thomas. Effectivement, le 17 décembre, elle m'a appelé à la maison.

Diane Thomas: «*... Bon, il me disait que ça lui faisait quand même quelque chose même si ça n'allait pas entre eux. Là, moi, je comprenais ça, je me disais que c'était..., pour les enfants, ce n'était pas drôle. Et puis ensuite, quand je suis arrivée au bureau et j'ai vu l'article, là j'ai vu que c'était indiqué qu'il était réalisateur pour* Les Démons du Midi, *et moi, il m'avait dit qu'il n'était plus pour Radio-Canada à Montréal depuis dix-neuf cent quatre-vingt-trois. Alors là, je lui ai demandé comment ça se faisait que... Il m'a dit que c'était une erreur dans le journal, qu'il était pour faire rectifier ça.*»

Le 23 décembre, j'ai rencontré Diane Thomas, qui était partie de Sherbrooke pour venir à Montréal.

Me Berthiaume: «*Voulez-vous nous raconter pour le vingt-trois décembre quatre-vingt-sept, s'il vous plaît?*»
Diane Thomas: «*Là, on s'est rencontrés à Montréal. Il est venu me rejoindre au terminus, on s'est rendus au... à l'hôtel Le Roussillon, et puis là, il m'avait dit: "Bon, on ne parle plus du passé, on parle de l'avenir, on parle juste de nous deux, de nos projets."*»
Me Berthiaume: «*Avant d'aller dans les projets, madame, je vous montre une photocopie de document que mes adversaires ont, mes collègues, est-ce que ce document comporte votre signature à vous?*»
Diane Thomas: «*Oui.*»
Me Berthiaume: «*Et est-ce qu'il a quoi que ce soit à voir avec l'hôtel Roussillon dont vous parlez?*»
Diane Thomas: «*Oui, c'est ça.*»
Me Berthiaume: «*Est-ce que c'est en rapport avec la date que vous nous donnez?*»
Diane Thomas: «*Le vingt-trois décembre, oui.*»
Me Berthiaume: «*Alors, est-ce que ce sont les formalités, là, d'enregistrement à l'hôtel?*»
Diane Thomas: «*C'est ça, oui... Maintenant, c'est moi qui ai signé, mais c'est lui qui avait payé.*»
Me Berthiaume: «*Alors, est-ce qu'il y a une raison particulière pour laquelle c'est votre nom qui est là plutôt que le sien?*»

Diane Thomas: «*Il m'a demandé de signer.*»

Me Berthiaume: «*Mais il a payé?*»

Diane Thomas: «*Il a payé, il a payé mon autobus, il a payé... les dépenses.*»

Me Berthiaume: «*C'était le matin, ça?*»

Diane Thomas: «*Oui, dans la matinée.*»

Me Berthiaume: «*Vers quelle heure approximativement?*»

Diane Thomas: «*Dix heures.*»

Me Berthiaume: «*Vous étiez rentrée du matin même, madame?*»

Diane Thomas: «*À Montréal?*»

Me Berthiaume: «*Oui.*»

Diane Thomas: «*Oui, c'est ça, je suis arrivée à dix heures.*»

Me Berthiaume: «*Est-ce que vous êtes demeurés longtemps en la compagnie l'un de l'autre?*»

Diane Thomas: «*D'après moi, ce serait jusque vers deux, trois heures de l'après-midi.*»

Me Berthiaume: «*Est-ce que vous faites des projets quant à l'avenir immédiat, disons là, dans les jours, les semaines qui suivent?*»

Diane Thomas: «*Bien là, il est question là de... que, justement, que l'appartement et tout ça, de travail, et puis, eh bien, je lui ai fait part que c'était quand même quelque chose pour moi là de..., parce que j'avais un fils qui demeurait avec moi, et puis je lui disais que ça me faisait quelque chose de le laisser, parce que lui s'en allait chez son père. Et puis... là, il m'a dit que... il n'avait pas pensé à ce que moi je vivrais là-dedans, et puis que, si j'aimais mieux, je pourrais rester où je demeurais et puis qu'il viendrait me voir à chaque fin de semaine. Mais là... ce n'était pas, ça n'a pas été officiel là, ça n'a pas été une décision de prise.*»

Comme vous avez pu le constater, Diane Thomas envisageait de venir s'établir à Montréal pour être plus près de moi, alors que je songeais personnellement à me détacher d'elle de plus en plus. En fait, elle commençait à se faire de plus en plus insistante et désirait visiblement que nous emménagions ensemble. Il était clair, pour elle, que notre relation était beaucoup plus qu'une simple aventure.

Début février, au cours d'un week-end, je me suis rendu à Sherbrooke pour passer trois jours aux côtés de Diane Thomas. Dans ma tête, il s'agissait d'un «au revoir», j'étais convaincu que c'était la dernière fois que je la voyais.

Me Berthiaume: «*Après ce week-end-là, est-ce que vous entendez parler de lui, ou est-ce que vous donnez des nouvelles vous-même?*»

Diane Thomas: «*Non, là il me disait qu'il était supposé m'appeler la semaine suivante, et puis je n'ai jamais eu d'appel. Je n'en ai jamais eu, jusqu'au mois de... aucune nouvelle jusqu'au mois de... mai. Alors moi, tout ce temps-là, je pensais que... bon, il était en mission comme il disait souvent, et puis qu'il s'était passé quelque chose de spécial. J'attendais et puis j'étais très anxieuse, et puis je paniquais...*»

Le 31 mai 1988, Diane Thomas, toujours sans nouvelles de moi, a eu l'idée d'écrire une lettre à ma fille Isabelle, sur la rue Des Martinets.

Diane Thomas: «*... au mois de mars (1988), j'ai essayé de téléphoner sur la rue Des Martinets. Là, c'était... le numéro de téléphone était changé pour un numéro confidentiel. Alors là, je n'avais aucun moyen de... d'avoir de ses nouvelles, et puis là, je me suis dit bon..., ah! puis, c'est que dans la fin de semaine du... qu'on s'était vus, la première fin de semaine du mois de janvier, il m'avait raconté qu'il avait parlé à Isabelle, et puis il m'a rapporté toute la conversation. Isabelle lui avait dit que, bon..., elle n'était pas encore prête à me rencontrer à cause de ce qui était arrivé à sa mère, elle était encore bouleversée. Et puis ce que je comprenais, et puis... bon. Il a relaté tout ça et puis il me disait que... elle te demande encore du temps. Alors je me suis souvenu de..., bon, Isabelle, je me suis dit peut-être que c'est un moyen pour prendre contact, pour savoir ce qui se passe. J'étais vraiment au désarroi, et puis j'ai écrit à Isabelle, lui demandant de soit me téléphoner, soit de m'envoyer, par la poste, un numéro où je pouvais la rejoindre. Je lui disais que j'étais... ça me faisait de la peine de la perturber, je n'aurais pas voulu prendre contact avec elle... en tous les cas, dans ce style-là là, et puis Isabelle m'a téléphoné.*»

Il faut comprendre que Diane Thomas n'avait pas cherché à me joindre à Radio-Canada parce que je lui avais raconté que je travaillais maintenant pour la G.R.C. à Ottawa. Et lorsque je lui avais dit que ma fille Isabelle n'était pas encore prête à la rencontrer, c'est tout simplement parce que je ne désirais pas que les choses aillent plus loin entre cette dame et moi.

C'est à mon insu qu'Isabelle a téléphoné à Diane Thomas, curieuse de connaître cette dame qui était en relation avec son père. Voici ce que cette dernière a raconté, dans son témoignage, au sujet de cet appel.

Me Berthiaume: «*Oui. Alors, elle vous a dit quoi Isabelle, madame?*»

Diane Thomas: «*Bon, elle me dit: "Je suis Isabelle Perron." Je lui dis eh bien... qu'elle était fine d'avoir appelé, mais elle me dit: "Je ne comprends pas." Elle dit: "Je ne sais pas de quoi il s'agit." Eh bien j'ai dit... ton père t'a parlé de moi, eh bien elle dit: "Non, je ne me souviens pas." Elle dit: "Peut-être que oui et que je ne m'en souviens plus." Eh bien j'ai dit tu t'en serais sûrement souvenue s'il t'en avait parlé. Elle me dit: "Bon..." Alors là, je lui dis que j'étais sans nouvelles, que je le connaissais depuis plusieurs années et puis je lui ai dit... bien, il m'avait dit qu'il était séparé. Là, elle m'a dit que c'était une belle menterie qu'il m'avait faite et puis... je lui ai demandé s'il était là, si elle l'avait vu dernièrement. Ah! Elle dit: "Oui, je le vois à tous les jours." Alors là, j'étais sous le choc. Je lui ai demandé s'il était là présentement, elle a dit: "Non, il est parti avec mon frère pour la fin de semaine." Alors là, je lui ai dit: "Est-ce que tu veux lui dire de me rappeler, je te le demande s'il te plaît, qu'il me rappelle." Et puis elle a dit oui oui, certain." C'est la conversation, c'est à peu près ça.*»

Diane Thomas devait ajouter: «*À cause de ce téléphone-là, j'ai appris qu'il n'avait jamais été séparé, qu'il avait vraiment un fils et puis que la conversation qu'il était supposé avoir eue avec elle, elle n'a jamais été faite, qu'elle n'était pas au courant de mon existence du tout.*»

Me Berthiaume: «*Est-ce qu'il est question de là où il habite?*»

Diane Thomas: «*Eh bien elle me disait qu'il habitait avec elle, chez elle.*»

Me Berthiaume: «*Suite à cette conversation, qu'est-ce qui se passe pour vous?*»

Diane Thomas: «*Eh bien j'en ai déduit que, s'il était toujours demeuré à Montréal, qu'il avait donc toujours son poste à Radio-Canada, comme réalisateur. Alors le lundi matin, je n'avais pas eu de nouvelles, j'ai appelé à Radio-Canada et c'est lui qui a répondu.*»

Me Berthiaume: «*Vous avez appelé de chez vous, madame?*»

Diane Thomas: «*Du bureau.*»

Me Berthiaume: «*De votre bureau. Et de quoi a-t-il été question entre vous?*»

Diane Thomas: «*Eh bien là, je lui ai demandé si ça allait bien, il m'a dit oui. Je lui ai dit qu'il était bien chanceux parce que moi, ça allait très mal et puis que... je lui demandais s'il avait des explications à me donner. Il m'a dit oui, c'est fini. Bien là, j'ai dit: "Pourquoi, qu'est-ce qui se passe?" Il m'a dit en tous les cas que c'était à cause d'une femme, "c'est parce que je ne suis plus capable d'aimer". Là, je n'ai pas accepté ça comme ça, là je lui ai demandé si Isabelle lui avait parlé. Il m'a dit non. Alors là, je lui ai appris que j'avais écrit une lettre à Isabelle et puis ma conversation avec elle.*»

Me Berthiaume: «*Quelle date est-ce ce jour-là, madame?*»

Diane Thomas: «*...*» (pas de réponse)

Me Berthiaume: «*Vous avez dit un lundi?*»

Diane Thomas: «*Oui, quatre... cinq... six, ce serait supposé être le six juin. Oui, c'est le lundi le six.*»

Me Berthiaume: «*Est-ce que vous le voyez par la suite?*»

Diane Thomas: «*Je l'ai vu plus tard.*»

Me Berthiaume: «*Dans les jours qui suivent?*»

Diane Thomas: «*Non.*»

Me Berthiaume: «*Est-ce que...*»

Diane Thomas: «*Là eh bien, il m'a dit qu'il était pour me rappeler.*»

Me Berthiaume: «*Ah! bon.*»

Diane Thomas: «*Parce que... il était au bureau, moi aussi. Il m'a dit qu'il me rappellerait dans... trois jours plus tard.*»

Cette fois, c'en était trop! Cette dame se faisait beaucoup trop pressante à mon goût; il fallait que nous cessions de nous voir définitivement. Je répète que cette relation n'avait rien de sérieux à mes yeux. En fait, nous n'étions, pour tout dire, que des amants occasionnels. Vous le constaterez à la lecture de cet extrait du contre-interrogatoire, mené par Me Daniel Rock.

Me Rock: «*Madame Thomas, vous avez parlé ce matin d'une première rencontre en novembre soixante-seize, le dix-huit?*»

Diane Thomas: «*Oui.*»

Mᵉ Rock: «*Et vous vous êtes revus à différentes étapes, selon différentes conditions, comme vous avez expliqué. Pendant les dix premières années là, prenons de novembre soixante-seize à novembre quatre-vingt-six, à peu près là, est-ce que... vous avez mutuellement présenté vos amis, comme lui, est-ce que monsieur Perron vous a présenté ses copains de travail, soit comme agent double ou soit comme réalisateur?*»

Diane Thomas: «*Il ne pouvait pas parce que c'était secret.*»

Mᵉ Rock: «*Oui. Ma question ce n'était pas s'il pouvait ou s'il ne pouvait pas là, je vais essayer d'être plus précis, c'est est-ce qu'il l'a fait?*»

Diane Thomas: «*Il ne l'a pas fait parce qu'il ne pouvait pas.*»

Mᵉ Rock: «*Bon. Maintenant, est-ce qu'il pouvait?*»

Diane Thomas: «*Il ne pouvait pas.*»

Mᵉ Rock: «*Il ne pouvait pas vous présenter ses collègues de travail de Radio-Canada non plus, parce qu'il était agent double, c'est ça?*»

Diane Thomas: «*C'est ça.*»

Mᵉ Rock: «*Et est-ce que vous lui avez présenté vos compagnes de travail?*»

Diane Thomas: «*Je n'ai pas eu l'occasion.*»

Mᵉ Rock: «*Vous ne pouviez pas non plus?*»

Diane Thomas: «*C'est-à-dire que je le rencontrais à l'extérieur de ma localité.*»

Mᵉ Rock: «*Bon. Alors on peut dire que, en règle générale, vous avez parlé tout à l'heure de deux ou trois fois où il est allé chez vous, notamment quand il a fait cuire une omelette sur la photo, là, que vous avez produite. Il est allé chez vous à quelques reprises, mais en général, ce n'était pas l'endroit où vous vous rencontriez?*»

Diane Thomas: «*Non. Au début, oui.*»

Mᵉ Rock: «*Quelquefois?*»

Diane Thomas: «*Quelquefois.*»

Mᵉ Rock: «*Et après ça, ça a été toujours dans des hôtels?*»

Diane Thomas: «*C'est ça. Il y a une chose, c'est qu'il y a ma sœur qu'il a rencontrée dans les débuts aussi.*»

Mᵉ Rock: «*Qu'il a vue à un moment donné chez vous?*»

Diane Thomas: «*Elle est venue chez moi.*»

Mᵉ Rock: «*Bon, c'est ça. Et..., mais normalement, vos rencontres c'était dans un hôtel, des rencontres de courte durée?*»

Diane Thomas: «*Ça variait.*»

Me Rock: «*Mais généralement?*»

Diane Thomas: «*C'est arrivé à quelques reprises que c'était une nuit.*»

Me Rock: «*Mais généralement?*»

Diane Thomas: «*D'autres fois..., eh bien si je faisais une moyenne de tout ça, ce serait difficile là...*»

Me Rock: «*Eh bien généralement, je ne vous dis pas là..., quel pourcentage de ça, mais...*»

Diane Thomas: «*Ça pouvait être quatre heures en moyenne.*»

Me Rock: «*Alors vous vous voyiez à l'hôtel, et vous repartiez de votre côté et lui de son côté?*»

Diane Thomas: «*C'est ça.*»

Me Rock: «*Ce n'était pas..., vous n'alliez pas au théâtre avant ou au cinéma, ou...?*»

Diane Thomas: «*Il ne fallait pas qu'il soit vu.*»

Me Rock: «*C'est ça. Alors c'était toujours confiné, à cette période-là, normalement vous vous voyiez à l'hôtel et puis on repart chacun de notre côté?*»

Diane Thomas: «*Hum, hum.*»

Me Rock: «*En gros, là, en général?*»

Diane Thomas: «*Hum, hum.*»

Me Rock: «*Vous avez mentionné, et si je me trompe là, vous me corrigerez, je vais essayer d'être le plus précis possible. Il y a une première rencontre le dix-huit novembre, il y a une autre rencontre quatre jours plus tard et, après ça, vous dites que vous vous êtes inquiétée; est-ce que c'est immédiatement après la deuxième rencontre que vous vous êtes inquiétée de ne pas le revoir?*»

Diane Thomas: «*Je ne me suis pas inquiétée de ne pas le..., ce qui m'inquiétait, c'est que je le pensais en danger.*»

Me Rock: «*Oui, mais moi je parle au tout début, là, vous avez une première rencontre, où est-ce que vous vous dites tous les deux que vous êtes dans la même situation, divorcés?*»

Diane Thomas: «*Hum, hum.*»

Me Rock: «*Lui séparé, vous divorcée là... bon. Vous avez une deuxième rencontre qui se développe dans une relation plus intime, pour appeler ça par son nom. Et, après, ça vous ne le voyiez pas pendant une période de temps et c'est là que vous seriez inquiète?*»

Diane Thomas: «*Eh bien il m'avait expliqué que c'est parce qu'il était... agent secret.*»

Me Rock: «*Mais ça, il vous a dit ça la deuxième fois qu'il vous a vue?*»

Diane Thomas: «*Il m'a dit ça… pas la deuxième fois.*»

Me Rock: «*Bon alors, ma question là, et je vais essayer de la préciser… est-ce que la deuxième fois, vous ne l'avez pas vu pendant un bout de temps et vous avez cherché à communiquer avec lui?*»

Diane Thomas: «*Je ne pense pas. Dans les débuts, je n'ai pas essayé de le rejoindre, je n'avais pas son numéro.*»

Me Rock: «*Vous saviez son occupation à Radio-Canada?*»

Diane Thomas: «*Oui, mais ça a pris un… plusieurs mois avant que j'appelle à Radio-Canada.*»

Finalement, un mot sur le journal que tenait madame, dont j'ai déjà eu l'occasion de lire quelques pages, qu'elle avait consenti à me montrer. Ce journal était romancé, en ce sens que Diane Thomas y racontait ses états d'âme, mais il était tout de même, il faut bien le dire, inspiré de la réalité jusqu'à un certain point.

Me Rock: «*Votre journal… vous avez mentionné que c'était un…, principalement des événements qui concernaient monsieur Perron et vous, c'est bien exact?*»

Diane Thomas: «*Oui.*»

Me Rock: «*Et il débute vers mil neuf cent quatre-vingt?*»

Diane Thomas: «*Oui, j'ai commencé en quatre-vingt à le faire.*»

Me Rock: «*Il est fait sous quelle forme.*»

Diane Thomas: «*Je lui parle.*»

Me Rock: «*À monsieur Perron?*»

Diane Thomas: «*Oui.*»

Me Rock: «*Mais… vous lui parlez, mais en réalité…*»

Diane Thomas: «*Comme dans une lettre.*»

Me Rock: «*C'est ça. Mais vous ne lui donnez jamais ces textes- là?*»

Diane Thomas: «*Je lui ai montré. C'est arrivé…, pas souvent, mais il les a vus peut-être une ou deux fois.*»

Me Rock: «*Bon, une ou deux fois, il a vu un ou deux textes. Il me semble y en avoir plusieurs.*»

Diane Thomas: «*Ah! bien oui.*»

Me Rock: «*Bon. Et quand vous dites que vous lui parlez, ce n'est pas exactement comme dire que vous rapportez exactement ce qui s'est passé. Là-dedans, il y a une partie de vous-même et il y a une* *partie de... de faits qui sont tirés de la réalité, si je peux m'exprimer ainsi?»*

Diane Thomas: *«C'est-à-dire que, pour ma mémoire à moi, j'écrivais ce qui avait été dit pendant notre rencontre.»*

Me Rock: *«Hum. Mais vous écrivez après une rencontre, en lui parlant, ce qui a été dit avant; comprenez-vous ma question?»*

Diane Thomas: *«Oui, je lui dis bon... comme exemple, je...»*

Me Rock: *«C'est vos sentiments?»*

Diane Thomas: *«C'est ça, je lui dis que..., à quelle occasion qu'il m'a dit telle chose, que je lui avais répondu telle chose, que j'étais... bon, contente de ça ou bien... bon.»*

Me Rock: *«Et... excusez-moi, oui, vous avez terminé?»*

Diane Thomas: *«Oui.»*

Me Rock: *«Et, dans... dans le cadre de ce texte, il y a l'expression de ce que vous en pensez, comment vous percevez ça?»*

Diane Thomas: «...» (pas de réponse)

Me Rock: *«Ce n'est pas juste des dialogues ça?»*

Diane Thomas: *«C'est-à-dire que je lui parle et puis je lui dis que, bon, j'ai été heureuse à ce moment-là.»*

Me Rock: *«Oui. Mais si vous prenez par exemple, je ne veux pas éplucher votre... votre livre là, ce n'est pas mon propos, si vous prenez... je ne le ne sais pas moi, ici là, on parle du quatorze décembre quatre-vingt-trois...»*

Diane Thomas: *«Hum, hum.»*

Me Rock: *«... vous semblez commenter plutôt des situations que...?»*

Diane Thomas: *«Comme vous voyez là, je marque le temps présent, je dis: "Il est huit heures et demie, je suis au bureau." Je dis ce qui se passe, je dis mes sentiments.»*

Voilà l'essentiel du témoignage de Diane Thomas, qui a sûrement influencé le jury en accréditant la thèse du mobile de la maîtresse, soutenue par la Couronne.

L'automobile de Michelle, photographiée le soir du 15 décembre 1987, dans le stationnement de la polyclinique Concorde à Laval.

C'est dans ce stationnement, situé à l'arrière de la polyclinique où elle travaillait, que Michelle a été assassinée.

Au cours du premier procès, me voici photo-
graphié en compagnie de mes trois enfants. Dans
l'ordre habituel: Lyne, Sylvain et Isabelle.

Lyne Perron, ma fille aînée.

Isabelle, sa sœur Lyne et Sylvain n'ont jamais cru un instant à ma culpabilité et m'ont apporté soutien et réconfort au cours de toutes ces années éprouvantes.

Après deux ans et trois jours en prison, je m'apprête à sortir, accompagné de mon avocat Me Jean Dury.

Enfin, je suis sur le point de recouvrer ma liberté et de retrouver Isabelle et Sylvain.

De joyeuses retrouvailles...

Même si je n'étais pas encore un homme complètement libre, je pouvais enfin être près des miens.

Au cours du second procès, les jurés ont demandé et obtenu la permission de se rendre sur les lieux du crime. J'y suis allé également, accompagné de mon avocat, Me Jean Dury.

Mes avocats ont constitué un dossier qui compte plus de 8 000 pages. Cette photo a été prise peu avant le second procès, alors que je consultais une partie du dossier.

Michelle Perron.

Michelle, photographiée à l'occasion d'un anniversaire.

Souvenir de vacances, peu de temps avant que Michelle ne soit assassinée.

Une belle famille, unie plus que jamais à la suite
des épreuves que nous avons traversées.

Chapitre 16

Les témoignages du policier Pierre Lafleur et de Madame Hélène Léger

Le sergent-détective Pierre Lafleur, qui était chargé de l'enquête avec Jean-Claude Poulin, a suivi Diane Thomas à la barre, pour donner sa version de l'interrogatoire du 22 décembre 1988, au poste de police, alors que l'enregistrement n'avait pas fonctionné. Mais mon avocat, Me Rock, l'a d'abord questionné sur son enquête et sur les démarches pour trouver des indices pouvant mener à l'arrestation d'un ou de plusieurs suspects. Dans la partie du témoignage qui suit, il est question du stationnement situé à l'arrière du Provisoir, là où a été commis le meurtre.

Me Rock: «*Il y a trois maisons de l'autre côté ici, dont la cour arrière donne sur le stationnement?*»
Pierre Lafleur: «*C'est exact.*»
Me Rock: «*Ce sont des maisons qui sont situées Montée de Nantes, ou rue de Nantes, là, de l'autre côté, là?*»
Pierre Lafleur: «*C'est exact.*»
Me Rock: «*Est-ce que vous êtes allé rencontrer ces gens-là?*»
Pierre Lafleur: «*Non, moi je n'y suis pas allé.*»
Je signale au passage qu'aucun autre policier n'a fait cette vérification.

Me Rock: «... *est-ce que vous êtes allé, vous, il y a un bar "to-pless" là, de l'autre bord, sur le boulevard la Concorde. Êtes-vous allé voir là, qu'est-ce qu'il y avait eu le quinze décembre, s'ils se rappe-laient de quelque chose, eux autres?*»

Pierre Lafleur: «*Non, on n'est pas allés, je ne suis pas allé là.*»

Me Rock: «*Êtes-vous allé à la brasserie, l'autre coin, l'autre bord?*»

Pierre Lafleur: «*Brasserie Futuriste, là? Je ne suis pas allé non plus.*»

Me Rock: «*Comment est-ce qu'elle s'appelle?*»

Pierre Lafleur: «*La brasserie Futuriste.*»

Me Rock: «*Bon, vous n'êtes pas allé là non plus.*»

Pierre Lafleur: «*Non.*»

Me Rock: «*Au Provisoir, là, à quarante pieds, la porte d'entrée est à peu près à quarante pieds d'où était la voiture de madame, là. Est-ce que vous êtes allé voir s'il y avait un vidéo, là?*»

Pierre Lafleur: «*Je ne suis pas allé, non.*»

Me Rock: «*Êtes-vous allé au Provisoir?*»

Pierre Lafleur: «*Non, je ne suis pas allé.*»

Me Rock: «*Êtes-vous déjà allé à ce Provisoir-là, même pas pour l'enquête?*»

Pierre Lafleur: «*Je suis déjà allé couvrir deux fois des vols qua-lifiés.*»

Me Rock: «*Ah! C'est un endroit qui avait des vols qualifiés?*»

Pierre Lafleur: «*Il y en a eu disons, voilà...*»

Me Rock: «*Ça fait bien longtemps?*»

Pierre Lafleur: «*... à peu près trois ans, trois quatre ans.*»

Me Rock: «*Trois, quatre ans. Puis ils étaient filmés sur vidéo ces vols qualifiés-là?*»

Pierre Lafleur: «*C'est exact.*»

Me Rock: «*Puis vous n'avez pas été, dans le cadre de votre en-quête, demander au propriétaire du Provisoir, monsieur L'Heureux, là, la copie du vidéo de ce soir-là, pour voir s'il n'y avait pas quelqu'un d'un peu spécial qui était allé faire un tour là?*»

Pierre Lafleur: «*Non, Votre Seigneurie.*»

Même si ce détective a déclaré à la cour avoir travaillé sur cette enquête une journée ou deux en janvier 1988, et avoir re-pris son travail sur ce dossier en mars, on peut se poser de sérieuses questions sur la qualité de l'enquête effectuée! D'ailleurs, il n'est pas étonnant qu'aucun policier n'ait effectué les démarches qui auraient été normalement requises, s'ils étaient tous convaincus depuis le soir du 15 décembre 1987 que j'étais responsable de la mort de Michelle.

Me Rock: «*Alors à titre d'enquêteur, si ces vérifications-là n'ont pas été faites, vous allez aller les faire?*»

Pierre Lafleur: «*Elles n'ont pas été faites par moi.*»

Me Rock: «*Non, mais si vous apprenez qu'elles n'ont pas été faites au dossier, monsieur Lafleur, ce sont des vérifications quand même des personnes dans la, dans la région immédiate. On ne parle pas d'aller sur la rue Des Martinets l'année d'après là. Les personnes qui ont, qui sont dans ce coin-là, ce soir-là?*»

Pierre Lafleur: «*Hum, hum.*»

Me Rock: «*Si ça n'a pas été fait, selon votre expérience, allez-vous aller les voir?*»

Pierre Lafleur: «*Mais c'est que ça devrait être fait.*»

Me Rock: «*Oui, c'est ça.*»

Pierre Lafleur: «*Est-ce que ça devrait être fait, d'après vous?*»

Me Rock: «*Bien moi, je vous le demande?*»

Le Tribunal: «*Pardon, maître, juste un instant, là. On ne s'interrogera pas, là. Continuez à répondre aux questions simplement.*»

Me Rock: «*C'est, routinièrement sur une enquête comme ça, ça devrait être fait ça, vérifier les gens qui ont affaire proche de là?*»

Pierre Lafleur: «*Ça dépend, ça dépend de l'enquête, justement.*»

Me Rock: «*Des gens qui ont des fenêtres qui donnent sur le stationnement. Aller voir, "Avez-vous vu quelque chose?" Les maisons autour, habituellement, là, c'est ça une enquête?*»

Pierre Lafleur: «*Bien ça dépend. Je vous dis ça dépend, moi, je ne l'ai pas fait, là.*»

On ne peut pas dire que Pierre Lafleur ne patinait pas! Vraiment, il semblait bien embêté que toutes ces vérifications n'aient pas été faites. Moi-même, comme sans doute bien d'autres personnes présentes à l'audience, je me sentais mal pour lui...

Délaissant cette piste, Me Rock a questionné Pierre Lafleur au sujet de Jean-Pierre Léger. Le policier a reconnu avoir rencontré Jean-Pierre Léger pour la toute première fois au poste de police n° 1, à Chomedey, au début d'avril 1988.

Me Rock: «*Et à cette première rencontre-là, est-ce que vous avez transmis ou quelqu'un, en votre présence, là, dans le poste, a transmis quelque information que ce soit à monsieur Léger, relativement au dossier du décès de madame Michelle Perron?*»

Pierre Lafleur: «*Non, on n'a pas transmis d'information.*»

Me Rock: «*Est-ce que vous lui avez transmis des noms de personnes qu'il pouvait rencontrer?*»

Pierre Lafleur: «*Non.*»

Me Rock: «*Est-ce que vous lui avez montré des photographies?*»

Pierre Lafleur: «*Non plus, Votre Seigneurie.*»

Me Rock: «*Et est-ce que vous lui avez fait part des dépositions de certaines des personnes relativement à l'enquête?*»

Pierre Lafleur: «*Non, Votre Seigneurie.*»

Pierre Lafleur a affirmé ensuite avoir revu Jean-Pierre Léger «*... à trois ou quatre autres occasions*». On en est alors arrivé à l'interrogatoire du 22 décembre 1988, auquel étaient présents, je le rappelle, les policiers Lafleur et Poulin, Me André Piché et moi-même. Mon avocat Daniel Rock s'est surtout attardé au moment où les policiers ont constaté que l'enregistrement n'avait pas fonctionné. Je vous invite à relire la déclaration de Pierre Lafleur au chapitre neuf, à l'étape des "voir-dire", à ce sujet. Allons-y maintenant avec l'interrogatoire mené par Me Rock, et vous verrez à quel point le policier Lafleur, manifestement, patine...

Me Rock: «*Maintenant, vous avez mentionné qu'un moment donné, vous avez, soit été informé ou vous avez constaté que l'enregistrement n'avait pas fonctionné?*»

Pierre Lafleur: «*C'est exact.*»

Me Rock: «*Et comment est-ce arrivé que vous avez été le premier informé, ou que vous l'avez constaté autrement, que l'enregistrement n'avait pas fonctionné?*»

Pierre Lafleur: «*C'est à la suite, à la suite de l'entrevue, après que monsieur Perron et maître Piché soient partis. On a voulu réen-*

tendre ça, là, puis là, on a vu qu'il n'y avait rien. Il y avait zéro, il n'y avait rien.»

Me Rock: «*Mais vous êtes allé avec monsieur...*»

Pierre Lafleur: «*Poulin.*»

Me Rock: «*... Poulin faire ça, écouter ça?*»

Pierre Lafleur: «*Non, non, dans notre bureau.*»

Me Rock: «*Non, non, mais vous êtes allé avec lui pour faire cette vérification-là?*»

Pierre Lafleur: «*La vérification?*»

Me Rock: «*Oui.*»

Pierre Lafleur: «*Lorsque l'en..., l'entrevue a eu lieu dans la salle de conférence, au deuxième étage, après que ça a été terminé, on est revenu à nos bureaux, nous, sur le même étage.*»

Me Rock: «*Oui?*»

Pierre Lafleur: «*Et avec l'enregistreuse...*»

Me Rock: «*Hum, hum?*»

Pierre Lafleur: «*... puis dans nos locaux, quand monsieur Poulin a, a voulu réentendre ça, puis c'est là qu'il m'a informé que ça n'a pas fonctionné.*»

Me Rock: «*Bon, là, là, je vous ai posé la question de façon double, je vais la mettre simple, ça va être plus clair pour tout le monde. Est-ce que vous étiez présent quand on a vérifié si l'enregistrement avait fonctionné ou pas?*»

Pierre Lafleur: «*À la fin, vous dites, là?*»

Me Rock: «*Écoutez, c'est, je pensais que c'était clair, je vais recommencer. Un moment donné, il y a eu une vérification à savoir si l'enregistrement avait fonctionné ou pas, est-ce exact?*»

Pierre Lafleur: «*Vous parlez de quand? Parlez-vous de pendant ou à la fin?*»

Me Rock: «*Bien là, vous venez de dire que ça a été vérifié à la fin?*»

Pierre Lafleur: «*C'est exact. À la fin, je ne me souviens pas d'avoir été près de la machine pour voir si elle était, si elle était pour parler, là. Mais j'ai su par monsieur Poulin, que ça n'avait pas fonctionné.*»

Me Rock: «*Bon, alors ma question, c'était justement: est-ce que vous êtes allé vous-même vérifier avec monsieur Poulin? Quand je dis vous êtes allé, ça peut vouloir dire partir d'un pied puis aller à deux pieds plus loin. Je ne veux pas dire prendre votre "char" puis aller "checker" en quelque part.*»

Pierre Lafleur: «*Je ne me souviens pas, maître, de ce détail-là, là.*»

Me Rock: «*Vous ne vous ne souvenez pas?*»

Pierre Lafleur: «*Non.*»

Me Rock: «*Est-ce que vous vous souvenez, par exemple là, pour aider à votre mémoire, s'il y aurait eu par exemple du repiquage; on va un peu plus loin pour voir si ça a enregistré un peu plus loin, on retourne la cassette de bord pour voir si ça a enregistré l'autre bord... Est-ce que ça vous dit quelque chose ça, comme vérification?*»

Pierre Lafleur: «*Probablement que monsieur Poulin l'a faite, là. Si ça ne marche pas à une place, il se réfère là.*»

Me Rock: «*C'est ça. Bien moi, je parle de vous, monsieur Poulin, il est assez grand, il parlera lui-même.*»

Pierre Lafleur: «*Oui.*»

Me Rock: «*Vous, est-ce que vous avez assisté à une vérification de cet ordre-là, de cette cassette-là?*»

Pierre Lafleur: «*Je ne le sais pas, maître.*»

Me Rock: «*Vous ne le savez pas?*»

Pierre Lafleur: «*Je ne le sais pas.*»

Me Rock: «*On parle quand même ici, monsieur, d'un enregistrement d'une conversation avec quelqu'un qu'on vient d'accuser de meurtre, là, parce que vous le mettez en garde en partant, puis...*»

Me Berthiaume: «*Je m'objecte, Votre Seigneurie, il n'est pas accusé de meurtre, on lui donne une mise en garde que ce qui va suivre peut être utilisé contre lui. Or, mon confrère devrait faire attention à ce qu'il dit.*»

Me Rock: «*O.K., je vais faire attention, Votre Seigneurie. On parle quand même d'une personne qui est prévenue, qu'elle peut être accusée d'un meurtre parce que vous venez de lui faire une mise en garde, puis vous n'avez pas de souvenance, là. C'est quand même important si la cassette n'a pas fonctionné, vos notes n'étant pas complètes?*»

Pierre Lafleur: «*C'est justement, c'est, c'est monsieur Poulin qui m'a informé que ça n'avait pas fonctionné.*»

Me Rock: «*Oui, mais comprenez-vous ma question, moi?*»

Pierre Lafleur: «*Je la comprends, votre question.*»

Me Rock: «*Vous me dites, là, je ne m'en souviens pas si je l'ai constaté ou si c'est monsieur Poulin qui m'a informé. Là, vous revenez puis vous dites: "C'est monsieur Poulin qui m'a informé".*»

Pierre Lafleur: «*Je vous dis que c'est monsieur Poulin qui m'a informé, mais je ne me souviens pas si moi-même, j'avais l'oreille sur la cassette, je ne m'en souviens pas, maître.*»

Une fois de plus, cette histoire d'enregistrement raté sonnait bien faux à mes oreilles, d'autant plus que ladite cassette n'avait même pas été conservée.

***

Toujours assis au banc des accusés, j'écoutais les témoins défiler un à un, interrogés par Me Berthiaume, puis par Me Dury ou Me Rock. J'avais encore du mal à réaliser que tout ce procès se déroulait pour moi, pour établir si j'avais tué mon épouse ou pas. Je ne pouvais croire que des contrariétés aussi anodines que l'oubli de clés dans une voiture avaient pu me conduire là, devant un juge et douze jurés, pour y subir un procès pour meurtre au premier degré. Je ressassais dans ma tête toutes les invraisemblances entendues depuis le début du procès, j'examinais l'attitude de Me Berthiaume, l'avocat de la Couronne, qui, en vertu de son mandat, faisait tout pour convaincre les jurés que j'étais un meurtrier, et je ne pouvais faire autrement que d'être craintif. C'était ça, la Justice? Et pendant ce temps, le ou les véritables meurtriers de Michelle couraient toujours et devaient bien rire dans leur barbe…

C'était maintenant le tour de madame Hélène Léger, présidente du comité exécutif des Rôtisseries St-Hubert, d'être entendue. Cette dame que j'ai toujours respectée est venue raconter qu'elle m'avait rencontré pour la toute première fois le 19 février 1988.

Me Berthiaume: «*… Et, est-ce que par la suite, il vous a été donné de discuter avec lui des événements entourant le décès de son épouse?*»

Hélène Léger: «*Oui, une journée en particulier, le trois octobre dix-neuf cent quatre-vingt-huit, un lundi, j'étais au bureau, à notre siège social, et j'ai fait part à ma fille de mes inquiétudes et de mes doutes. Elle a dû recevoir un appel ou monsieur Perron l'a appelée durant la matinée, vers l'heure du "lunch", j'ai reçu un appel de monsieur Perron, demandant à me rencontrer. J'ai dit: "J'accepte, en autant que je puisse prendre des notes."*»

Elle voulait en effet prendre des notes pour voir si ma version correspondait avec ce qu'elle avait déjà entendu. La discussion s'était déroulée dans la même journée, à l'appartement de sa fille Claire. Madame Léger a rapporté ma version, qui était évidemment toujours la même depuis le soir du 15 décembre 1987. Il a aussi été question du trousseau de clés manquant, celui du père de Michelle.

Me Berthiaume: «*Est-ce qu'il a été question de clés d'auto, outre ce que vous nous avez déjà dit?*»

Hélène Léger: «*Oui, c'est que c'est une sœur à madame Perron, Nicole je crois, parce que, enfin, qui a été capable de, de venir dire, je ne sais pas si c'est au policier, enfin, qu'il y avait effectivement, qu'il y avait trois trousseaux de clés. Et le dimanche précédent, je pense que c'est une des filles de, de monsieur et madame Perron, qui avait emprunté la voiture, sans toutefois remettre la troisième, la troisième clé, là, le troisième trousseau, sur un crochet de la cuisine.*»

Madame Léger a affirmé avoir remis les notes de notre conversation au sergent-détective Jean-Claude Poulin, deux ou trois mois avant le début du procès.

Il a aussi été question de la récompense de 100 000 $ offerte par son fils Jean-Pierre pour retrouver le ou les meurtriers de Michelle. En fait, cette annonce n'avait qu'un seul but, me découvrir une maîtresse.

Me Dury: «*Madame Léger, êtes-vous au courant de certaines annonces qui ont paru dans les journaux, concernant une récompense de cent mille dollars, qui serait offerte à quiconque pourrait avoir des informations relativement au dossier?*»

Hélène Léger: «*Oui, sûrement…, mon fils m'en avait informée.*»

Me Dury: «*Vous avait informée. Vous dites votre fils vous avait informée, est-ce que c'est à votre connaissance si votre fils avait participé à cette, à cette recherche-là de, et cette offre de cent mille dollars?*»

Hélène Léger: «*Oui, l'idée est de lui.*»

Me Dury: «*L'idée est de lui?*»

Hélène Léger: «*Il m'avait demandé l'autorisation.*»

Me Dury: «*Il vous avait demandé l'autorisation avant la parution dans les journaux, là?*»

Hélène Léger: «*Oui.*»
Me Dury: «*Ce à quoi vous aviez acquiescé?*»
Hélène Léger: «*Oui.*»

Madame Léger a précisé que les dépenses imputables à cette annonce, qui s'étaient élevées à environ 35 000 $, avaient été payées par la compagnie: «*S'il m'a demandé la permission, c'est parce que ça a été encouru par la, la compagnie.*» Jean-Pierre Léger s'était donc servi des deniers des Rôtisseries St-Hubert pour provoquer une rupture entre Claire et moi et se débarrasser de moi. Madame Léger a aussi révélé que la récompense de 100 000 $ n'avait jamais été versée.

Mon avocat a terminé le contre-interrogatoire en mettant l'accent sur un trait de ma personnalité.

Me Dury: «*N'est-il pas exact, madame Léger, que en, au trois octobre mil neuf cent quatre-vingt-huit, que monsieur Gilles Perron vous avait mentionné que c'était une personne qui avait horreur des armes, puis qu'il n'allait pas à la chasse puis qu'il était anti-violent?*»
Hélène Léger: «*Oui, oui, oui.*»
Me Dury: «*Que c'était une personne...*»
Hélène Léger: «*C'est dans mes notes.*»

***

Revenons maintenant à cette serrure de la portière de l'auto de Michelle. Comme vous avez pu le lire au chapitre quatorze, Lucie Desbiens, qui avait acheté l'automobile de Michelle à la fin de janvier 1988, a pu constater que cette serrure pouvait être déverrouillée avec une autre clé.

Tout au long du procès, le juge André Biron s'est longuement attardé à cette question qui le tracassait autant que moi. Si les clés de Michelle étaient à l'intérieur, comment la portière du côté du passager a-t-elle été ouverte? Me Berthiaume a eu recours à l'argument «d'opportunité exclusive» pour inciter le jury à penser que j'étais le seul à avoir pu ouvrir cette portière. Cet argument signifie qu'aucune autre personne n'aurait pu ouvrir la portière ce soir-là.

La serrure en question a été prélevée, et il a été prouvé par un expert qu'elle était effectivement défectueuse, qu'elle ne contenait pas tous les éléments habituels d'une serrure.

La Couronne n'a évidemment pas insisté sur l'hypothèse de la clé du père de Michelle, cette clé rongée par l'usure qui ne permettait de déverrouiller que la serrure de la portière du passager et qui, j'en suis persuadé, se trouvait dans le sac à main de Michelle. Cette hypothèse, tout à fait plausible, n'a pas été retenue par le jury.

L'avocat de la Couronne a posé quelques questions à Jean-Claude Poulin sur cette histoire de serrure. C'est en mai ou juin 1988 que Jean-Claude Poulin a appris, de la bouche de ma belle-sœur Nicole Valiquet-Lapierre, que Lucie Desbiens avait éprouvé un problème avec cette serrure, et qu'elle avait réussi à la déverrouiller avec une autre clé. En septembre 1988, il a examiné l'automobile de Lucie Desbiens: «... *et puis on a essayé, nous, avec une, la clé du véhicule qu'on avait, qui était une clé de Chrysler, rentrée un petit peu, puis ça, ça tournait...*» Effectivement, Jean-Claude Poulin a constaté que la serrure pouvait être ouverte avec n'importe quelle clé, un fait que j'ignorais, et que tout le monde dans la famille ignorait. Tout ce que nous savions, nous, c'est que la vieille clé du défunt père de Michelle pouvait déverrouiller cette portière, et seulement celle-là.

Une autre journée du procès était terminée! Depuis le début, j'avais bien besoin de repos, mais j'arrivais difficilement à fermer l'œil durant la nuit. Ce soir-là, j'ai encore moins bien dormi parce que je savais que le lendemain, Jean-Pierre Léger serait appelé à témoigner, cet homme qui avait tout fait pour que je sois arrêté et accusé d'un meurtre que je n'avais pas commis. De plus, nous n'avons appris que deux jours avant le début du procès que la conversation du 19 octobre 1988, à l'hôtel Sheraton, avait été enregistrée par des policiers. Je n'avais toutefois rien à redouter de cet enregistrement, puisque j'y clamais toujours mon innocence.

Chapitre 17

Le témoignage de Jean-Pierre Léger

La journée du 12 décembre 1989 a débuté par une requête présentée au juge Biron par le procureur de la Couronne, concernant l'enregistrement de l'entretien du 19 octobre 1988 et de la conversation téléphonique du 29 novembre 1988, lorsque Jean-Pierre Léger m'avait informé qu'il offrait une récompense. Le jury a dû se retirer, car Jean-Pierre Léger a été appelé à la barre pour un «voir-dire».

Me Berthiaume: *«Est-ce qu'au cours de l'année quatre-vingt-huit, il vous a été demandé ou vous avez suggéré de consentir à l'enregistrement d'une conversation entre vous et Gilles Perron, au mois d'octobre quatre-vingt-huit?»*
Jean-Pierre Léger: *«C'est bien ça.»*
Me Berthiaume: *«Les policiers vous ont demandé de signer votre consentement également?»*
Jean-Pierre Léger: *«Oui.»*

Jean-Pierre Léger a pris connaissance de la transcription de l'entretien du 19 octobre, dont nous avons pu écouter l'enregistrement, d'une durée d'une heure et cinquante-cinq minutes. Nous avons ensuite écouté l'enregistrement de la conversation téléphonique du 29 novembre.

Me Daniel Rock a contre-interrogé Jean-Pierre Léger, notamment sur les circonstances ayant conduit à l'enregistrement du 19 octobre.

Mᵉ Rock: «*Et est-ce que vous vous souvenez comment c'en est venu à discuter de ce document-là, est-ce que c'est arrivé parce qu'à un moment donné, vous avez demandé aux policiers de faire ça, ou les policiers vous ont dit que vous devriez faire ça... Vous souvenez-vous comment c'est arrivé?*»

Jean-Pierre Léger: «*Oui. Le lundi après-midi, le dix-sept octobre, j'ai appelé Jean-Claude Poulin. Je lui ai dit que je rencontrais...*, que Gilles Perron m'avait demandé une rencontre, et que la rencontre était pour avoir lieu le mercredi dix-neuf octobre, au matin. Et je lui ai dit, à Jean-Claude Poulin, si vous êtes intéressé à enregistrer la conversation, moi je suis prêt à donner mon consentement, à vous autres de décider. Le lendemain...*»

Mᵉ Rock: «*Excusez-moi, continuez. Je ne voulais pas vous interrompre.*»

Jean-Pierre Léger: «*Et le lendemain après-midi, le dix-huit octobre, j'ai signé ce document-là.*»

Jean-Pierre Léger a révélé qu'il avait déjà donné un tel consentement dans le passé: «*Il y a à peu près dix ou douze ans, un officier de la G.R.C. était venu me rencontrer pour me demander une autorisation pour installer des tables d'écoute dans une rôtisserie St-Hubert, afin d'enregistrer une conversation entre...*»

Mᵉ Rock: «*D'autres personnes, vous n'êtes pas obligé de les nommer.*»

Jean-Pierre Léger: «*Des personnes, d'accord, c'est ça.*»

Mᵉ Rock a demandé ensuite au témoin si la conversation téléphonique du 29 novembre avait été enregistrée à l'initiative de la police. «*Non. C'est une initiative personnelle, évidemment*», a répondu Jean-Pierre Léger.

Pour l'instant, le témoignage de Jean-Pierre Léger se limitait à cela. C'était, je vous le rappelle, un «voir-dire», et si le juge admettait les enregistrements en preuve, Jean-Pierre Léger devrait revenir témoigner.

Au cours de l'après-midi, juge et avocats ont discuté de l'opportunité de soustraire au jury certains éléments de la conversation du 19 octobre, qui pouvaient être considérés comme non pertinents. Le juge a finalement décidé d'admettre les deux conversations en preuve, mais ce n'est que le lendemain que l'audition des témoins a repris devant le jury.

***

Maurice Léveillé, policier employé par la Sûreté du Québec, a raconté à la cour que son patron lui avait demandé d'aller installer un micro dans une chambre d'hôtel le 18 octobre, pour une conversation qui devait être enregistrée le lendemain. Le micro avait été installé sur un mur mitoyen donnant sur la chambre qui devait être occupée par les policiers. «*Si on rouvre le robinet, on peut l'entendre, c'est un micro qui est très très sensible.*» Donc, toutes les précautions avaient été prises pour que la conversation soit enregistrée parfaitement, et monsieur Léveillé s'était assuré que tout fonctionnait bien en effectuant les vérifications d'usage.

Un policier a présenté des photographies prises dans la chambre où l'enregistrement avait été réalisé. Puis, le détective en herbe Jean-Pierre Léger s'est avancé pour témoigner. Voici une partie de son témoignage, portant sur notre rencontre du 19 octobre 1988.

Me Berthiaume: «*Étiez-vous au courant de certaines choses, là, de connaissance directe ou indirecte à propos de la mort de Michelle Perron, l'épouse à l'époque de monsieur Gilles Perron?*»

Jean-Pierre Léger: «*Oui, j'avais eu des renseignements de la Sûreté de Laval.*»

Me Berthiaume: «*Est-ce que les policiers de Laval vous avaient demandé quoi que ce soit à vous-même, à l'occasion?*»

Jean-Pierre Léger: «*Non, mais que… la veille, on m'avait donné des informations supplémentaires quant au dossier de madame Michelle Perron.*»

Me Berthiaume: «*Vous-même, communiquiez-vous avec les policiers lorsque vous appreniez des choses?*»

Jean-Pierre Léger: «*Tout à fait, oui, du moment que j'avais, du moment que j'avais une information pertinente ou pas, je la communiquais aux policiers.*»

Avant l'audition de l'enregistrement, le juge Biron s'est adressé aux membres du jury: «*Alors, mesdames et messieurs, nous allons vous passer dans quelques instants la transcription de l'enregistrement que vous allez entendre. Quand vous allez regarder le cahier, vous aller voir, si on prend… regardez tout de suite à la première page, vous allez voir qu'il y a un bon bout de découpé à la page. Il y a certaines autres pages comme ça, pas beaucoup, mais disons qu'il y en a quelques-unes là, des pages qui sont enlevées et certains découpages.*

«Alors je dois vous dire qu'hier, en votre absence, j'ai écouté l'enregistrement et il y avait certaines choses sur lesquelles votre verdict ne peut être basé, des choses qui n'étaient pas admissibles en droit. Et à la demande des avocats et parfois de mon propre chef, j'ai jugé que certaines choses, il y en a pas tellement, devaient être enlevées parce que votre verdict, effectivement, ne peut pas être basé là-dessus…»

La journée s'est terminée par l'écoute de cet enregistrement, dont la durée avait été réduite à environ cent minutes, à la suite des coupures totalisant quinze minutes, environ. Le procès a été ajourné au lendemain.

À l'écoute de cette conversation, je pensais que le jury serait peut-être plus sympathique à ma cause. Les propos que j'avais tenus devant Jean-Pierre Léger me semblaient très convaincants, d'autant plus que le jury savait qu'ils avaient été enregistrés à mon insu.

***

14 décembre 1989. Le lendemain, il y aurait exactement deux ans que Michelle nous avait quittés. Deux ans après son départ, je saurais bientôt s'il y a une justice dans ce pays ou si je serais injustement condamné pour un meurtre que je n'avais pas commis. Le 14 décembre fut en effet la dernière journée de témoignages. Il y aurait ensuite les plaidoyers des avocats, puis les délibérations du jury, et… le verdict, qui, dans un sens ou l'autre, changerait assurément le cours de ma vie.

C'est dans cet état d'esprit que je me trouvais en ce 14 décembre. Mes enfants et moi étions impatients de savoir enfin si nous allions passer une heureuse fête de Noël ensemble, à célébrer le triomphe de la vérité et de la justice, ou si… enfin, je n'aimais autant pas songer à ce qui m'attendait si j'étais reconnu coupable.

Jean-Pierre Léger a continué son témoignage, interrogé par Me Berthiaume. Il a d'abord confirmé que lui et sa sœur s'étaient parlé «entre quatre-z-yeux» après notre rencontre à l'hôtel Sheraton: «... *j'ai rencontré ma sœur Claire, je revenais de l'hôtel Sheraton Laval et la discussion entre Claire et moi a été un petit peu orageuse.*»

Il a été aussi question de la conversation téléphonique du 29 novembre, que nous avons tous écoutée. Jean-Pierre Léger a ensuite raconté comment il avait réussi, astucieux comme pas un, à retracer la dame de Sherbrooke.

Me Berthiaume: «*Est-ce que vous avez connu une personne du nom de Diane Thomas?*»

Jean-Pierre Léger: «*Oui, c'est bien ça.*»

Me Berthiaume: «*Oui. Voulez-vous nous raconter comment vous en êtes venu, monsieur Léger, à la connaître et éventuellement, possiblement, la rencontrer?*»

Jean-Pierre Léger: «*Lundi le vingt-six septembre, en dix-neuf cent quatre-vingt-huit, j'ai eu une rencontre avec Serge Saucier, le président de Raymond, Chabot, Martin, Paré, et je lui ai fait part de mes inquiétudes du fait que Claire sortait avec Gilles Perron. Et lui me fait une confidence, il me dit: "Écoute, ma sœur Nicole m'a révélé que..."*»

Mon procureur Daniel Rock s'est objecté à ce moment, prétendant qu'il s'agissait d'un double ouï-dire. Le juge a statué en s'adressant à Me Berthiaume: «*Cette partie de l'interrogatoire n'a trait qu'à la crédibilité du témoin Diane Thomas. Savoir comment monsieur a pu arriver à la rencontrer, il peut nous dire que c'est suite à une confidence qu'il a eue de Serge Saucier. Mais de nous dire que Serge Saucier lui aurait dit que quelqu'un lui aurait dit, on n'a pas à entrer dans ces détails.*»

Me Berthiaume: «*Alors, vous parlez avec monsieur Saucier, et vous apprenez qu'il y a quoi ou qu'il y a qui?*»

Jean-Pierre Léger: «*Bon, j'apprends l'existence d'une dame de Sherbrooke qui aurait connu Gilles Perron.*»

Me Berthiaume: «*Alors, c'est en septembre. Est-ce que vous connaissiez plus précisément cette dame lorsque le dix-neuf octobre mil neuf cent quatre-vingt-huit, vous rencontrez Gilles Perron?*»

Jean-Pierre Léger: «*Absolument pas. La seule confidence que j'avais eue, c'est celle que je viens de vous révéler: j'apprends, le vingt-*

six septembre, qu'il y avait une dame dans la vie de Gilles Perron, au-
paravant.»

Me Berthiaume: «*Selon ce qu'on vous a dit?*»

Jean-Pierre Léger: «*C'est bien ça.*»

Me Berthiaume: «*Alors, voulez-vous, on va vider cette partie-là du récit et je vais vous laisser continuer jusqu'à ce que vous la rencontriez possiblement et éventuellement. Alors, voulez-vous nous dire quelles autres…*»

Jean-Pierre Léger: «*Ce que j'ai fait, ce que j'ai fait dans la semaine du vingt-neuf novembre, j'ai fait paraître, en plus du journal* La Presse *et* Le Journal de Montréal, *les deux hebdos à Laval, et que ceux qui sont un peu enc…, ceux qui ont le plus de circulation, et ensuite,* La Tribune de Sherbrooke *et un… hebdomadaire qui s'appelle* La Nouvelle de Sherbrooke, *à Sherbrooke même.*

«*Alors si j'ai fait paraître à pleine page dans ces deux journaux-là à Sherbrooke, c'était pour que cette dame mystérieuse vienne à sortir. Je souhaitais à cette époque que, elle a vu effectivement l'annonce, mais qu'elle voie l'annonce et dise bien: "Je vais appeler monsieur Poulin ou Pierre Lafleur", ce qui était indiqué dans l'annonce.*

«*Donc, ça, il n'y a pas eu de…, il n'y a pas eu de succès de ce côté-là, mais auparavant, le dix-neuf octobre, je lui ai demandé à ma sœur, j'ai dit: "Écoute Claire, j'ai eu une information de Serge Saucier, là, il y a une dame que Gilles Perron aurait connue dans le passé." J'ai dit: "Pourrais-tu me fournir son nom et son adresse?"*»

Comme je vous l'ai déjà signalé, le but premier de Jean-Pierre Léger en faisant publier son annonce n'était pas du tout de chercher à élucider le meurtre de Michelle, mais plutôt de trouver les éléments qui lui manquaient pour me faire disparaître du décor…

Me Berthiaume: «*Est-ce que, est-ce que vous recevez un message par la suite?*»

Jean-Pierre Léger: «*Oui, par la suite, le vendredi trois février, ma secrétaire m'a appelé dans un restaurant du centre-ville et elle m'a dit: "Voici, je viens de recevoir un appel, et la dame n'a pas voulu se…, laisser son nom, mais elle a tout simplement dit, l'information que Jean-Pierre Léger voulait avoir, je lui donne: son nom est Diane Thomas de la McGregor à Sherbrooke.*»

Qui donc pouvait avoir pris la peine de téléphoner au bureau de Jean-Pierre Léger pour donner cette information, alors que son nom n'apparaissait nulle part dans l'annonce? Sûrement pas Diane Thomas, parce qu'elle n'habitait plus sur la rue McGregor à ce moment-là. Voilà un autre mystère non éclairci!

Jean-Pierre Léger a tout de même réussi à dénicher le numéro de téléphone de Diane Thomas, puis il l'a appelée et lui a parlé durant dix-sept minutes.

Jean-Pierre Léger: «*... je me suis présenté, je lui ai raconté un petit peu mon histoire, mes inquiétudes que j'avais, etc..., etc..., et puis là, elle m'écoutait puis je voyais que c'était un petit peu en silence, là.*

«*Alors moi, je lui ai dit, j'ai dit: "Écoutez, accepteriez-vous, une journée, à l'heure que vous allez choisir, une journée, de me rencontrer." J'ai dit: "J'aimerais ça avoir une discussion avec vous." Et sa réponse a été: "J'ai trop de choses à dire, ça ne peut plus attendre."*

«*Alors il était dix heures samedi matin, bien j'ai dit, j'étais dans les Laurentides, j'ai dit: "Écoutez, donnez-moi une heure et demie pour Montréal, une heure et demie pour Sherbrooke, je vous donne rendez-vous à treize heures à la Rôtisserie St-Hubert de la rue King ouest, à Sherbrooke."*

«*Alors j'ai sauté immédiatement dans ma voiture en direction de Sherbrooke. À treize heures, j'étais là, et Diane Thomas est arrivée et on est resté jusqu'à cinq heures et quart ensemble, à la Rôtisserie.*»

Le soir même, Jean-Pierre Léger a téléphoné à Jean-Claude Poulin pour l'informer qu'il avait finalement trouvé la dame qu'il cherchait depuis plusieurs mois. Le mardi suivant, Jean-Pierre Léger, Jean-Claude Poulin et Pierre Lafleur ont rencontré Diane Thomas à Sherbrooke.

Et comme quoi tout s'enchaîne, le lendemain de cette rencontre, Jean-Claude Poulin est allé voir le procureur de la Couronne, Me Vincent, pour porter une accusation formelle contre moi. L'apparition de Diane Thomas semble donc avoir été le fait qui a incité les policiers à m'inculper. La dame de Sherbrooke, même si elle n'était pas tout à fait la maîtresse type qu'ils s'attendaient à trouver, devenait ainsi le point fort de leur présomption, le fameux mobile du crime, puisque les autres éléments, par exemple le mobile des dettes, n'étaient pas suffisamment convaincants.

Me Berthiaume en avait terminé avec le témoin, mon procureur Daniel Rock pouvait maintenant lui poser les questions qu'il désirait.

Me Rock: «*Vous êtes l'un des actionnaires principaux des Rôtisseries St-Hubert, c'est ça?*»

Jean-Pierre Léger: «*Oui, c'est bien ça.*»

Me Rock: «*Il y a deux sortes de rôtisseries: il y en a que c'est des concessions, puis il y en a qui vous appartiennent?*»

Jean-Pierre Léger: «*C'est ça, il y a des corporatifs et des franchises.*»

Me Rock: «*Dans les corporatifs, est-ce qu'il y en a une qui était à Ville Saint-Laurent?*»

Jean-Pierre Léger: «*Eh oui, tout à fait.*»

Me Rock: «*Est-ce que c'en est une qui n'allait pas très bien?*»

Jean-Pierre Léger: «*Oh, mais c'est normal, elle avait un excellent volume de ventes. C'est sûr qu'on avait, des fois, certaines difficultés internes, mais comme on retrouve des fois à d'autres rôtisseries.*»

Me Rock: «*Elle a brûlé récemment?*»

Jean-Pierre Léger: «*Elle a brûlé le quatorze novembre.*»

Me Rock: «*Est-ce que vous avez fait une enquête pour savoir les motifs de l'incendie?*»

Jean-Pierre Léger: «*Il n'y a pas eu d'enquête, là, de faite.*»

Me Rock: «*Non, je vous demande à vous, si vous, vous en avez faite une?*»

Jean-Pierre Léger: «*C'est-à-dire, les gens vont faire une enquête puis ils vont bien savoir si...*»

Me Rock: «*Ma question, monsieur Léger, ce n'est pas qui fait quoi, c'est vous, est-ce que vous en faites une enquête relativement à cet incendie-là?*»

Jean-Pierre Léger: «*Mais, nous autres mêmes, les Rôtisseries St-Hubert, non. On a déjà eu des feux dans le passé, je veux dire des petits feux, ça c'est un feu quand même assez, assez important, mais je veux dire, il va y avoir enquête, les gens vont essayer de trouver.*»

Me Rock: «*Monsieur Léger...*»

Jean-Pierre Léger: «*Apparemment, les pompiers sont arrivés, ce que j'ai appris, moi...*»

Me Rock: «*Monsieur Léger, je m'excuse.*»

Jean-Pierre Léger: «*Oui?*»

Me Rock: «*Vous, est-ce que vous faites une enquête concernant cet incendie?*»

Jean-Pierre Léger: «*Non, moi personnellement, non. Mais j'imagine que nos assurances vont faire une enquête, sûrement.*»

Vous voyez où mon avocat voulait en venir? Jean-Pierre Léger a, par la suite, confirmé qu'il avait obtenu certaines informations des policiers concernant le meurtre de Michelle.

Me Rock: «*Est-ce que vous avez eu une inf..., est-ce que vous avez eu accès à des photographies avant la rencontre avec monsieur Perron?*»

Jean-Pierre Léger: «*Oui, j'ai pris l'initiative de regarder des photographies, c'est bien ça.*»

Me Rock: «*Cette initiative-là, est-ce que c'est quelqu'un qui vous a aidé à la prendre? Vous n'êtes pas allé chercher le dossier dans les filières, c'est quelqu'un qui vous, qui vous l'a montré?*»

Jean-Pierre Léger: «*Non, des fois je rencontrais Jean-Claude Poulin, je me rendais, en partie souvent, ça se passait quand Jean-Claude faisait un "shift de soir", qu'il appelle, je pense quatre heu res à minuit. Je me rendais le soir et je voyais son dossier sur l'affaire Perron, puis il y avait..., puis de ces soirs-là, il y avait une enveloppe comme on en retrouve quand on va chercher des photographies, et Jean-Claude n'était pas devant moi, je pense qu'il était avec son confrère, j'ai donc pris l'initiative de commencer à regarder ces photos- là, puis c'est ce que j'ai fait, et j'ai regardé les photos.*»

Me Rock: «*Vous avez vu les photos, on vous a parlé d'un rapport. Est-ce qu'ils vous ont parlé de ça, qu'il y avait une fille qui avait acheté l'auto, elle s'était embarrée, son frère a rentré une clé là-dedans puis il a ouvert ça?*»

Jean-Pierre Léger: «*J'avais entendu parler de...*»

Me Rock: «*Non, mais monsieur Poulin...*»

Jean-Pierre Léger: «*... surtout de ma sœur Claire, des fois de Jean-Claude, une histoire extraordinaire de clés, de trousseau...*»

Me Rock s'est ensuite attardé au jour de mon arrestation, dans le garage de l'appartement de l'île Paton.

Me Rock: «*Avez-vous été informé, avant qu'il soit accusé for-mellement, les policiers vous ont-ils dit: "On va aller l'accuser demain ou après-demain, ou dans deux semaines"?*»

Jean-Pierre Léger: «*Vous dites l'accuser, vous voulez dire l'ar-rêter, est-ce que c'est ça?*»

Me Rock: «*L'arrêter puis l'accuser.*»

Jean-Pierre Léger: «*O.K., l'arrêter, oui, j'ai demandé, si jamais cette chose-là se passait, surtout après la…*»

Me Rock: «*Avez-vous été informé?*»

Jean-Pierre Léger: «*Oui.*»

Me Rock: «*Bon.*»

Jean-Pierre Léger: «*J'ai été informé.*»

Me Rock: «*À l'avance?*»

Jean-Pierre Léger: «*Deux, deux heures à l'avance.*»

C'est sur ces mots qu'a pris fin le témoignage de Jean-Pierre Léger. Vous aurez noté au passage qu'il devait bien connaître le sergent-détective Jean-Claude Poulin, puisqu'il l'appelait par son prénom… Le témoignage de Jean-Pierre Lé-ger confirme bien qu'il était impatient que je sois mis hors d'état de nuire (de lui nuire en fait), qu'il était prêt à collaborer avec zèle avec les policiers et même à prendre des initiatives person-nelles audacieuses.

Chapitre 18

Le témoignage du policier Jean-Claude Poulin

Le tout dernier témoignage de ce procès a été celui du sergent-détective Jean-Claude Poulin, l'enquêteur chargé d'élucider le meurtre de Michelle. Son témoignage a été assez long, et je me contenterai de rapporter les propos les plus importants, parfois contradictoires.

Le policier a d'abord été interrogé par Me Berthiaume, et il a confirmé avoir reçu de l'agent Mario Champagne les objets qui se trouvaient à l'intérieur du sac à main de Michelle. «*Monsieur Champagne avait fait un inventaire des effets qui se retrouvaient à la bourse..., à l'intérieur de la bourse.*» Il n'est pas question ici du sac à main, mais des objets à l'intérieur. La même question demeurait donc toujours sans réponse: qui donc avait emporté le sac à main au poste de police?

Mon avocat s'est objecté à propos de cet inventaire.

Me Rock: «*Juste un instant, l'inventaire fait par monsieur Champagne, je ne me rappelle pas trop. Il me semble que quand il est venu, il ne s'en rappelait pas d'avoir fait ça. Ça se peut-tu?*»

Me Berthiaume: «*C'est possible. Il ne l'a pas produit, ça c'est chose certaine.*»

Me Rock: «*Mais il me semble qu'il m'a dit qu'il ne se rappelait même pas d'avoir vu la sacoche, ou il l'a vue à terre à un moment donné.*

Alors je m'objecterais, Votre Seigneurie, en vertu du fait que c'est lui qui l'a fait. Je suis certain que l'autre document est pertinent, c'est la même chose ou à peu près, là. Mais quand même, le principe demeure que l'autre témoin est venu, et il ne se rappelait même pas d'avoir fait ça.»

Le tribunal: *«Objection rejetée.»*

Me Berthiaume a demandé au policier Poulin s'il avait trouvé des clés dans le sac à main, lorsqu'on le lui avait remis: *«Aucunement»*, a-t-il répondu.

Jean-Claude Poulin a ensuite été appelé à parler de l'interrogatoire qu'il m'avait fait subir le 22 décembre 1988, au poste de police de Chomedey. *«... je voulais, avant la période des Fêtes, voir monsieur Perron parce que j'avais des points à clarifier avec le cheminement de l'enquête là, j'avais des points à clarifier, j'avais des questions assez précises.»*

Me Berthiaume: *«Quelles étaient ces questions?»*

Jean-Claude Poulin: *«Oh, les quatre questions principales étaient la position du cadavre à l'intérieur du véhicule quand il l'a retrouvé. Une autre c'était ce qu'il était advenu des balais après qu'ils soient embarrés. L'autre, c'était l'endroit exact où il avait rencontré sa femme. Et la quatrième, c'était, je voulais savoir s'il avait reconduit sa femme à l'intérieur du, de la polyclinique.»*

En contre-interrogatoire, le policier a indiqué qu'au début de sa relation avec Jean-Pierre Léger, il ne lui avait pas transmis d'information sur l'enquête. *«... Mais au fur et à mesure que monsieur Léger me donnait de l'information, c'est bien sûr que je réajustais monsieur Léger, parce que monsieur Léger m'arrivait avec des choses, puis là, je le remettais dans le droit chemin, je lui disais, non, non, ce n'est pas tout à fait ça, c'est plutôt ça.»* Il a cependant nié avoir montré des photographies à Jean-Pierre Léger et lui avoir permis de consulter le dossier.

Il a été question de Francine Arès, la secrétaire qui se trouvait à l'urgence de la polyclinique le soir du 15 décembre 1987.

Me Rock: *«... Est-ce que vous êtes allé, vous, ou vous avez envoyé quelqu'un rencontrer la personne qui était la secrétaire à l'urgence ce soir-là, Francine Arès?»*

Jean-Claude Poulin: «*Vous me mentionnez le nom là, je ne la connais pas, elle.*»

Me Rock: «*Vous ne la connaissiez pas?*»

Jean-Claude Poulin: «*Non.*»

Me Rock: «*Mais, vous avez peut-être entendu parler de ça, un peu, qu'il y avait une secrétaire à l'urgence ce soir-là, puis qu'elle était là, puis qu'il y a beaucoup de choses qui se sont passées à l'urgence... Est-ce que vous avez recherché à voir cette personne-là pour avoir une version d'elle?*»

Jean-Claude Poulin: «*Non, parce qu'à ce moment-là, on ne m'avait pas rapporté qu'il y avait une Francine qui était là. Sans ça, je serais allé.*»

Me Rock: «*En avez-vous entendu parler un petit peu depuis le début de la cause?*»

Jean-Claude Poulin: «*Depuis le début de la cause, j'en ai entendu parler, oui.*»

Me Rock: «*Puis avez-vous envoyé monsieur Prieur la voir?*» (Il s'agissait d'un policier qui a collaboré à l'enquête.)

Jean-Claude Poulin: «*Non.*»

Il y a lieu de se demander si Jean-Claude Poulin savait que Francine Arès pouvait révéler des choses qui auraient pu m'innocenter.

Jean-Claude Poulin a aussi admis qu'il n'était pas allé voir Patrick Desbiens, celui qui avait réussi à ouvrir la portière de l'ex-voiture de Michelle avec la clé de son propre véhicule, avant novembre 1989. Il n'avait pas cru bon de l'interroger plus tôt, sans doute parce qu'il n'attachait pas d'importance à l'histoire des clés.

Me Rock: «*... Est-ce que vous avez fait des vérifications concernant la voiture AWY 791, qui a été décrite ici comme appartenant à Gilberte Garrett, qui était dans le stationnement à un moment donné?*»

Cette automobile était stationnée à côté de celle de Michelle, le soir du 15 décembre 1987.

Jean-Claude Poulin: «*Il y a eu des vérifications de faites sur ce véhicule-là, au niveau des propriétaires, ces choses-là, mais...*»

Me Rock: «*Gilberte Garrett, êtes-vous allé la voir?*»

Jean-Claude Poulin: «*Non.*»

Me Rock: «*Mais ça, c'est l'auto stationnée à côté de l'auto de madame Perron?*»

Jean-Claude Poulin: «*J'hésite là, c'est A oui, AWY?*»

Me Rock: «*Oui.*»

Jean-Claude Poulin: «*AWY, si..., il faudrait que je consulte mes rapports, lequel qui est lequel, parce qu'il y en a un autre là, un autre véhicule. Je pense que dans le stationnement, il y a quatre plaques. Si vous me parliez de la plaque de monsieur Perron ou de madame Perron, par cœur, je pourrais vous le dire, là...*»

Me Rock: «*Non, ce n'est pas ni celui de monsieur ou de madame Perron, c'est celle qui a été identifiée comme étant le véhicule de Gilberte Garrett. Mais en tout cas, Gilberte Garrett, elle, son auto était dans le parking, personne n'est allée la voir?*»

Jean-Claude Poulin: «*C'est exact.*»

Me Rock: «*Est-ce que vous êtes allé au..., est-ce que vous êtes allé au dépanneur Provisoir, rencontrer l'employé ou le propriétaire de cet endroit-là, dans le cadre de votre enquête?*»

Jean-Claude Poulin: «*Moi personnellement, non.*»

Me Rock: «*Avez-vous envoyé quelqu'un faire cette démarche?*»

Jean-Claude Poulin: «*Si je me souviens, je pense que c'est le sergent-détective Lamarche qui est allé, je vous dis ça sous toutes réserves.*»

Me Rock: «*Est-ce que vous avez pu, est-ce que vous avez demandé au propriétaire de vous montrer le vidéo, le vidéo des dépanneurs? Il y a des vidéos là-dedans, vous êtes au courant de ça qu'il y a des vidéos dans les dépanneurs?*»

Jean-Claude Poulin: «*Il y a plusieurs dépanneurs qui sont équipés avec des systèmes vidéo, il y a différents systèmes de vidéo également, il y en a qui prennent juste des photos...*»

Me Rock: «*Des fois, on voit du monde sur des vidéos?*»

Jean-Claude Poulin: «*Oui, il y a toute sorte de monde qui passe là.*»

Me Rock: «*C'est ça. Alors, vous savez de quoi je parle, des vidéos dans les dépanneurs, est-ce que, à tout le moins, dans le cadre de votre enquête, vous avez demandé qu'on vérifie s'il y en avait un et qu'on s'enquiert s'il y a des gens qui étaient allés là, qu'on regarde le vidéo de la demi-heure ou l'heure pertinente?*»

Jean-Claude Poulin: «*Non.*»

Pourquoi le sergent-détective Poulin n'a-t-il pas fait ces démarches, qui, il me semble, auraient peut-être été pertinentes pour découvrir des indices? Ou bien parce que monsieur Poulin n'a pas l'habitude de pousser ses enquêtes aussi loin, ou bien, ce qui est plus probable, parce qu'il était déjà convaincu d'avoir le coupable sous la main...

Me Rock: «*Est-ce que vous avez vérifié ou vous avez demandé à vos hommes de vérifier le club de danseuses nues qui est en face du Provisoir, pour voir qu'est-ce qui s'était passé là ce soir-là?*»

Jean-Claude Poulin: «*Ce soir-là, je n'ai pas demandé, parce qu'on n'avait pas tellement de personnel. Donc, vu que je n'avais pas d'hommes non plus, je n'ai pas fait vérifier ces endroits-là spécifiquement.*»

Jean-Claude Poulin a mentionné qu'il n'avait pas non plus cherché à savoir s'il y avait des gens, aux autres étages de la polyclinique, qui auraient vu quelque chose d'inhabituel dans le stationnement le soir du meurtre. Il avait également négligé d'interroger, ou de faire interroger, les employés chargés du déneigement du stationnement.

D'autre part, lorsqu'il a rencontré mes enfants, le soir du 5 janvier 1988, il n'a jamais montré à mes filles la boucle d'oreille trouvée dans l'automobile de Michelle le soir du meurtre, pour vérifier si elle lui appartenait bien. Ce détail n'a d'ailleurs jamais été éclairci.

Laissons Me Rock poursuivre son interrogatoire, cette fois concernant mes déclarations.

Me Rock: «*Puis, il a toujours maintenu qu'il avait trouvé sa femme entre les deux banquettes, puis qu'il l'avait redressée lui-même.*»

Jean-Claude Poulin: «*... Il a toujours maintenu dans ses déclarations qu'il avait retrouvé sa femme à l'intérieur, et que suite à ça, bien ça avait été un "black out".*»

Me Rock: «*Bien, vous n'avez pas les textes qui disent: "Elle est blessée, je l'ai mise sur le banc"? En tout cas, de toute façon, les jurés le liront. Est-ce que c'est exact, monsieur Poulin, que la première déclaration du quinze, dans la nuit du quinze au seize décembre, que vous avez prise de monsieur Perron, il l'a relue avant de la signer?*»

Jean-Claude Poulin: «*Oui, il l'a relue.*»

Me Rock: «*Est-ce que c'est exact que la deuxième déclaration que vous avez prise chez lui, vers le cinq, six janvier, il l'a relue avant de la signer?*»

Jean-Claude Poulin: «*C'est bien ça.*»

Me Rock: «*Et, sans faire de vilains jeux de mots, l'enregistrement qui n'a pas fonctionné, c'est bien évident qu'il n'a pas acquiescé parce qu'il n'a jamais pu l'entendre?*»

Jean-Claude Poulin: «*Il n'a pas demandé à l'entendre.*»

Me Rock: «*Non, non, mais il n'a jamais pu l'entendre, vous ne lui avez pas fait entendre, donc il n'a pas acquiescé, c'était impossible?*»

Jean-Claude Poulin: «*On ne lui a pas offert de l'entendre, et il n'a pas demandé à l'entendre, ni maître Piché.*»

Me Rock: «*Cet enregistrement-là, la cassette, l'avez-vous gardée?*»

Jean-Claude Poulin: «*Non, je ne l'ai pas gardée.*»

Me Rock: «*Ça, là, c'est survenu après que vous ayez été avec les gens de la Sûreté du Québec à l'hôtel Sheraton?*»

Jean-Claude Poulin: «*C'est exact.*»

Me Rock: «*Vous n'avez pas pensé de soumettre cette cassette-là à ces experts-là, pour voir si eux pouvaient trouver des sons avec leurs appareils plus sophistiqués un peu?*»

Jean-Claude Poulin: «*Non, je n'ai pas pensé à ça.*»

Me Rock est revenu sur la boucle d'oreille trouvée dans l'automobile de Michelle. Il avait alors en main le rapport de la pathologiste Ayroud.

Me Rock: «*... Dans ce rapport, monsieur Poulin, sous l'item objets, au pluriel, ici c'est marqué "petite boucle d'oreille en or en forme d'étoile sur le lobule des deux oreilles". Est-ce que vous étiez au courant de ça, que madame avait ses deux boucles d'oreille?*»

Jean-Claude Poulin: «*... Je n'ai eu ce rapport-là que beaucoup plus tard.*»

Me Rock: «*Mais ma question c'est, est-ce que vous arrivez sur une scène de crime, c'est un meurtre, vous trouvez une boucle d'oreille?*»

Jean-Claude Poulin: «*Je ne me souviens pas parce que j'ai eu un rapport préliminaire, en fait, du pathologiste, mais ce rapport-là, détaillé, je l'ai eu que beaucoup plus tard.*»

Me Rock: «*Mais comprenez-vous le sens de ma question, là j'attirais votre attention sur le rapport, mais sur les lieux du meurtre, si vous trouvez un élément, il me semble que vous pouvez peut-être le montrer à quelques personnes pour leur demander l'avez-vous déjà vu, ou bien donc, ça vous appartient-tu, ou que se passe-t-il? Ça n'a pas été utilisé dans ce sens-là?*»

Jean-Claude Poulin: «*Ça n'a pas été utilisé, non.*»

Enfin, Me Rock a demandé quelques renseignements sur l'enquête que Jean-Claude Poulin avait effectuée à mon sujet, particulièrement en ce qui concernait ma situation financière.

Me Rock: «*Est-ce que vous avez vérifié si, au domicile de la rue Des Martinets, domicile de la famille Perron, il y avait eu d'importantes rénovations d'effectuées dans l'année avant le décès de madame Perron?*»

Jean-Claude Poulin: «*Je n'ai pas vérifié l'intérieur du domicile de monsieur Perron, quand je suis allé là, on s'est assis dans la cuisine puis moi, je ne suis pas allé dans d'autres appartements à part que l'entrée, je n'ai pas..., on ne m'a pas fait visiter la maison. Je ne pourrais pas vous dire s'il y avait eu d'importants changements.*»

Me Rock: «*Mais, quand vous êtes arrivé par exemple à la maison, vous n'avez pas vu un patio neuf à l'avant, à l'entrée?*»

Jean-Claude Poulin: «*Quand je suis allé au mois de janvier, il y avait de la neige, je me souviens qu'il y avait un abri de garage Tempo, et puis je suis entré. Je ne m'en allais pas là pour faire une visite, je m'en allais pour...*»

Me Rock: «*Enquêter.*»

Jean-Claude Poulin: «*... rencontrer des gens.*»

Me Rock: «*Mais à un moment donné, vous avez fait toutes sortes de vérifications sur les finances de monsieur Perron, mais vous ne lui avez pas demandé, à lui directement, s'il avait payé des sommes assez importantes de rénovations dans cette année-là, puis comment que ça avait été payé. Ce n'est pas une chose qui a été demandée?*»

Jean-Claude Poulin: «*Disons qu'au moment où..., de l'enquête crédit sur monsieur Perron, on...*»

Me Rock: «*Non, je vous parle de questions à lui, pas l'enquête que vous faites en dehors de lui, des questions à lui?*»

Jean-Claude Poulin: «*Mon but, c'était pas de vérifier ce que j'avais comme renseignement avec monsieur Perron...*»

Me Rock: «*Non monsieur, la question est claire: à lui, lui avez-vous demandé, à lui, lui qui est là?*»

Jean-Claude Poulin: «*C'est ce que je vous dis, je n'ai pas véri-fié les informations que j'avais avec lui.*»

Me Rock: «*Est-ce que vous avez vérifié auprès de monsieur Per-ron, s'il avait d'autres revenus que ses revenus à Radio-Canada, au-près de monsieur Perron, ça c'est lui qui est là, là, que vous avez ques-tionné au moins trois fois? Est-ce que vous lui avez demandé ça, à lui, s'il avait d'autres revenus que ceux de Radio-Canada?*»

Jean-Claude Poulin: «*En aucun temps, du début à la fin de l'enquête, j'ai demandé à monsieur Perron ses revenus, ce qu'il avait dépensé et puis ce qu'il pouvait gagner.*»

Ainsi prenaient fin les témoignages. Il ne restait plus que les plaidoyers des avocats, celui de la Couronne et celui de la défense, avant que le jury ne se retire pour décider de mon sort.

Chapitre 19

Les plaidoyers et l'adresse aux jurés

Habituellement, les avocats qui défendent l'accusé appellent des témoins en défense. Dans ce cas, c'est la défense qui doit effectuer son plaidoyer en premier. Or, à mon procès, tous les témoins avaient été convoqués à la demande de la Couronne; nous n'avions présenté aucun témoin. Notre stratégie consistait simplement à contre-interroger les témoins de l'accusation. La règle veut alors que ce soit l'avocat de la Couronne qui prononce son plaidoyer en premier, ce qui donne le léger avantage à la défense de connaître les conclusions de l'adversaire avant de plaider. C'est donc Me Berthiaume qui, le premier, s'est adressé au jury.

Selon Me Berthiaume, il était clair que j'avais prémédité le meurtre de Michelle, et que j'avais tenté de déguiser mon crime en vol. Pour simuler un vol, j'aurais versé le contenu du sac à main de Michelle par terre.

Quant aux mobiles, il en avançait deux: la maîtresse de Sherbrooke et la perspective de toucher d'importantes indemnités d'assurances pour payer mes dettes.

Me Berthiaume a rappelé au jury que Diane Thomas avait déclaré à la barre que je lui avais parlé de divorce, en novembre 1987. Mes avocats avaient protesté lors de ce témoignage, affirmant qu'il n'était absolument pas question de divorce entre Michelle et moi et qu'au contraire, tous nos proches avaient confirmé que nous faisions des projets de retraite ensemble et que notre vie de couple se portait à merveille. Me Berthiaume en concluait: «*Moi, il me semble que oui, et j'espère quant à moi, et c'est ma thèse, que c'est peut-être des questions financières qui ont pu faire que monsieur n'était pas tellement intéressé par le divorce. Mais je ne pense pas que la preuve permette d'aller au-delà de, d'une simple référence à ce fait-là.*»

L'avocat de la Couronne a de plus indiqué au jury qu'il accordait beaucoup de crédibilité au témoignage de l'infirmière Nicole Villeneuve. Il a rappelé la déclaration que Michelle lui aurait faite: «*...oui, Gilles s'en vient. Non, ce n'est pas lui.*» L'avocat a demandé au jury de se questionner sur la possibilité que je puisse avoir été vêtu différemment à ce moment-là. Bien sûr, il a aussi remis en lumière ce détail complètement absurde, rapporté par Nicole Villeneuve, précisant que j'avais stationné mon automobile après la découverte du corps de Michelle.

Me Berthiaume a évoqué le voyage que je devais faire avec Michelle en février 1988. Selon lui, je n'avais pas les moyens de m'offrir un tel voyage: «*... il n'est pas ruiné cet homme-là, mais il est serré, il est serré dans ses choses, là un peu.*» L'avocat a fait remarquer que, le soir du drame, alors que je me trouvais à l'intérieur de la polyclinique en compagnie du policier Champagne, je n'avais pas été en mesure de lui dire la date où nous devions partir en voyage, ni la ville où nous devions nous rendre... Comme si personne ne pouvait comprendre que j'étais alors en état de choc!

Au sujet du sang sur les mains, Me Berthiaume a rappelé que l'agent Champagne avait affirmé catégoriquement que je n'en avais pas. Se référant à la conversation enregistrée entre Jean-Pierre Léger et moi, au cours de laquelle j'avais affirmé que j'avais du sang sur les mains, il a émis ce commentaire: «*... quand il devient préférable pour monsieur Perron d'avoir du sang, il s'en met, sans faire de jeu de mots.*»

Selon la Couronne, les problèmes d'automobile que je disais avoir éprouvés, c'était de la foutaise.

Me Berthiaume a conclu: «*... Ne vous demandez pas quelle autre preuve on aurait dû avoir. Vous savez, on a tous le droit d'envoyer des subpoenas, faire venir beaucoup de gens ici si on veut, là. J'aurais pu en faire venir beaucoup d'autres, mais jugez selon la preuve et ne laissez pas des manœuvres, des mensonges vous influencer dans votre* *verdict.*» Or, s'il y avait eu mensonges et manœuvres, c'était bien davantage pour m'accabler que pour m'innocenter.

***

Il appartenait maintenant à la défense de s'adresser au jury. Mon procureur Me Jean Dury a commencé par demander si l'enquête policière n'avait pas été bâclée, puisque j'avais été considéré comme un suspect dès le soir du crime.

Il a ensuite réfuté l'hypothèse de la Couronne selon laquelle j'aurais assassiné Michelle alors que j'étais assis sur le siège du conducteur. La Couronne se fondait sur le témoignage de l'expert François Julien pour justifier cette théorie. Ce témoin avait affirmé n'avoir constaté aucune trace de sang sur le tableau de bord, sur le pare-brise et au plafond. J'aurais donc dû avoir du sang sur mes vêtements, mais, selon la Couronne, je me serais changé avant d'entrer dans la polyclinique. Mon avocat rejetait cette hypothèse parce qu'il n'avait pas été prouvé que j'avais changé de vêtements, ni même que j'en avais eu le temps. D'ailleurs, la police n'a jamais trouvé de vêtements souillés de sang.

Me Dury a soutenu que l'état de mes finances ne pouvait constituer un mobile, parce que je n'avais pas contracté d'assurances particulières en cas de décès accidentel de mon épouse et parce que mon salaire d'environ 50 000 $ à titre de réalisateur à Radio-Canada me permettait de faire face à mes obligations financières.

Mon avocat a aussi soutenu que le policier Jean-Claude Poulin s'était parjuré au cours du procès, et qu'il était évident que l'enquête policière avait été menée avec une totale incompétence. La police avait négligé d'aller effectuer des vérifications au dépanneur (situé à environ quarante pieds de l'endroit où était stationnée l'automobile de Michelle), au club de danseuses, et auprès des occupants des maisons sur De Nantes, la rue située tout juste derrière le stationnement. De plus, les enquêteurs n'avaient pas pris la peine d'interroger la secrétaire qui se trouvait à l'urgence le soir du 15 décembre 1987, Francine Arès.

***

Le 19 décembre 1989, le juge André Biron a adressé ses directives aux jurés. Il fut d'abord question du témoignage de Nicole Villeneuve.

«*Évidemment, il y a le fait que Nicole Villeneuve dit qu'elle l'a vu sortir de son auto. Et que lui, dans P-42, nie le fait. Maintenant, Nicole Villeneuve, c'est à vous à décider si est-ce qu'elle dit vrai ou est-ce qu'elle se trompe; est-ce qu'elle a bien vu, bien entendu?*

«*Maintenant, que des témoins se trompent ou…, ça peut arriver. Ou qu'ils ne disent pas exactement la même chose que les autres. À titre d'exemple dans la présente cause, j'ai relevé ce qui suit.*

«*Nicole Villeneuve a dit qu'il n'y avait pas de clé dans le contact, selon mes notes. La photo est là: il y en avait des clés. Elle a dit qu'en parlant au docteur Vanier, qu'elle bafouillait, qu'elle ne trouvait pas ses mots. Le docteur Vanier, lui, trouvait qu'elle parlait très clairement, qu'elle était cohérente. Elle a dit que lui, le docteur Vanier, s'était assis dans l'auto de police, alors que le docteur Vanier a dit non. Il y en a un des deux qui se trompe, mais on ne sait pas nécessairement lequel. Mais comme on le voit, c'est à vous de le juger. Vous voyez qu'il peut y avoir des différences. Et elle avait dit que c'était le seize décembre qu'elle avait parlé au policier Lamarche. Puis là, le policier Lamarche a dit que ce n'est pas le seize, c'est le dix-sept. Alors vous voyez que parfois, des témoins peuvent avoir des versions qui diffèrent. Et c'est à vous, là, ça c'est une question de faits. Vous avez à analyser tout ça, analyser les déclarations, les divergences s'il y en a, et vous demander si la Couronne a prouvé hors de tout doute raisonnable chacun des éléments du crime reproché à l'accusé.*»

À la fin de son adresse, le juge Biron a résumé la position des avocats.

«*La Couronne vous soumet que l'accusé avait un double mobile pour tuer son épouse, à savoir faire vie commune avec Diane Thomas et collecter l'assurance pour payer ses dettes. Et que la preuve circonstancielle démontre qu'il a tué son épouse avec préméditation de propos délibéré. Et c'est ce que je retiens d'un mobile, si tant est qu'il y en ait et que la preuve vous en suggère d'autres à vous, c'est à vous de décider.*

«*La position de la défense. La défense vous soumet que l'accusé n'avait pas de mobile pour tuer son épouse, que sa liaison avec Diane Thomas n'était pas du genre de celles pour lesquelles on tue, que son actif excédait son passif très largement. Qu'au surplus, Gilles Perron est non violent, qu'il n'aurait pu faire à son épouse, la mère de ses enfants, ce que le meurtrier a fait à Michelle Perron, et que la Couronne n'a pas prouvé hors de tout doute raisonnable chacun des éléments du crime de meurtre au premier degré, ni de meurtre tout court.»*

C'était la fin de l'après-midi, le jury s'est retiré pour commencer ses délibérations. Mon sort était entre les mains de ces douze personnes. J'étais inquiet, mais j'essayais de me rassurer en me disant qu'il était impossible que je sois reconnu coupable, puisque je n'avais pas commis le meurtre dont on m'accusait. C'était l'évidence même pour moi, mais je savais que ça ne suffisait pas. Si les jurés avaient trouvé Me Berthiaume et ses arguments plus convaincants que ceux de mes avocats, s'ils accordaient de la crédibilité aux témoignages de Nicole Villeneuve et de Diane Thomas, j'étais dans l'eau chaude.

Chapitre 20

Le verdict de culpabilité

Les délibérations du jury ont duré exactement trois jours et demi. Tous les jours, j'étais tenu d'être présent au palais de justice jusqu'à ce que le verdict du jury soit unanime. Plutôt que d'attendre dans l'une des salles d'audience, c'est dans le corridor du troisième étage que je devais patienter, en compagnie de mes avocats, de mes enfants, d'amis, du procureur de la Couronne et des journalistes. À 21 h, nous avions la permission de quitter le palais et de rentrer à la maison, mais nous devions revenir le lendemain matin à 9 h. Une telle attente est stressante: après tout, c'est mon sort qui se jouait. Je m'efforçais de penser que la longueur des délibérations m'était favorable; les jurés constataient sans doute qu'il y avait plusieurs contradictions dans les témoignages et ils étaient sur le point de conclure que j'étais innocent.

Si les jurés désirent poser des questions au juge, ils doivent les noter. C'est un intermédiaire, assermenté, qui les remet au juge, lequel demande au greffier de convoquer la cour. Par interphone, ou de vive voix, celui-ci demande aux gens d'entrer dans la salle d'audience. Tous s'exécutent, accusé, avocats, amis, parents et curieux. Le juge entre, fait entrer le jury, et c'est seulement à ce moment qu'il explique pourquoi la cour a été convoquée. Cette péripétie s'est produite une fois au cours des délibérations du jury. Inutile de vous dire que c'est terriblement angoissant, car comme bien d'autres, j'étais convaincu que le verdict allait être rendu. Or, les jurés ne désiraient que réentendre la conversation du 19 octobre 1988 à l'hôtel Sheraton. Le juge a pris les dispositions nécessaires pour accéder à la demande des jurés, puis nous sommes tous ressortis pour reprendre les cent pas dans le corridor.

Le 22 décembre 1989, il était tout près de 21 h, lorsqu'on nous a avisés que nous étions de nouveau convoqués. S'agissait-il encore d'une question? Les jurés étaient-ils prêts à rendre leur verdict? J'avais les mains moites, j'étais anxieux lorsque nous avons pénétré dans la grande salle où s'était tenu mon procès.

Le greffier a demandé au président du jury, le juré numéro six, s'ils en étaient venus à un verdict et celui-ci a répondu par l'affirmative. Le président a alors remis au greffier le papier sur lequel était inscrite la décision, puis le greffier l'a remis au juge André Biron.

Le verdict est tombé de la bouche du président du jury: COUPABLE DE MEURTRE AU PREMIER DEGRÉ. J'ai eu une drôle de réaction: c'est comme si je ne réalisais pas que j'étais concerné par ce que le président du jury venait de dire. Ce coup de théâtre me semblait impossible. «Est-ce bien de moi qu'il parle?» ai-je pensé… «C'est pas possible», ai-je dit. J'étais certes conscient mais, d'un autre côté, il y avait quelque chose de tellement irréaliste que j'en demeurai bouche bée. Le juge Biron n'avait alors d'autre choix que de prononcer immédiatement la sentence. «*Bon, étant donné qu'il s'agit d'une accusation de meurtre au premier degré, et puisque le jury en est venu à cette conclusion, je prononce tout de suite la sentence qui est de vingt-cinq ans de prison ferme.*»

Deux gardiens m'ont aussitôt encadré, menotté et m'ont escorté vers la sortie. J'ai eu à peine le temps d'apercevoir mes enfants qui retenaient mal leurs larmes, et mes proches qui hochaient la tête, l'air de dire que ça ne se pouvait pas. Moi, je n'avais pas de réaction, c'était le choc total. J'avais de la difficulté à comprendre et je n'arrivais pas à réaliser que c'était bien moi, Gilles Perron, qui venait d'être reconnu coupable du meurtre de Michelle.

Les gardiens m'ont fait descendre au sous-sol, où les avocats de la défense ont leurs casiers. Ils m'accompagnaient lorsque je suis arrivé à la sortie devant des curieux, puis j'ai aperçu mes enfants, en pleurs, sidérés et bouleversés. Ce moment a été déchirant.

On m'a conduit à Parthenais et l'un des gardiens que j'y avais connu lors de mon premier séjour est venu me voir aussitôt parce qu'on voulait m'incarcérer à l'infirmerie, au cas où j'aurais eu l'intention de faire des folies. Il a dit aux gardiens qu'il me connaissait bien, qu'il se portait en quelque sorte garant de moi. On m'a donc mis en cellule pour la nuit.

Le lendemain, Me Rock est venu me voir pour m'annoncer qu'il comptait en appeler du jugement. Selon la loi, il bénéficiait d'un délai de trente jours pour faire appel, et durant ce temps, je pouvais demeurer incarcéré à Parthenais. Il a tenté tant bien que mal de me rassurer, mais je dois reconnaître que mon moral n'était pas à la hausse. Avec quelques heures de recul, je prenais maintenant conscience de l'extrême importance des événements de la veille, je savais, avec toute la lucidité dont je pouvais faire preuve, que je risquais de passer les vingt-cinq prochaines années de ma vie derrière les barreaux!

L'atmosphère était très lourde lorsqu'un peu plus tard au cours de la matinée, mes enfants sont venus me rendre visite. Le tableau n'était sans doute pas beau à voir: nous pleurions tous à chaudes larmes, nous répétant que ça ne se pouvait pas, que tout cela n'était qu'un horrible cauchemar.

Quelques jours plus tard, le gardien qui m'avait accueilli le soir du 22 décembre est venu me dire que les autres prévenus souhaitaient que je redevienne président du comité des prévenus. Je n'ai pas accepté, je n'avais pas le cœur à ça.

C'est une fête de Noël bien triste que j'ai passée cette année-là. Le soir du 24 décembre, on nous a servi des petits sandwiches et du gâteau, et nous avions tous la permission de veiller un peu plus tard qu'à l'habitude, soit jusqu'à 23 h, si je me souviens bien. Puis, chacun dans sa cellule, nous attendions que minuit sonne. À «l'heure solennelle», les cris ont fusé de toutes parts, les gars se sont souhaité Joyeux Noël. C'était sympathique, mais surtout pathétique. Mes enfants sont évidemment venus me voir le jour de Noël; ils sont d'ailleurs revenus très souvent durant les trente jours que j'ai passés à Parthenais.

J'ai séjourné environ trois semaines dans la même aile, puis j'ai déménagé au onzième étage, avec tous ceux qui étaient

sur le point d'être conduits dans divers pénitenciers. Mes avocats sont venus me voir souvent au cours de ces trois semaines,
m'informant sur l'évolution de ma cause. Ils m'ont aussi annoncé que j'allais être incarcéré à la prison Archambault, située à
Sainte-Anne-des-Plaines.

J'ai appris que la demande de mes avocats pour porter ma
cause en appel avait été acceptée. En fait, lorsqu'un individu
reçoit une sentence à perpétuité, la demande d'appel est auto-
matique. Mais Daniel Rock m'a dit qu'il en avait appelé à la fois
sur des questions de faits et de droit, et que les deux volets
avaient été acceptés. Je voyais un peu de lumière au bout du
tunnel, mais si peu...

«Combien de temps ça va prendre?» Cette question est revenue souvent sur mes lèvres, tout au long de mon incarcération, alors que mes avocats multipliaient les démarches pour
m'obtenir un nouveau procès. Ils alléguaient que je n'avais pas
eu droit à une défense pleine et entière, et ils avaient d'ailleurs
fait des découvertes intéressantes et choquantes à l'appui de
cette revendication.

Chapitre 21

La «réception» d'Archambault

J'ai donc été conduit à Archambault. Mes avocats m'avaient prévenu que j'allais d'abord passer par la réception d'Archambault, un endroit similaire à Parthenais. Il s'agissait simplement d'un lieu de transition, car les autorités carcérales devraient encore décider dans quel pénitencier je devrais purger ma peine. Cette transition, qui s'applique à tout condamné, se justifie par le manque de places dans les pénitenciers. La réception d'Archambault est une prison, mais on y bénéficie d'un peu plus de liberté que dans une prison à sécurité maximum.

«Ne t'inquiète pas, je suis sûr que tu vas rester à Archambault», m'a dit Daniel. À l'époque, il y avait deux pénitenciers à sécurité maximum, Archambault et Donnacona, et c'est à l'un des deux que j'allais être envoyé. Je devais passer un mois à la réception d'Archambault, le temps que mon dossier puisse être évalué.

Dès mon arrivée, j'ai appris que j'avais droit à une avance de fonds pour m'acheter des produits comme du tabac ou des friandises. On m'a dit que si je travaillais, mon salaire permettrait de rembourser cette avance de fonds d'une trentaine de dollars. Même s'ils ne travaillent pas tout de suite, les détenus doivent rembourser cette avance; une fois rendus au pénitencier, ils n'ont d'ailleurs pas le choix: ils doivent travailler.

On m'a aussi demandé de dresser une liste d'objets que je désirais avoir dans ma cellule; mes enfants pourraient me faire parvenir ces objets au lieu de mon incarcération définitive. Il est permis d'avoir un téléviseur (pas plus gros que quatorze pouces), une radio (encore là, de petite dimension et avec des écouteurs pour ne pas importuner les autres détenus) et d'autres objets permettant de passer le temps. Moi, j'avais demandé un poste de télé — nous avions justement un quatorze pouces à la maison — ma radio avec écouteurs et des vêtements (des ensembles de jogging). À l'intérieur, les détenus peuvent porter leurs propres vêtements, de préférence des ensembles de jogging, mais les jeans sont interdits parce que le personnel est autorisé à en porter; il faut éviter toute confusion... J'avais aussi le droit d'obtenir mes «running shoes». La direction de la prison fournit des vêtements aux détenus, puisqu'il arrive que certains d'entre eux n'ont pas la possibilité d'en obtenir à l'extérieur. Il s'agit d'un ensemble vert avec des chaussures noires, des bas noirs, et des sous-vêtements.

Après les formalités d'usage, j'ai été conduit à ma cellule. Dans les premiers jours, on m'a proposé un emploi, que j'ai accepté. Je me suis ainsi retrouvé dans la cuisine, chargé du lavage et du nettoyage. Je gagnais approximativement 4 $ à 5 $ par jour et j'avais le privilège de pouvoir porter une tenue blanche. Le soir venu, comme les autres détenus, je regagnais ma cellule. Au moins j'étais occupé et, plutôt que de passer mes journées en cellule, j'allais travailler tôt le matin et mes tâches se poursuivaient jusqu'après le souper.

Après deux semaines, on m'a affecté aux «plaques». C'est moi qui devais cuisiner les repas des détenus, sous la supervision du chef. À ma connaissance, il n'y a pas eu de plainte; je devais donc être bon cuisinier!

Le soir, plutôt que de souper avec les autres détenus, je préférais demeurer dans la cuisine, où je mangeais avec quelques autres hommes. Vous vous demandez peut-être si la nourriture était bonne; c'était pas mal, d'autant plus que j'avais l'occasion de préparer moi-même mes menus.

C'est à la cuisine que j'ai fait une rencontre importante à cette époque. Un autre détenu affecté aux plaques m'avait en quelque sorte pris sous sa protection et m'avait enseigné quelques règles importantes en prison. «Ici, tu ne vois rien, tu n'entends rien et tu ne dis rien. Prends ça comme principe de base et tu n'auras pas de problème. Ne t'avise pas non plus d'envoyer "chier" un autre détenu ou un gardien, de dire des injures ou de proférer des menaces, car tu verras que les troubles vont venir vite. Tu peux te faire casser la gueule ou tu peux même te faire tuer!» Je me doutais bien que ce n'était pas exactement l'endroit pour être arrogant et insulter des gens, mais le conseil était de mise. Dans une prison à sécurité maximum, il y a d'autres règles à respecter, mais celles-là, je ne les apprendrais qu'un peu plus tard.

Les conditions à la réception d'Archambault étaient meilleures qu'à Parthenais. La mentalité n'était pas la même non plus, surtout pour les rapports nettement plus ouverts entre gardiens et détenus.

Les détenus constituaient une microsociété un peu bizarre. Il faut savoir que tous avaient été condamnés à des sentences d'au moins deux ans. Je ne me sentais pas entouré de «tough», mais plutôt de gens dont j'ignorais tout. En fait, on ne sait jamais à qui on a affaire et c'est inquiétant. Quelques-uns m'ont approché, m'ont parlé un peu, mais les rapports étaient plutôt distants. Je me souviens par contre d'un «fatigant», qui semblait savoir tout à mon sujet et sur ma cause, et qui ne cessait de comparer mon histoire avec la sienne. «Tu peux penser ce que tu veux, mais ne commence pas à faire des comparaisons, s'il te plaît!» lui ai-je dit.

Quoi qu'il en soit, il est bien difficile de s'habituer à ne plus avoir sa liberté, à être enfermé entre des murs de béton, à avoir devant les yeux des barreaux de métal. On se sent pris dans une machine infernale, on se croit à la merci des gardiens et des autorités carcérales. J'avais la possibilité, comme les autres détenus, d'aller me promener dans la cour extérieure, mais c'était là la plus grande liberté à laquelle un détenu avait droit, soit celle de pouvoir s'emplir les poumons d'air frais en scrutant le ciel. J'ai pleinement compris le sens du mot liberté pendant mon séjour en prison: c'est la liberté qui permet de sortir de chez soi n'importe quand, pour n'importe quelle raison. En prison, le mot liberté perd ce sens-là; en fait, la liberté n'y a plus de sens du tout. Il faut avoir été enfermé derrière des barreaux comme un animal pour apprécier à sa juste valeur le bonheur d'être libre.

À plusieurs reprises, j'ai été convoqué par la direction pour mon évaluation. J'ignore pourquoi les évaluateurs que je rencontrais désiraient m'envoyer à Donnacona, mais, pour ma part, je tenais absolument à être incarcéré à Archambault pour rester proche de ma famille et de mes avocats.

Vers la fin de mon séjour à la réception d'Archambault, j'ai été promu premier responsable des plaques. J'avais donc la responsabilité de tous les menus préparés à la cuisine. Cette promotion m'a permis au moins de constater la satisfaction de la direction à mon endroit, même si j'avais le moral dans les talons et de la difficulté à accepter mes nouvelles conditions de vie. J'ai occupé cet emploi seulement quelques jours, car le temps était venu d'aller purger ma peine au «vrai» pénitencier.

Tout au long de ce séjour transitoire, mes enfants sont venus me voir tous les week-ends, ce qui m'a apporté énormément de réconfort. Ma belle-sœur est venue aussi régulièrement, de même que mon ami Philippe Turcotte et mes avocats. Ne se présente pas à la prison qui veut pour voir un détenu! Le détenu lui-même doit fournir à la direction une liste de personnes dont il aimerait recevoir la visite. Si quelqu'un d'autre s'était présenté à la prison pour venir me voir, par exemple Jean-Pierre Léger..., il n'aurait pu me rencontrer.

Pour mon évaluation, j'ai fait face à plusieurs spécialistes au cours de ce mois, et on m'a soumis à plusieurs tests, notamment sur le plan psychologique. J'ai d'abord rencontré un psychiatre; l'entretien a duré cinq minutes! Il me posait des questions, mais de mon côté j'en avais plusieurs à lui poser et il ne me répondait pas. Je me suis alors levé et lui ai dit: «Vous ne voulez pas me parler? Est-ce que c'est à sens unique cet entretien?» Et comme il ne répondait toujours pas, je suis parti, le laissant en plan, pour le moins surpris. J'ai aussi été soumis à des tests visant à évaluer ma formation scolaire. Je n'ai pas voulu les passer. Je leur ai dit: «Écoutez, vous avez tout mon dossier, vous connaissez mon degré de scolarité, vous savez quels emplois j'ai occupés? Si vous voulez en évaluer d'autres, allez-y, mais moi j'estime que je n'ai pas à passer ces tests.» J'ai tout de même accepté de passer quelques-uns des tests proposés.

Un jour, une dame m'a fait demander à son bureau. J'ai eu à peine le temps de m'asseoir qu'elle m'a posé une question:

— Bon, monsieur Perron, où est-ce que vous aimeriez aller purger votre peine?

— Moi, mes avocats m'ont dit que je m'en allais à Archambault...

— Ça, c'est pas vos avocats qui décident ça, c'est nous autres.

— C'est correct, c'est vous qui décidez, mais moi, j'aimerais aller à Archambault.

— Pourquoi?

— Parce que mes enfants habitent dans la région de Montréal, qu'ils peuvent tout de même se déplacer assez facilement pour venir me voir régulièrement...

— On va voir à ça, il y a deux endroits où vous pouvez vous retrouver: à Archambault ou au pénitencier de Donnacona. C'est moi qui décide de l'endroit où vous allez aller.

— Écoutez, Donnacona, c'est bien trop loin! Mes enfants vont seulement pouvoir venir à peine une fois par mois, ça n'a pas de bon sens! Et puis il y a mes avocats qui, comme vous le savez sans doute, travaillent toujours sur mon dossier et doivent venir me voir régulièrement. Ça n'a pas de bon sens!

Je n'avais évidemment pas le gros bout du bâton. En prison, on doit oublier certains droits individuels; ce sont les autorités qui décident, il faut s'y faire.

Quelques jours après cet entretien, on a déposé un papier dans ma cellule, sur lequel était inscrit *Donnacona*. J'étais en colère, puisque j'avais pris la peine d'expliquer pourquoi je préférais Archambault. Comme il m'était permis de contester la décision, j'ai comparu devant un comité d'appel de trois personnes. Voici, en substance, ce que je leur ai dit:

«Il est certain que vous pouvez faire ce que vous voulez avec moi, m'envoyer où vous le désirez, puisque j'ai perdu ma liberté. Vous savez cependant que je m'en vais en appel, et que mes avocats travaillent encore à mon dossier. Pour avoir la chance d'être en contact avec mes avocats régulièrement, ce serait évidemment mieux si je pouvais être emprisonné à Archambault. Mais par-dessus tout, il y a mes enfants, Line, Isabelle et Sylvain, qui ne pourront venir me voir que sporadiquement si vous m'envoyez à Donnacona. Alors c'est pas compliqué: je vais me retrouver complètement seul là-bas. Sur le plan

humanitaire, je pense que la logique voudrait que je sois envoyé
à Archambault.»

Ils se sont contentés de m'annoncer qu'ils prendraient leur
décision un peu plus tard, et que j'en serais avisé. Deux jours
avant mon départ, j'ai appris avec beaucoup de soulagement
qu'ils avaient acquiescé à ma demande: je serais donc transféré
dans l'unité à sécurité maximum d'Archambault. J'étais content
d'avoir remporté cette victoire, mais je mentirais en disant que
j'avais hâte… Au contraire, j'avais une peur bleue, je ne savais
pas du tout ce qui m'attendait. Je redoutais particulièrement de
me retrouver au milieu de gens n'inspirant aucune confiance.

Chapitre 22

Ma vie au pénitencier

La veille de mon départ, j'ai ramassé tout ce que j'avais, c'est-à-dire pas grand-chose, car je ne portais que les vêtements de détenu qu'on m'avait remis à mon arrivée. J'étais prêt à partir. Nous étions à la fin du mois de février 1990.

Puisque je me trouvais déjà dans le complexe immobilier du pénitencier Archambault, j'ai donc été conduit, en camion, sur un terrain voisin, à la prison à sécurité maximum.

À l'entrée, on m'a fait déshabiller complètement pour me soumettre à la fouille, puis, selon l'usage, tous mes sous-vêtements ont été jetés, et mes autres vêtements ont été pliés et rangés dans un sac, avec quelques objets personnels comme mon portefeuille. Ce sac, gardé dans un casier, est remis au détenu lorsqu'il sort de prison.

On m'a donné plusieurs vêtements de rechange, soit des bas, des sous-vêtements, des t-shirts et des pantalons, puis on m'a conduit à ma cellule. On m'a aussi remis un petit livre de règlements, en me disant «Lis ça, c'est ça qu'il faut que tu fasses. Ici, ce sont les gardes qui sont les patrons. S'ils te donnent un ordre, tu te dois d'obéir, t'as pas le choix.»

Dans ce livre, il était indiqué qu'il ne fallait jamais arriver en retard à sa cellule au moment du comptage, jamais se trouver deux dans une même cellule, qu'il fallait toujours garder sa cellule propre, le lit bien fait.

J'ai d'abord obtenu une cellule située dans une aile de transition, en attendant qu'une autre cellule soit disponible, où j'emménagerais pour de bon. L'attente de ce nouveau transfert varie généralement de trois à cinq jours.

Dans l'aile de transition, les détenus avaient accès à la grande cour, où ils pouvaient aller respirer un peu d'air frais à différentes périodes de la journée. J'ai donc pu moi aussi, vêtu d'un manteau fourni par la direction, aller faire quelques tours dehors.

Peu après, j'ai dû comparaître devant le comité de travail. Le secrétaire du comité des détenus s'était entretenu avec moi dès mon arrivée et m'avait dit qu'il allait essayer de me trouver un emploi comme commis à l'administration interne. Le comité de travail m'a offert différentes possibilités, entre autres, de suivre des cours, mais j'ai indiqué mon intérêt pour le poste de commis qu'on m'avait laissé entrevoir. Le comité de travail a accepté de me confier cette tâche, qui consistait surtout à remplir beaucoup de paperasse relative aux entrées et sorties des détenus. Je devais aussi aider d'autres employés dans différentes tâches lorsqu'ils étaient débordés. Je travaillais avec deux autres détenus et avec des employés du gouvernement. J'étais payé environ 35 $ par semaine. On ne me remettait pas cet argent, mais la cantine était avisée que je bénéficiais d'un crédit de 35 $ chaque semaine.

Les détenus ne sont pas tenus de travailler, certains préfèrent demeurer dans leur cellule pour des raisons personnelles. Ceux qui ne travaillent pas reçoivent tout de même 1,25 $ par jour.

Je ne surprendrai personne en disant que, dans un pénitencier, le rituel quotidien est immuable. On peut essayer d'apporter quelques variantes à l'horaire, comme prendre sa douche le matin plutôt que le soir, ou se rendre une journée au gymnase et le lendemain aller pratiquer un sport à l'extérieur, mais la marge de manœuvre est mince et les journées ont tôt fait de se ressembler.

Les matins de la semaine, le lever est à 7 h. On ouvre les portes des cellules, puis nous nous mettons en ligne pour recevoir notre déjeuner, qui doit être mangé dans la cellule. Les samedi et dimanche, le déjeuner est servi une heure plus tard.

Le soir, les portes des cellules sont fermées à 23 h 30, mais les détenus sont alors libres de faire ce qu'ils veulent. On peut écouter la télévision et la radio, à condition d'avoir des écouteurs. Au début, j'avais un poste de télévision que m'avait prêté le comité des détenus, au coût de 1 $ par semaine, en attendant l'arrivée des effets personnels que j'avais demandés. Je m'endormais habituellement assez tard.

Généralement, le soir, c'est très silencieux. J'ai quelquefois entendu crier des détenus (sans doute sous l'influence de la drogue), j'en ai entendu d'autres pleurer, mais ce n'était pas fréquent. D'ailleurs, lorsqu'un détenu dérange les autres, il n'est pas toléré longtemps; le comité des détenus fait pression pour qu'il se calme ou qu'il soit transféré dans une autre aile.

Chaque détenu est limité à un appel téléphonique par semaine. Immanquablement, je téléphonais à Sylvain, parce qu'il était le plus jeune; je sentais qu'il était le plus fragile et il était important à mes yeux d'entretenir tant bien que mal une bonne relation père-fils. Il me communiquait les dernières nouvelles de la famille. Le 26 septembre, jour de mon anniversaire, mes enfants, mon père et des amis se réunissaient au même endroit, chez Line ou chez Isabelle, et ils se relayaient pour s'entretenir avec moi durant quelques secondes. C'était chaque fois très émouvant, autant pour moi que pour eux.

Après trois ou quatre jours dans l'aile de transition, j'ai été conduit à la cellule minuscule que je devais, en principe, occuper de façon définitive.

J'étais installé dans cette nouvelle cellule depuis environ deux mois lorsque je me suis fait voler une cartouche de cigarettes. Qui me l'avait volé? Mystère. Quelqu'un avait sans doute profité de l'ouverture des portes à l'heure des repas pour s'introduire à l'intérieur et dérober mes cigarettes. Je suis allé voir le président du comité des détenus pour lui dire que je ne pouvais endurer ça et, qu'en plus, je trouvais qu'il y avait beaucoup de tapage dans mon aile. Il m'a répondu qu'il allait tenter de faire quelque chose. Quelques semaines plus tard, un dimanche, j'ai déménagé dans le bloc E, dans l'aile 1G10.

Le pénitencier à sécurité maximum Archambault compte deux étages, et environ cinq cents cellules. Dans une cellule typique, on retrouve un lit en métal de trente pouces sur soixante-douze, pourvu d'un matelas. Des étagères peuvent être fixées au mur au-dessus du lit. Il y a aussi une chaise en plastique, un bureau en métal avec des tiroirs pour ranger les vêtements et une autre étagère en métal, un peu plus élevée, installée en coin, sur laquelle on peut poser un téléviseur. À l'entrée se trouvent les toilettes, surmontées d'une pharmacie. Chaque cellule est pourvue d'une fenêtre, évidemment munie de barreaux, qui donne sur la grande cour, ou sur une cour plus petite. Moi, j'avais une vue sur la grande cour, un décor que j'ai vu tellement souvent qu'il est encore très bien ancré dans ma mémoire. Enfin, la porte de la cellule, entièrement en métal, est munie d'une petite fenêtre rectangulaire (trois pouces de largeur sur huit de hauteur), située à la hauteur des yeux.

Le bruit du verrouillage de la porte demeure inoubliable. On ne s'habitue jamais à ce rappel quotidien de privation de liberté.

Heureusement, il y avait les visites! J'étais excité lorsqu'on m'informait que j'aurais de la visite. Le contact direct avec les êtres qui me sont chers était vital pour moi: c'était mon lien avec la réalité, en plus d'être une source de joie et d'encouragement.

Mes enfants, mes avocats et des amis sont venus me voir régulièrement. Malheureusement, mon père, qui avait franchi le cap des quatre-vingts ans, n'a jamais pu venir. Lorsqu'on lui avait appris ma condamnation, il avait trouvé ça dur, mais il n'a jamais cru un instant que j'avais pu assassiner Michelle, sachant fort bien que j'étais incapable de faire du mal à une mouche. C'est surtout ma fille Line qui s'en occupait, qui se chargeait de lui donner de mes nouvelles et de l'encourager, et papa m'enjoignait à son tour de ne pas abandonner la lutte.

Tout au long de mon séjour à Archambault, j'ai beaucoup écouté la radio et regardé la télévision, et j'ai lu beaucoup de livres, m'efforçant tant bien que mal de passer le temps. Heureusement, j'avais aussi de nombreuses activités qui m'aidaient grandement à me changer les idées. Lorsque j'étais au travail, je me sentais dans un autre monde, probablement parce que je n'étais pas entouré uniquement de détenus. Nous étions environ une dizaine dans le même service, mais il m'a fallu quelques semaines avant de sortir de ma coquille, me montrer sociable et de retrouver ma bonne humeur. Le grand patron m'a d'ailleurs dit, peu avant ma sortie définitive d'Archambault:

«Ça a pris un petit bout de temps avant que tu viennes nous ja- ser et fraterniser, hein?» Je lui ai fait remarquer que mes col- lègues de travail avaient aussi vécu une période d'adaptation avec moi, avant de pouvoir me faire pleinement confiance.

Après un certain temps, le comité des détenus m'a offert un emploi supplémentaire, soit m'occuper des communications à l'intérieur de la prison. Le travail consistait à s'adresser aux gars à 15 h 45, sur les ondes de la radio interne, que les détenus pouvaient capter en syntonisant un certain poste à la télé. Je leur communiquais les activités prévues pour la soirée: partie de hockey, réunion de groupe comme les A.A., films à l'af- fiche... Dans ce dernier cas, il s'agissait de films loués par la di- rection, que chaque détenu pouvait visionner dans sa cellule sur son écran de télévision, à un poste donné. Un maximum de neuf films par semaine était alloué, et ces films étaient présentés en rotation. Je communiquais aussi à mes codétenus quelques autres nouvelles provenant du comité des détenus.

Un peu plus tard au cours de mon séjour en prison, qui a duré tout près de deux ans, j'ai obtenu un autre boulot: je faisais l'inventaire sur ordinateur de tous les produits qui entraient et qui étaient vendus à la cantine. J'ai aussi été marqueur officiel durant une saison de hockey, et j'ai été chargé de compiler sur or- dinateur des résultats sportifs pour diffusion sur le poste interne.

Tous ces emplois me permettaient de bénéficier d'une cer- taine aisance financière, qui aurait été bien modeste à l'exté- rieur, mais qui était avantageuse à l'intérieur, comparativement à la situation d'autres détenus. Au moins, j'étais assuré de ne ja- mais manquer de cigarettes!

***

Sur le plan psychologique, j'ai déjà mentionné les appréhen- sions que j'avais eues à la perspective de la détention. Allais-je être pris en grippe par les autres détenus et subir une raclée? Aller prendre ma douche chaque jour allait-il être dangereux? Je ne savais vraiment pas à quoi m'attendre et je redoutais le pire.

Au début, j'ignorais comment me comporter, comment agir et réagir. J'étais sur mes gardes, je me méfiais de tout le monde et j'étais plutôt solitaire. Je longeais presque les murs!

Le premier soir où je suis allé au gymnase, puis dans la grande cour, je vous jure que je ne me sentais pas très brave. Après tout, je me trouvais dans une prison à sécurité maximum, ce qui signifiait que j'étais entouré de gens qui avaient été condamnés pour des meurtres, des vols ou d'autres actes violents. Certains étaient visiblement de vrais durs, d'autres de véritables monstres bâtis comme des «armoires à glace», le genre d'homme que personne ne souhaite rencontrer dans une ruelle sombre, la nuit, et qui donne l'irrésistible envie, non pas de changer de côté de rue, mais de quartier au plus vite… Je trouvais ça évidemment très lourd comme atmosphère, je regardais aller les gars et j'essayais de me comporter comme eux. En fait, tout ce qui m'importait était de passer inaperçu, de ne pas me mettre les pieds dans les plats.

Un soir, à la tombée du jour, peu après mon installation dans ma cellule du bloc E, un détenu s'est approché de moi, alors que je me trouvais seul dans la grande cour. Il était envoyé pour mieux me connaître et m'indiquer comment je devais me comporter. Tout en marchant à mes côtés, il m'a dévoilé les principales règles à respecter, par exemple ne pas faire de bruit après 21 h. On m'a prévenu de ne jamais voler quoi que ce soit; si je voyais un objet traîner, je ne devais pas y toucher. En somme, je devais me mêler de mes affaires et me garder de toute intervention dans celles des autres prisonniers. J'ai raconté à ce détenu que je m'étais déjà fait voler une cartouche de cigarettes. Il m'a répliqué que si j'avais su qui était le responsable, les autres détenus s'en seraient occupé… Le vol n'est pas toléré à l'intérieur. «Si tu as des problèmes, si tu te fais voler, on va s'en occuper.»

Autre règle importante: il ne faut jamais pointer du doigt un autre détenu, ce geste signifiant à la fois que tu l'accuses et que tu lui fais des menaces. Depuis ma sortie de prison, j'évite encore de faire ce geste, comme quoi cette règle s'est profondément gravée en moi.

On m'a aussi enseigné les mots et les expressions à éviter, par exemple ne jamais traiter quelqu'un de rat, de chien ou de cochon… Pas question non plus de qualifier un détenu de «tapette»!

Pour tout dire, j'ai compris la leçon très rapidement, et d'autant plus facilement qu'avant même de commencer à purger ma peine, j'étais déterminé à «fermer ma gueule» et à faire ma petite affaire sans me préoccuper des autres. À partir de ce moment, les choses se sont placées et mes craintes se sont, pour la plupart, dissipées.

C'est aussi à ce moment que j'ai reçu le surnom de «citoyen», que j'allais traîner tout au long de mon emprisonnement. Ce surnom signifiait que je ne faisais partie d'aucun clan et qu'on pouvait me faire confiance. Aux yeux des autres détenus, j'étais «clean».

Après un certain temps, certains détenus ont commencé à me parler et, en quelque sorte, à fraterniser. Quelques-uns, sachant que j'étais plus instruit que la moyenne, me demandaient parfois de les aider à écrire une lettre ou d'effectuer le bilan de leurs avoirs à l'intérieur de la prison.

Je n'ai donc pas eu de problème dans mes relations avec les autres prisonniers, mais j'en ai eu avec les gardiens. On peut diviser les gardes en deux groupes bien distincts: les bons et les méchants. Les bons se contentent de faire leur travail, ils ont un minimum de respect envers les détenus, c'est-à-dire qu'ils demeurent polis, et ils «n'écœurent» personne s'ils ne se font pas eux-mêmes «écoeurer»... Les méchants, eux, cherchent constamment, par tous les moyens, à créer des embêtements aux détenus, et rien ne semble les satisfaire plus que de se montrer arrogants et d'abuser de leur autorité. Certains se croient carrément investis d'une mission de supergardien de la paix, de représentant suprême de la justice avec un grand J (mais avec deux «s» au lieu d'un «c»).

Il arrive à ces gardes-chiourmes zélés d'apostropher ainsi un détenu: «Hey, tu me r'gardes pas?» ou bien: «Qu'est-ce que t'as aujourd'hui, ça file pas?» L'important est de ne pas répondre, car c'est à ce moment que les embêtements peuvent débuter. Et lorsqu'un gardien décide de se mettre sur le dos d'un détenu, l'épreuve peut devenir très accablante.

Quelques détenus m'avaient prévenu, me disant de surveiller tel ou tel gardien, de ne pas lui parler parce qu'il était un vrai rat ou un «bum»... Comme quoi les mots interdits peuvent servir pour les vrais ennemis! Malgré tout, je n'ai jamais eu d'embêtements majeurs avec les gardiens. J'ignorais ceux qui tentaient de me provoquer ou qui tentaient de faire le comique.

L'indifférence, en prison, est bien souvent la meilleure riposte à la bêtise.

Il m'est cependant arrivé un petit incident. Lorsque j'occupais mon poste aux communications internes, je sortais de ma cellule et je quittais mon bloc pour me rendre au centre de diffusion. Pour y avoir accès, il fallait passer devant une guérite vitrée occupée par un gardien. Je devais lui faire un signe des doigts, indiquant le numéro du poste sur lequel je m'adresserais aux détenus. Il était convenu qu'il me laissait passer et il transmettait l'information aux trois blocs.

Un soir, le gardien de faction a fait semblant de ne pas me voir. Il était occupé à verser de l'eau dans sa cafetière, mais je savais fort bien qu'il m'avait vu. Tout à coup, il s'est retourné vers moi et m'a regardé. J'en ai profité pour lui adresser le signe conventionnel avec quatre doigts levés. Sans doute fâché, ou ennuyé par ma présence, il a lancé le contenu de la cafetière dans ma direction. Avait-il oublié qu'il y avait une vitre? Je l'ignore, mais la scène était drôle, avec toute cette eau qui dégoulinait à l'intérieur de la cabine. Un autre gardien a surgi et m'a demandé: «Qu'est-ce qu'il a fait là?» Je lui ai répondu: «Il est en train de laver ses vitres», sachant fort bien qu'il pouvait m'entendre. Le gardien qui venait d'arriver s'est mis à rire et moi aussi, pendant que l'autre était en «tabarnouche» de voir qu'on riait de lui. J'ai ajouté: «Pis à part de ça, il ne veut pas dire aux autres que j'ai un message à faire au canal quatre, mais il prend le temps de laver ses vitres, par exemple...» Plutôt que de l'insulter et de lui dire des bêtises, une réaction à laquelle il s'attendait sans doute, j'avais ridiculisé son geste impunément, ce qui l'avait vraiment fait sortir de ses gonds.

Ce gardien était reconnu comme un «anti-détenu», qui cherchait toujours la bête noire. Il avait vécu une émeute en 1981 et il en avait été affecté, mais nous étions alors en 1990 et il en voulait encore à tous les détenus, dont une minorité seulement avait aussi vécu cette émeute.

J'ai eu des difficultés avec un autre gardien, qui m'avait déjà dit, d'un air provocateur: «Toi, un jour, tu vas avoir un rapport», c'est-à-dire qu'il allait déposer une plainte contre moi, simplement pour le plaisir de me causer du tort. Je lui avais répondu: «Voyons donc, le grand, arrête ça et fatigue-moi pas avec ça! Va jouer dans ta cour avec ta pelle et ta chaudière dans ton carré de sable...» Cette remarque n'avait fait que le mettre un peu plus en colère contre moi. Comme j'assumais différentes tâches, je n'avais pas besoin de laissez-passer pour aller un peu partout à l'intérieur de la prison. Un jour, je portais des papiers à la cantine dans un gros sac vert et je me suis retrouvé devant le garde en question, à la porte de la cantine. Il m'a dit: «Hey, Perron, montre-moi ta passe.» Je lui ai rétorqué: «Tu veux rire, voyons donc, tu sais bien que je n'en ai pas besoin.» Il était environ 14 h 55, soit l'heure où nous finissions normalement de travailler. J'ai passé outre à la demande du garde, profitant de ce que la porte de la cantine venait de s'ouvrir pour y pénétrer avec mon sac. Le garde n'a rien dit ni tenté quoi que ce soit pour m'en empêcher. Quelques jours plus tard, j'ai reçu un rapport à ma cellule, indiquant que j'avais désobéi à un ordre. J'ai décidé de contester ce rapport. On a entendu ma plainte, puis on m'a dit que le rapport allait être mis «sur la glace». J'ai dit à l'officier: «Vous voulez vraiment que j'aie une mauvaise note à mon dossier, n'est-ce pas? Parce que c'est un gardien, vous le protégez et vous ne pouvez pas admettre que c'est un imbécile qui cherche des poux? D'accord, donnez-lui raison, à ce gros bébé-là, et il va pouvoir ensuite se vanter de m'avoir eu, d'avoir réussi à me coller un rapport...» Les autorités ont finalement décidé de ne pas sévir à mon endroit, mais ils ont laissé le rapport dans mon dossier avec une note indiquant que je n'avais pas été pénalisé. Évidemment, le gardien s'est vanté durant quelques jours d'avoir déposé une plainte contre moi, mais l'histoire n'est pas allée plus loin, et je l'ai ignoré durant tout le reste de mon incarcération.

De tels incidents pouvaient prendre une tournure beaucoup plus dramatique avec des détenus prompts à réagir et qui ne supportent pas que certains gardes osent même leur adresser la parole. Et il était clair que certains gardes mesquins n'avaient en tête que d'envoyer tel ou tel détenu au «trou», c'est-à-dire en isolement, ou de lui attirer des problèmes.

Il arrivait environ deux fois par année que les gardes procèdent à de grandes fouilles dans toutes les cellules. La mienne n'a jamais fait l'objet d'une fouille exhaustive, mais je me suis aperçu à quelques reprises qu'elle avait été visitée à mon insu, durant mon absence. Lors des fouilles, les gardiens trouvaient parfois des clés, des ustensiles ou de la drogue, bref des choses qui ne devaient pas se trouver là. Bien sûr, il y a de la drogue à l'intérieur des murs. Je n'ai jamais su comment elle entrait, mais il est sûr qu'on en laisse passer sachant que ça calme les gars. Il y a aussi de l'alcool, produit par des détenus. Ils appellent ça de la «broue»! Cet alcool est fabriqué avec de la pâte de tomate ou avec des épluchures de pommes de terre. Pour y avoir goûté à quelques occasions, je dois reconnaître que la qualité du produit est très surprenante!

La vie en prison donne lieu à des bagarres entre détenus, le plus souvent causées par des dettes non remboursées. L'endroit de prédilection pour ces bagarres se situait à la sortie du gymnase. Les détenus formaient un cercle autour des deux combattants, qui engageaient la lutte. Comme les gardiens ne côtoient pas les détenus de près dans une prison à sécurité maximum, il y avait toujours un certain délai avant qu'ils n'interviennent. Ils s'adressaient aux belligérants d'abord par interphone, les enjoignant de mettre fin au combat puis, si la situation ne changeait pas, ils tiraient des coups de feu! Comme dans un western! C'était impressionnant, mais aussi apeurant. J'ai déjà aperçu des traces de balles dans le plafond du gymnase!

Heureusement, personne n'a jamais cherché à se battre avec moi. À la blague, j'avais même dit à certains détenus que le plus faible d'entre eux n'aurait aucune difficulté à me plier et à me faire entrer dans une poubelle... Je n'ai pas non plus été agressé sexuellement et je n'ai jamais eu de relation homosexuelle, pas plus que je n'ai été témoin de scènes de ce genre. Mais c'est comme partout ailleurs. Des détenus ont leur «serin» et j'ai connu deux couples qui savaient trouver de bons endroits pour se satisfaire mutuellement.

Contrairement à ce que certains peuvent croire, les douches des prisons ne sont pas des bordels déguisés. Les détenus entrent dans la salle de douche par groupe de trois. Pendant que deux prennent leur douche (il n'y a que deux douches), le troisième se fait la barbe. Aussitôt que l'un des trois a terminé et qu'il est prêt à sortir, il prévient le garde de l'aile qu'il réintègre sa cellule et la porte d'une autre cellule s'ouvre pour permettre à un autre détenu d'aller prendre sa douche. Nous pouvions prendre une douche tous les soirs, il suffisait d'afficher un papier dans la porte de notre cellule pour indiquer notre intention.

Si le plus gros de mon temps en prison était consacré à mes différents emplois, je tentais aussi de me divertir en profitant des activités offertes aux détenus. Il y avait entre autres des appareils de musculation au gymnase, des jeux de badminton et de ping-pong. À l'extérieur, il y avait un mini-golf, un tennis et un terrain de balle-molle. Nous pouvions aussi jouer au hockey durant l'hiver. J'ai joué au tennis, aux fers et au mini-golf, une activité que j'ai particulièrement appréciée. J'ai aussi joué à la balle-molle et j'ai participé à deux parties de hockey dans «la ligue des vieux»… J'avais quarante-neuf ans lorsque je suis entré en prison, mais j'étais loin d'être le plus âgé des détenus.

Cette expérience m'a fait prendre conscience de la dureté de la vie carcérale. Une personne incarcérée durant plusieurs années ne peut faire autrement que de subir des effets psychologiques dus à la privation de liberté physique, à la routine monotone et aux règles particulières qui sévissent dans ce lieu clos. Ces séquelles psychologiques compliquent d'autant la réhabilitation lors du retour dans la société. Chose certaine, les autorités font peu d'efforts, à l'intérieur des murs, pour préparer les détenus à ce retour à la réalité. Pour ce qui concerne ma réhabilitation, une chose était claire: j'étais innocent, j'étais en prison par erreur. J'aurais certainement à me réadapter à la vie en société, mais je n'étais pas un criminel qui doit se convaincre qu'il ne doit plus récidiver.

En toute logique, je ne pouvais admettre que j'allais passer vingt-cinq ans de ma vie derrière ces murs.

Chapitre 23

La secrétaire de la polyclinique enfin retrouvée

Pendant que je vivais l'expérience éprouvante de la prison, mes avocats continuaient de piloter ma cause dans le but de trouver de nouveaux éléments susceptibles de m'innocenter. Me Rock et Me Dury ont d'abord cherché à retracer la secrétaire qui se trouvait à l'urgence de la polyclinique le soir du 15 décembre 1987 et qui n'avait pas été interrogée par la police. Le hic, c'était que Francine Arès n'y travaillait plus depuis belle lurette et qu'elle semblait s'être volatisée. Mes avocats étaient convaincus qu'elle avait un point de vue différent des témoignages entendus au cours du procès. Mais encore fallait-il la retrouver!

En fait, mes avocats faisaient la chasse aux témoins, accomplissant le travail que les policiers auraient dû effectuer deux ans plus tôt...

Quelques jours avant la fin de l'année 1989, Me Daniel Rock a été interviewé sur les ondes de CKAC au sujet de mon procès. Il en a profité pour mentionner qu'il était à la recherche d'une femme dont le nom était Francine Arès, employée à la polyclinique Concorde le soir du meurtre. Cet appel public a porté fruit, puisque Francine Arès s'est manifestée peu après.

Voici le texte intégral de la déclaration assermentée de Francine Arès-Pelletier, qui relate bien le fil des événements.

Déclaration assermentée par Mᵉ Pierre Quesnel, commissaire à l'assermentation pour le district de Montréal

*Je, soussignée, **FRANCINE ARÈS**, domiciliée et résidante à Longueuil, district de Longueuil, déclare et dis:*

Vendredi le 12 janvier 1990, j'ai reçu un appel d'une amie qui me dit que les avocats de M. Gilles Perron me recherchaient. Dans la même soirée du 12 janvier, je me suis rendue chez mon frère, je lui ai expliqué que les avocats de M. Perron me cherchaient pour témoigner. Lui m'a dit: «Je peux t'arranger ça», car il travaillait avec le beau-frère de Mᵉ Daniel Rock. Mon frère a communiqué avec le beau-frère en lui laissant mon numéro de téléphone ainsi que le sien. Là, Mᵉ Daniel Rock m'a téléphoné à mon domicile.

Lundi le 13 janvier 1990, j'ai reçu la visite de Mᵉ Daniel Rock avec une consœur à mon domicile pour obtenir ma version des faits du 15 décembre 1987.

Ce soir-là, j'ai mentionné qu'une femme est entrée en toute hâte dans la salle d'urgence un peu après l'heure du souper. Elle demandait un médecin car un accident était arrivé tout près de la clinique. L'infirmière Nicole Villeneuve lui a répondu que c'était arrivé à l'extérieur de la clinique, donc cela ne faisait pas partie de la clinique, et d'appeler Télé-Médic. La femme lui répondit que c'était Michelle. Nicole Villeneuve reprit Michelle? La femme répéta Michelle Perron, celle qui travaille...

Je crois me souvenir que Nicole serait allée voir et serait revenue chercher l'aide du docteur Vanier. Peu de temps après, je me dirigeais dans le corridor vers la sortie ouest de l'établissement pour voir ce qui se passait, lorsque l'infirmière Nicole Villeneuve me demanda d'amener M. Perron, vêtu d'un manteau long foncé et d'un chapeau, dans une salle de consultation car sa femme venait d'avoir un accident, et de ne pas laisser sortir M. Perron. Nicole me laissa le sac à main de Michelle. J'ai fait entrer M. Perron dans la salle 1 (tout près de l'endroit où je travaille).

Je me souviens que Nicole Villeneuve soutenait M. Perron lorsqu'elle me le confia dans le corridor. Je ne me souviens pas exactement si c'est à ce moment-là que Nicole profita de prendre un manteau et ses bottes, mais je me souviens qu'elle était revenue pour en chercher un (pas certaine pour le docteur Vanier).

Lorsque j'ai fait entrer M. Perron dans la salle, il pleurait et disait: «Michelle, Michelle, c'est pas vrai, c'est pas vrai.» J'ai essayé de le rassurer en lui disant que tout irait pour le mieux car il y avait auprès d'elle un médecin.

Lorsque M. Perron sortit de la salle 1 pour se diriger dans le corridor, je le rattrapai dans le corridor et lui demandai de revenir dans la salle 1, et il m'a dit: «Je veux voir Michelle.» Je lui demandai de revenir en salle 1, ce qu'il fit. Je continuais mon travail, je ne me souviens plus du temps qui s'est écoulé lorsque M. Perron se dirigea dans le corridor. Je lui demandai de revenir dans la salle 1, et il me dit qu'il voulait fumer une cigarette, et lui répondis de revenir en salle 1 et qu'il pourrait y fumer sa cigarette. Il sortit deux fois pour me demander si j'avais eu des nouvelles de sa femme.

Durant la soirée, mais je ne peux me souvenir, un policier est venu me demander dans quelle salle se trouvait M. Perron. Encore un peu plus tard, les policiers revenaient et amenèrent M. Perron dans la salle 5. Et les policiers demandaient la version au docteur et à l'infirmière. Je crois me souvenir que le docteur Vanier lui aurait donné un tranquillisant à M. Perron avant que celui-ci quitte la clinique en compagnie des policiers.

C'est à peu près la version que j'ai donnée à Me Daniel Rock lors de sa visite au domicile. Mais je lui avais caché que M. Perron avait du sang sur les mains de peur d'être obligée d'aller témoigner à la cour, pour ne pas avoir de problème.

Jeudi le 18 janvier 1990, j'ai rappelé Me Rock pour lui mentionner que j'avais caché un détail, que quand j'ai aperçu M. Perron, il avait du sang sur les mains, et je lui ai dit qu'il avait tout dans la salle pour se laver les mains, et je refermai la porte de la salle 1, et reprenais mon travail (enregistrement des patients et répondre au téléphone).

Me Rock m'a donné rendez-vous à son bureau le jeudi 18 janvier 1990 pour faire une déposition sous serment. J'ai contacté Me Marcoux qui m'a référée à Me Ménard. J'ai laissé un message à la secrétaire de Me Ménard pour qu'il me rappelle.

Vendredi après-midi, j'ai communiqué avec la secrétaire de Me Ménard afin de savoir si mon message avait été fait. Alors j'ai pu parler avec Me Ménard au téléphone. Je lui ai expliqué l'histoire pour qu'il puisse me conseiller afin de savoir si c'était la bonne personne (avocat de la défense) que j'avais contactée.

Alors il m'a rassurée en me disant que j'ai été témoin et que la seule chose qu'il me demandait, c'était de donner ma version de l'histoire. Alors j'ai essayé de rejoindre Me Rock mais on ne se rejoignait pas. On a

pu se rejoindre samedi le 20 janvier 1990, puis on a pris rendez-vous
pour dimanche le 21 janvier 1990 afin de donner ma version de l'histoire.
Et j'ai signé:
Francine Arès.

Mes procureurs se réjouissaient: non seulement avaient-ils réussi à trouver ce témoin, mais en plus, elle confirmait que j'avais du sang sur les mains lorsque j'étais entré dans la polyclinique.

La suite était simple: mes avocats devaient déposer une requête à la cour d'appel afin de faire entendre Francine Arès-Pelletier comme nouveau témoin.

La police a eu vent du résultat fructueux de nos recherches, puisqu'un affidavit avait été produit et qu'elle avait pu en prendre connaissance (un affidavit est une déclaration assermentée d'un témoin qui peut être utilisée devant les tribunaux, ou qui peut convaincre un ou des juges que cette personne a des choses importantes à dire devant la cour).

À cette nouvelle, les compères Poulin et Lamarche sont d'abord allés rencontrer une dame du nom de De Bonis, chez elle, afin de lui poser des questions sur Francine Arès. Leur intention était d'obtenir un affidavit discréditant Francine Arès comme témoin. Les policiers ont discuté avec cette dame, soi-disant une amie de Francine Arès, puis ils lui ont demandé la permission de mettre son téléphone sur écoute électronique. Madame De Bonis a acquiescé à leur requête, et elle s'est empressée de téléphoner à Francine Arès, qui était absente.

Après quelques heures d'attente et de nouveaux essais, les policiers se sont lassés, mais ils ont tout de même laissé le téléphone de madame De Bonis sur écoute électronique. Si elle parvenait à parler à Francine Arès, elle devait communiquer aussitôt avec eux. Madame De Bonis n'a jamais pu parler à Francine Arès.

Le 24 janvier 1990, les deux policiers se sont rendus chez Francine Arès, où ils ont discuté de l'affidavit qu'elle avait signé à la demande de Me Rock. L'un des deux portait sur lui un *body-pack*, appareil qui permet d'enregistrer des conversations à l'insu de l'interlocuteur. L'entretien a donc été enregistré, mais jamais Francine Arès n'en a été informée.

Évidemment, nous n'avons appris ces démarches que bien plus tard. Au second procès, les policiers ont expliqué qu'ils avaient enregistré l'entretien avec Francine Arès «*pour se protéger*»… Se protéger de quoi? Se protéger contre un témoin? La transcription de l'enregistrement révèle que les policiers ont tenté d'ébranler les certitudes de Francine Arès et, ainsi, de discréditer son témoignage. Francine Arès était d'ailleurs un témoin nerveux, craintif et impressionnable. Elle était de bonne foi lors de la visite des policiers et ne se doutait certainement pas qu'on cherchait à la piéger.

Jean-Claude Poulin et Fernand Lamarche s'étaient présentés chez elle en lui disant qu'ils étaient là simplement pour «*juste des p'tites questions qu'on a à vous poser*». En fait de questions, il a eu bon nombre de remarques intimidantes, comme celle-ci lancée par le policier Poulin: «*… Quand j'vous dis là, je crois, parce que moi je, j'comprends une personne qui dit je crois, c'est parce qu'elle est pas tout à fait sûre, tsé?*» Ou encore: «*Tsé, vous connaissez l'importance de jurer sur une Bible?*» Voici d'ailleurs un extrait plus détaillé de la conversation.

Jean-Claude Poulin: «*Il pleurait, il disait: "Michelle, Michelle…", il pleurait à chaudes larmes. De quelle façon il pleurait?*»

Francine Arès: «*J'ai pas fait attention à la manière qu'il pleurait mais, semble pour un gars qui venait d'avoir un choc, la manière que je l'ai vu, je vais vous dire de quoi…*»

Jean-Claude Poulin: «*Écoutez, on va essayer de déterminer la façon qu'il pleurait. Vous dites pleurer… Pour vous, pleurer, c'est quoi là? C'est-tu…*»

Francine Arès: «*C'est pas "euh, euh…", là, mais il avait des larmes là.*»

Jean-Claude Poulin: «*Il avait des larmes au coin des yeux, quoi?*»

Francine Arès: «*Ah oui, oui, oui.*»

Jean-Claude Poulin: «*Y'émettait-tu des sons?*»

Francine Arès: «*Ah mon doux!*»

Jean-Claude Poulin: «*Les épaules y sautaient-tu?*»

Francine Arès: «*Comme je vous ai dit, moi, je regarde les pieds.*»

Jean-Claude Poulin: «*Ben oui, mais vous me mettez des larmes dans les yeux, là…*»

Francine Arès: «*Eh, eh…*»

Fernand Lamarche: «*Pis il y en a qui pleurent en silence, y en a qu'on les enterre, sont très démonstratifs, ils sont très démonstratifs,*» *ils ont des gros sanglots, des gros soupirs. Naturellement, ça fait deux ans passés, si il y a des choses que vous vous rappelez, vous le dites. Quand vous parlez c'est des pleurs, là, qu'est-ce qui vous fait dire des pleurs?»*

Francine Arès: *«Je me souviens juste qu'il pleurait, j'ai vu des larmes quand même sur les joues. Il disait "Michelle, Michelle"… Non, il disait: "Michelle, Michelle, c'est pas vrai."»*

Jean-Claude Poulin: *«Je vais vous demander une question, là: c'était-tu des larmes? Vous savez qu'à l'extérieur, il faisait une tempête…»*

Francine Arès: *«Oui, oui, oui.»*

Jean-Claude Poulin: *«C'aurait-tu pu être des gouttes d'eau?»*

Francine Arès: *«Non, non, ah non.»*

Jean-Claude Poulin: *«De quelle façon vous pouvez déterminer, là, avec certitude, que c'est des larmes, parce que vous me dites, là comme ça, vous dites que vous regardez les pieds, ben des pieds, ça pleure pas, ça…»*

Francine Arès: *«Ben quand ça part du coin des yeux, là, pis ça tombe sur les joues, là…»*

Jean-Claude Poulin: *«Est-ce que vous les voyez couler?»*

Francine Arès: *«Oui. De là à dire si c'est des sanglots, pis des ci, des ça, je suis pas tellement bonne.»*

Jean-Claude Poulin: *«Il pleurait pas, là, avec des éclats de voix, ou vous entendiez pas de voix là-dedans? C'étaient des larmes qui coulaient de ses yeux?»*

Francine Arès: *«Je peux pas vous dire, c'est pas clair. Je sais qu'il pleurait, mais m'a essayer de me souvenir si c'était à gros sanglots ou juste comme si on a de la peine…»*

Jean-Claude Poulin: *«Pis à ce moment-là, quand vous avez vu ses larmes, là, y était toujours habillé avec son manteau et son chapeau?»*

Francine Arès: *«Oui.»*

Jean-Claude Poulin: *«Il a fallu que vous regardiez en dessous de la palette un peu…»*

Francine Arès: *«Non, mais quand même, y a pas eu…»*

Jean-Claude Poulin: *«Non, donc, non, un chapeau, ça arrive habituellement, là, à la hauteur des sourcils, hein? Il a fallu que vous regardiez le visage un p'tit peu…»*

Francine Arès: *«Ben ça… je peux pas dire que j'ai pas regardé le visage.»*

Jean-Claude Poulin: «*C'est important madame Arès, ce que je vous demande là...*»

Francine Arès: «*Ah oui, oui je le sais, c'est important. Mais je me souviens bien, j'ai vu des larmes.*»

Jean-Claude Poulin: «*Vous savez, y en va de votre crédibilité, hein? C'est pour ça qu'on essaie...*»

C'est ce qu'on peut appeler de l'insistance pour semer le doute. Les policiers ne s'y seraient pas pris autrement pour faire dire à Francine Arès que je faisais semblant de pleurer et que mes larmes n'étaient pas réelles...

Poursuivons avec un autre extrait de cet interrogatoire, portant sur la fameuse question du sang sur mes mains.

Francine Arès: «*Du sang, j'vas essayer de vous expliquer à peu près qu'est-ce qui pouvait avoir comme sang sur les mains.*»

Jean-Claude Poulin: «*O.K.*»

Francine Arès: «*Quand quelqu'un va tomber, o.k., y va s'cogner la tête...*»

Jean-Claude Poulin: «*Oui.*»

Francine Arès: «*On va être porté soit à essayer d'y relever la tête?*»

Jean-Claude Poulin: «*Oui.*»

Francine Arès: «*Fait que c'est à peu près le sang qu'y avait. Y avait pas de quoi là d'énorme sur ses mains, là.*»

Jean-Claude Poulin: «*C'était-tu à l'intérieur de sa main ou à l'extérieur de sa main? Vous comprenez: la paume ou ben l'dessus d'la main?*»

Francine Arès: «*Y en avait un peu à l'intérieur.*»

Jean-Claude Poulin: «*Sur les doigts?*»

Francine Arès: «*Dans la main, là, y en avait un peu, pis icitte, ça montait pas haut.*»

Jean-Claude Poulin: «*Y en avait su l'dessus de la main aussi?*»

Francine Arès: «*Contre les doigts.*»

Jean-Claude Poulin: «*Si j'vous r'garde faire, là, vous indiquez votre main gauche...*»

Francine Arès: «*C'est parce que, c'est parce que...*»

Jean-Claude Poulin: «*Su quelle main qu'y n'avait?*»

Francine Arès: «*Sur les deux.*»

Jean-Claude Poulin: «*Y en avait sur les deux mains?*»

Francine Arès: «*Mmm...*»

Jean-Claude Poulin: «*À l'intérieur et à l'extérieur?*»

Francine Arès: «*Oui.*»

Jean-Claude Poulin: «*Donc, si vous avez vu ça, vous êtes sûre qu'y avait pas de gant?*»

Francine Arès: «*Certain.*»

Jean-Claude Poulin: «*Sûr, sûr qu'y avait pas de gant, pis y en avait su l'dessus de la main?*»

Francine Arès: «*Pas beaucoup, ça montait pas haut su l'dessus de la main.*»

Plus loin au cours de la conversation, Jean-Claude Poulin devait demander à Francine Arès: «*Madame Arès, aujourd'hui, là, deux ans après, si j'vous posais une autre question? Est-ce que c'est possible que qu'on peut confondre ce cas-là avec le cas d'un autre patient?*» Francine Arès a affirmé catégoriquement: «*Monsieur Perron s'est lavé les mains devant moi.*» La tentative d'intimidation ne s'en poursuivait pas moins.

Jean-Claude Poulin: «*Comment, comment vous avez fait pour déterminer que c'était du sang qui avait sé mains?*»

Francine Arès: «*Ben, ça avait ben l'air du sang...*»

Jean-Claude Poulin: «*Parce que c'est sûrement une question qu'on va vous poser, hein?*»

Francine Arès: «*Ben, j'imagine, hein?*»

Jean-Claude Poulin: «*Parce que, tsé moé, j'voé l'verre qui est bleu, là, mais chus capable de dire que le bleu, là, je l'associe à bleu parce qu'on m'a élevé à dire que c'était du bleu...*»

Francine Arès: «*Mmm...*»

Jean-Claude Poulin: «*Mais si on m'avait élevé à dire que c'est du rouge, peut-être que j'dirais que c'est rouge...*»

Francine Arès: «*Mmm...*»

Jean-Claude Poulin: «*Mais aujourd'hui, ben j'sais pourquoi j'dis bleu.*»

Francine Arès: «*Mmm...*»

Jean-Claude Poulin: «*Hein?*»

Fernand Lamarche: «*Mais dans deux ans, je pourrais pas vous dire...*»

Jean-Claude Poulin: «*Mais, eh, c'est pour ça que c'est important, là, c'te point-là, le sang, parce que si vous avec r'gardé là, le battage qu'on fait aux alentours de vous...*»

Francine Arès: «*Mmm...*»

Jean-Claude Poulin: «*C'est qu'on dit du sang sur les mains, donc, attendez-vous à ce que ça soit probablement un point à déterminer, là, un point spécifique à déterminer. Écoutez, si vous vous en rappelez pas, hé, y a pas d'honte à dire qu'on s'rappelle pas, vous savez...*»

Francine Arès: «*Non, non, le sang, je m'en souviens ben, j'l'ai ben vu l'sang... Ben c'était pâle, y en avait pas beaucoup et pis y en avait pas là, j'veux dire en montant. J'en ai vu seulement sur les mains. Sur ses vêtements, y avait pas l'air à en avoir pantoute.*»

La cour d'appel a refusé d'entendre le témoignage de Francine Arès, s'appuyant sur l'affidavit de la dame De Bonis, et sur un autre affidavit, celui-là en provenance de Jean-Claude Poulin. Dans cette déclaration sous serment préparée avec l'aide de Me Berthiaume, le policier disait n'accorder aucune crédibilité aux propos de Francine Arès.

La Couronne a aussi révélé que la défense connaissait l'existence de cette personne, donc qu'il ne s'agissait pas d'un nouveau témoin.

Le juge a conclu que Francine Arès ne semblait pas fiable, et que les procureurs de la défense auraient dû la trouver plus tôt.

Ce refus ne mettait cependant pas fin à tout espoir, puisque deux autres témoins s'apprêtaient à entrer en scène, Hortense Jacob et sa fille Nathalie.

Chapitre 24

Deux nouveaux témoins

Peu de temps après ma condamnation en décembre 1989, une dame a téléphoné au bureau de mes avocats. Elle a refusé de se nommer et de donner son numéro de téléphone, se contentant de confier à la secrétaire qu'elle habitait tout près de la polyclinique et que sa fille avait vu quelque chose de bizarre le soir du 15 décembre 1987.

Mes avocats recevaient énormément d'appels de ce genre. Ils ont même reçu des lettres de voyants, qui affirmaient «voir» ce qui s'était vraiment passé le soir du 15 décembre 1987. Jusqu'à l'appel de la dame mystérieuse, aucune lettre, aucun téléphone n'avait permis de découvrir un fait nouveau ou de révéler un nouveau témoin.

La dame a téléphoné de nouveau, mais ni Jean Dury ni Daniel Rock n'étaient présents ce jour-là. Elle a rappelé encore et a pu s'entretenir avec Me Anne-Marie Lanctôt.

Elle lui a raconté brièvement que sa fille était allée faire une course au dépanneur Provisoir le soir du 15 décembre 1987, et qu'elle avait vu des individus louches dans le stationnement situé à l'arrière du dépanneur, là où l'automobile de Michelle était garée. Encore une fois, la dame a refusé de s'identifier et de donner son numéro de téléphone.

Quand elle a rappelé quelques jours plus tard, Me Rock se trouvait à son bureau et a pu enfin lui parler. Il s'est vite rendu compte qu'elle était craintive et qu'il ne fallait pas la brusquer. Il importait plutôt de garder le contact avec elle et de gagner sa confiance.

Plusieurs semaines plus tard, Daniel Rock lui a demandé s'il pouvait la rencontrer, en compagnie de sa fille. La dame a répondu qu'elle allait y réfléchir. Ce n'est qu'à la fin de l'année scolaire de sa fille qu'elle a finalement consenti à l'entretien.

La rencontre eut lieu. La dame s'appelait Hortense Jacob, et sa fille, Nathalie Jacob. Elles ont été assermentées, et leurs témoignages ont été enregistrés. Daniel Rock a pu ainsi préparer deux affidavits, que Madame Jacob et sa fille ont approuvés et signés. Muni de ces papiers, il a présenté une nouvelle requête à la cour d'appel en juillet 1990, afin d'obtenir l'audition de ces deux témoins.

Cette fois, mon avocat n'avait absolument pas envie que le policier Poulin et ses acolytes se précipitent chez cette dame pour l'intimider et faire invalider son témoignage. Ces faits se déroulaient d'ailleurs quelques jours après que la Commission de police du Québec eut décidé d'ouvrir une enquête sur le travail des policiers Poulin et Lafleur, à la demande de mes avocats.

En fait, notre requête à ce comité remontait au 6 novembre 1989. Mes avocats avaient soulevé sept points qui, selon eux, pouvaient justifier une enquête en déontologie policière. La Commission en avait retenu deux. Voici un extrait de la décision de la Commission:

> *Sixième allégation: que les policiers, après avoir saisi le véhicule dans lequel le meurtre fut commis, ont disposé rapidement de celui-ci, «sans qu'il y ait urgence...», compromettant par ce fait le succès de l'enquête policière sur le meurtre:*
>
> *Afin de s'assurer qu'il existe des raisons suffisantes de tenir une enquête publique sur ce sujet, la Commission de police du Québec a fait vérifier, par l'un de ses enquêteurs, cette allégation de monsieur Gilles Perron.*
>
> *Le Commissaire à la déontologie policière, conformément au pouvoir que lui confère l'article 258 de la Loi sur l'organisation policière, a procédé à l'analyse des renseignements recueillis par cet enquêteur.*
>
> CONSIDÉRANT QU'il ressort de l'analyse des renseignements recueillis que monsieur Gilles Perron a donné des raisons suffisantes à l'appui de sa demande d'enquête sur ce sujet;

CONSIDÉRANT QUE cette enquête devrait porter sur la conduite du sergent-détective Jean-Claude Poulin, membre du corps de police de la ville de Laval, en ce qui concerne ce sujet.

Septième allégation: bien que madame Francine Arès, réceptionniste à la polyclinique médicale Concorde à Laval, le soir du meurtre, fut témoin de certains faits, semble-t-il, les policiers ont ignoré son existence lorsqu'ils ont effectué leur enquête relativement aux personnes se trouvant sur les lieux de la polyclinique le soir du 15 décembre 1987, compromettant par ce fait le succès de l'enquête policière sur le meurtre:

CONSIDÉRANT QUE cette enquête devrait porter sur la conduite des membres du corps de police de la ville de Laval dont les noms suivent, en ce qui concerne ce sujet:
le lieutenant-détective Richard Millette
le lieutenant Gérard Boivin
le lieutenant Louis Beshara
le sergent-détective Fernand Lamarche
le sergent-détective Jean-Claude Poulin
l'agent Nathalie Bédard
l'agent Claude Benoit
l'agent Mario Champagne
l'agent Paul Dakkat

PAR CES MOTIFS, le Commissaire à la déontologie policière décide de faire tenir par le Comité de déontologie policière une enquête sur la conduite du sergent-détective Jean-Claude Poulin du corps de police de la ville de Laval, à l'occasion de l'enquête policière ou en rapport avec elle, effectuée relativement au véhicule de madame Michelle Perron. Également sur la conduite du lieutenant-détective Richard Millette, des lieutenants Gérald Boivin et Louis Beshara, des sergents-détectives Fernand Lamarche et Jean-Claude Poulin, et des agents Nathalie Bédard, Claude Benoit, Mario Champagne, et Paul Dakkat, tous membres du corps de police de la ville de Laval, à l'occasion de l'enquête policière ou en rapport avec elle, effectuée relativement aux personnes se trouvant sur les lieux de la Polyclinique médicale Concorde à Laval, le soir du 15 décembre 1987.

Le Commissaire
Me Fernand Côté, avocat

Au moment de la rédaction de ce livre, les conclusions de l'enquête en déontologie policière n'étaient pas encore connues.

Revenons maintenant aux témoins Jacob. Me Rock a présenté sa requête sans donner les noms des témoins, mais la cour d'appel a exigé qu'il le fasse. Elle a aussi jugé que les affidavits, c'est-à-dire les déclarations assermentées produites par mon avocat, justifiaient l'audition de ces deux nouveaux témoins. À la fin de l'année 1990, Hortense Jacob et sa fille Nathalie ont donc été entendues devant le juge en chef de la cour d'appel.

Au moment de son témoignage, Nathalie Jacob avait vingt-trois ans, et elle était étudiante. Elle habitait avec sa mère non loin du Provisoir du boulevard De la Concorde, tout près de la polyclinique.

Le soir du 15 décembre 1987, Hortense Jacob regardait le téléjournal de 18 h à Radio-Canada, confortablement installée au sous-sol de sa demeure. «*Vingt minutes après le début des nouvelles,* a-t-elle raconté, *j'ai eu une discussion en bas parce qu'il faisait plus ou moins beau, ma fille voulait aller au Provisoir. Je n'ai pas contesté, j'étais pas contente, par contre. Alors je l'ai laissée aller quand même.*» Il faut préciser que Nathalie Jacob voulait se rendre au Provisoir en automobile. Elle a donc emprunté le véhicule de sa mère, et elle est sortie.

Nathalie Jacob a révélé qu'elle avait fait un achat au Provisoir, puis qu'en sortant du magasin, elle avait vu une automobile passer en vitesse sur la rue Des Alouettes, en face d'elle. «*Il a tourné sur la rue. J'ai vu la grosse voiture foncée s'en aller vers la fin du stationnement. Deux personnes en sont descendues, ils ont laissé les portes ouvertes, ils se sont cachés derrière une petite voiture.*»

De retour à la maison, elle s'est empressée de raconter l'incident à sa mère. Celle-ci a rapporté: «*Les nouvelles du sport débutent et j'entends la porte du garage. Ma fille rentre et, tu ne sais pas, heureusement que j'ai pris l'auto car je suis revenue, j'ai vu deux types me couper à toute vitesse pour entrer dans le stationnement de la polyclinique. J'ai ralenti, regardé, appliqué les freins. Ils sont partis en courant se cacher à côté... Alors à ce moment-là, je cherche le numéro du Provisoir, car je pensais qu'il était pour y avoir un hold-up au Provisoir, justement. Je ne trouve pas le numéro du Provisoir. Je cherche le numéro. Huit à dix minutes plus tard, je vois jusqu'à la lumière de la rue de la Concorde: je vois rien. Je redescends car ma fille avait l'air nerveuse, puis je lui dis d'oublier ça.*

«Le lendemain, je me lève à sept heures, j'ouvre la radio aux nouvelles: on entend: "Meurtre à Laval", au 3 000 Place de la Concorde. Je déjeune avec ma tasse de café, je lis La Presse*: pas d'information sur le 3 000 Place Concorde. J'ai pas aimé ça. Quand Nathalie est revenue de l'université, je lui ai dit: "Ce n'est pas un hold-up, c'est un meurtre, il y a eu un meurtre." Le monde a dit la police sait qui l'a tuée, puisqu'elle dit qu'elle est allée dans un endroit public et à cet endroit, elle a entendu du monde parler, puis dire que la police savait qui l'avait tuée.»*

Voilà, en substance, ce que madame Jacob et sa fille Nathalie avaient à révéler. Madame Jacob devait ajouter que lorsque sa fille était revenue du Provisoir, elle l'avait trouvée inquiète. Après son récit, elle s'était elle aussi laissé gagner par l'inquiétude. Madame Jacob a de plus confié qu'après avoir cherché le numéro de téléphone du Provisoir dans l'annuaire, elle avait regardé sa montre et constaté qu'il était 19 h.

Après avoir pris connaissance de ces témoignages, les trois juges n'ont pu faire autrement que d'ordonner la tenue d'un nouveau procès. Les témoignages leur ont paru suffisants pour conclure que cela aurait pu changer l'issue du premier procès.

J'étais «fou comme un balai» lorsque j'ai appris cette décision. Après un peu plus de deux ans en prison, voilà que j'avais droit à un second procès qui, j'en étais convaincu, allait m'innocenter.

Chapitre 25

Le deuxième procès

Ce nouveau procès a débuté le 13 avril 1992 par le choix des jurés, devant le juge Réjean Paul. Me André Vincent avait succédé à Me Berthiaume à titre de procureur de la Couronne. Selon la version «officielle», Me Berthiaume avait recommandé de porter en appel à la Cour suprême du Canada le jugement qui ordonnait la tenue d'un second procès; les autorités concernées ayant refusé, Me Berthiaume se serait volontairement retiré du dossier.

Si ce changement de procureur était de bon augure, il n'en a pas été de même quand le juge Réjean Paul a mentionné à mes avocats, en l'absence du jury, qu'il n'était pas certain d'admettre en preuve les témoignages des Jacob. Me Rock, par une explication très technique, est parvenu à le faire changer d'idée. Il appartiendrait au jury d'évaluer leur crédibilité.

L'un des faits saillants de ce procès est survenu d'ailleurs au cours du témoignage de madame Jacob. Le juge intervenait régulièrement auprès de ce témoin, ce qui n'est pas chose courante, semble-t-il. Moi, je trouvais ça un peu bizarre, mais je me disais que c'était sans doute normal. Le juge Paul questionnait donc Madame Jacob sur certains détails, lorsque cette dernière lui a dit: «*Vous me forcez à dire des choses que je ne voulais pas dire...*» Le juge a répliqué: «*Madame, vous devez tout dire, vous êtes à la cour.*» Madame Jacob a alors révélé que le procureur lui avait téléphoné pour lui faire des menaces! «*Quel procureur?*» a demandé le juge Paul. «*Me Berthiaume*», a-t-elle répondu.

Selon Madame Jacob, Me Berthiaume lui avait dit que sa fille devrait subir les conséquences de ce qu'elle faisait en disant ce qu'elle avait à dire. Me Berthiaume aurait aussi ajouté qu'elle allait le regretter, ou quelque chose de semblable.

D'autre part, Madame Jacob a été longuement interrogée par Me Vincent, qui tentait de la discréditer sur un détail: elle avait dit, dans sa déclaration assermentée du 4 août 1990, qu'elle avait vu dans *La Presse*, le 16 décembre, qu'il y avait eu un meurtre à Laval, au 3 000, boulevard De la Concorde (la véritable adresse de la polyclinique est en fait 300, boulevard De la Concorde). Or, il semble qu'aucun texte sur ce sujet n'avait été publié dans *La Presse* du 16 décembre. C'est dans *La Presse* du 17 décembre 1987 qu'on trouvait un texte avec le titre *Mort mystérieuse à Laval*.

L'argument de la Couronne est tombé à l'eau lorsque Madame Jacob a indiqué que, tous les matins, elle avait l'habitude de lire *La Presse* et d'écouter CKAC à la radio; elle avait donc pu se tromper. «*La première fois, j'ai raconté que j'avais vu ça dans le journal* La Presse, *mais j'ai entendu ça à la radio. C'est en revenant chez moi, le soir après l'interrogatoire à la cour, que j'ai repensé que ce n'était pas dans* La Presse *que j'avais vu ça, que c'était à la radio que j'avais entendu ça.*»

Le procureur de la Couronne a tenté de lui faire dire que c'est après avoir appris qu'il n'y avait pas d'article sur le meurtre dans *La Presse* du 16 décembre qu'elle avait changé d'idée, mais le témoin a répété à trois reprises que c'est en revenant chez elle le soir, après l'interrogatoire, qu'elle s'était souvenue qu'elle avait entendu ça d'abord à la radio, puis qu'elle l'avait lu le 17 décembre 1987 dans *La Presse*. Le juge Paul a accepté cette version, qui était tout à fait logique.

Le procureur de la Couronne a demandé à plusieurs reprises à Madame Jacob si elle avait téléphoné à Me Daniel Rock parce qu'elle avait entendu dire qu'il recherchait de nouveaux témoins. Madame Jacob a répondu chaque fois qu'elle n'était pas au courant de cette recherche. Elle avait plutôt constaté, tout au long de mon premier procès, que personne n'avait fait allusion aux deux types qui étaient arrivés en trombe dans le stationnement. Quelque temps après ma condamnation, elle avait décidé de communiquer avec Me Daniel Rock parce qu'elle avait le sentiment de détenir des informations importantes et qu'elle «*ne pouvait vivre avec ça*». Et si elle n'avait pas voulu donner son nom immédiatement, c'est parce qu'elle avait peur des deux individus que sa fille avait aperçus.

Madame Jacob a répété que sa fille était rentrée à la maison au début des nouvelles du sport, c'est-à-dire autour de 18 h 55.

***

À son tour, Nathalie Jacob est venue raconter en détail ce qu'elle savait. Pour dissiper tout doute sur sa crédibilité, elle a lancé, en réponse à une question du procureur de la Couronne: «*Je ne viendrais pas dire ici des choses dont je ne suis pas certaine.*» Certains témoins à mon premier procès n'auraient certainement pu en dire autant...

En substance, Nathalie Jacob a déclaré qu'elle s'était rendue au Provisoir en automobile le soir du 15 décembre 1987, pour aller y acheter des billets de loterie. C'est en ressortant du dépanneur qu'elle avait vu passer une automobile rapidement devant elle, sur la rue Des Alouettes. «*J'ai vu la grosse voiture foncée s'en aller vers la fin du stationnement. Deux personnes en sont descendues, ils ont laissé les portes ouvertes, ils se sont cachés derrière une petite voiture. J'ai raconté cet incident à ma mère, elle a vérifié l'annuaire pour voir si elle devait appeler au Provisoir. Elle était inquiète, elle croyait que c'était pour un hold-up, et c'est resté là pour moi. On m'en a reparlé dans les jours qui suivent, et je suis certaine que c'est le soir qu'il y a eu quelque chose, là.*»

Elle a alors présenté un croquis fort éloquent, situant l'endroit où elle avait vu le véhicule suspect aller se garer dans le stationnement parmi, selon son estimé, une dizaine d'automobiles. Cet estimé concordait avec les affirmations de la police, ce qui renforçait sa crédibilité.

***

Le témoin suivant a été Francine Arès, appelée par mon avocat. Elle a raconté à la cour ce qu'elle avait déjà révélé dans sa déclaration assermentée, notamment qu'elle avait vu du sang sur mes mains le soir du 15 décembre 1987. Ainsi se trouvait enfin accréditée ma version selon laquelle j'avais déplacé le corps de Michelle dans son automobile. Même si elle semblait très nerveuse, Francine Arès a sûrement fourni au jury un argument de poids, très vraisemblable, en faveur de mon innocence.

Plusieurs témoins du premier procès ont dû revenir à la barre, notamment l'infirmière Nicole Villeneuve. Madame Villeneuve ne se souvenait pas d'avoir dit qu'il fallait appeler Télé-Médic, lorsqu'elle avait entendu crier qu'on avait besoin d'une infirmière à l'extérieur. Elle a maintenu qu'elle avait vu une voiture arriver, des phares s'éteindre, et que j'en étais sorti. Son ton était toutefois beaucoup moins affirmatif qu'au premier procès.

Elle a raconté de nouveau qu'elle avait ramassé certains objets sur le sol, dont le sac à main de Michelle. Selon elle, il était évident que ces objets, entre autres un portefeuille en tissu, n'avaient pas été fouillés. Ils n'étaient pas mouillés, ou peut-être que oui…, mais ils n'étaient pas détrempés.

C'est tout de même curieux, car elle avait déjà affirmé avoir vu le sac à main sur le sol à son arrivée à l'automobile de Michelle, puis avoir passé cinq minutes à l'automobile avant de ramasser les objets. Or il neigeait abondamment ce soir-là! Comment les objets pouvaient-ils ne pas être mouillés? Et comment Madame Villeneuve a-t-elle pu affirmer que je n'étais pas mouillé, après tout ce qui s'était passé? Nicole Villeneuve a, d'autre part, fini par reconnaître qu'elle ne se souvenait pas si je portais un chapeau ou non, ajoutant que ce détail n'était pas important. Elle a cependant réitéré avec conviction que j'avais un gant à la main droite et qu'il était sec. Par contre, elle ne se rappelait plus quel genre de manteau je portais.

Au sujet des clés, elle ne se souvenait plus d'avoir affirmé, sous serment, que la clé de contact ne se trouvait pas sur le démarreur. Cette histoire de clés lui semblait floue maintenant, et elle n'était plus capable d'affirmer s'il y avait ou non des clés dans la voiture.

L'infirmière a persisté dans sa contradiction au sujet de l'heure à laquelle elle avait appelé l'ambulance. Elle a maintenu qu'il était 19 h 10, qu'elle avait même regardé l'heure à une horloge de la polyclinique. Or, selon les rapports policiers dont nous avions maintenant une copie, il était bien indiqué que l'appel au 911 avait été reçu entre 19 h 05 et 19 h 06, et que l'ambulance avait été appelée à 19 h 07. Le témoignage de Nicole Villeneuve se faisait donc de moins en moins crédible.

Parmi les autres témoins appelés à la barre, le docteur Raymond Duchesne est venu raconter un petit fait confirmant ce que moi et les miens avions toujours prétendu au sujet des clés. Quelque temps avant le meurtre, Michelle était arrivée en retard chez le docteur Duchesne, expliquant à sa femme qu'elle avait eu un problème avec ses clés de voiture, mais qu'elle avait trouvé un autre trousseau. La femme du docteur Duchesne lui avait rapporté cette anecdote qui, racontée maintenant devant la cour, remettait en lumière l'hypothèse du double qui aurait permis à Michelle de réintégrer sa voiture.

Étrangement, la Couronne a choisi de ne pas faire témoigner le sergent-détective Jean-Claude Poulin. Jugeait-elle que le policier serait incapable de faire face au contre-interrogatoire de la défense? Constatait-elle à son tour qu'il avait visiblement bâclé son enquête? Craignait-elle que la défense ne l'interroge sur l'enregistrement de son entretien avec Francine Arès? Je l'ignore, mais il était plutôt curieux que ce témoin à charge ne soit pas appelé. Mes avocats et moi avons trouvé ça très dommage…

Diane Thomas, par contre, est revenue témoigner à la demande de la Couronne. Elle a répété à peu près la même histoire, mais, interrogée par mes avocats sur nos projets de vie commune, elle a avoué n'en avoir parlé à personne. Concernant son fameux journal, elle a reconnu qu'il ne contenait pas seulement des faits, mais aussi beaucoup d'impressions et de sentiments. Il était clair que ce journal présentait une interprétation romanesque de notre relation.

Un autre témoin a admis qu'il était possible que j'aie éprouvé des problèmes avec mon automobile le 15 décembre 1987. Jean-Claude St-Jean, employé d'un garage Shell où je faisais souvent réparer mon automobile, a confirmé que j'étais allé le voir pour faire vérifier ma voiture, quelque temps après la mort de Michelle. Il avait dû réparer le cap du distributeur. Or, dans une voiture comme la mienne, ce cap est placé près du ventilateur et se trouve donc exposé à l'eau; une infiltration peut alors provoquer des ratés de moteur. Jean-Claude St-Jean a ajouté que la compagnie avait déjà rappelé ce modèle de voiture en raison de ce problème. Il a de plus indiqué à la cour qu'il était très fréquent que le moteur d'une voiture cale lorsqu'elle passe dans un gros trou d'eau. «*T'attends un peu, puis il repart après, ce n'est rien d'exceptionnel*», a-t-il dit. Ce témoignage accréditait ma version et expliquait même pourquoi les policiers avaient réussi à faire démarrer mon véhicule du premier coup, dans la nuit du 15 au 16 décembre 1987.

Le seul autre témoignage important de ce procès ne fut pas le moindre: mes avocats m'ont appelé à la barre. J'avais enfin l'occasion de redonner publiquement ma version des faits, de dire la vérité, toute la vérité, et rien que la vérité.

Chapitre 26

Mon témoignage devant la cour

Puisque j'étais appelé par la défense, j'ai donc d'abord été interrogé par l'un de mes avocats, Me Daniel Rock. En réponse à ses questions, j'ai affirmé que je n'avais pas assassiné ma femme et que je n'avais eu aucune raison de le faire. Me Rock m'a interrogé sur ma vie de couple et sur mon travail à Radio-Canada. J'ai raconté ma rencontre avec Michelle, notre mariage, puis j'ai enchaîné avec mon entrée à Radio-Canada en novembre 1960, où j'avais gravi les échelons, de technicien adjoint à réalisateur. Il a alors été question de la dame de Sherbrooke.

Me **Rock:** «*Je comprends qu'en 1976, vous avez rencontré quelqu'un à Sherbrooke?*»

Gilles Perron: «*Oui, c'est exact.*»

Me **Rock:** «*Voulez-vous nous dire les circonstances de cette rencontre?*»

Gilles Perron: «*Ben, je travaillais pour* La Semaine Verte *et puis, un soir, dans un bar, j'ai rencontré madame Thomas.*»

Me **Rock:** «*Qui est venue témoigner, c'est elle?*»

Gilles Perron: «*C'est exact.*»

Me **Rock:** «*Et je comprends que vous l'avez revue à l'occasion?*»

Gilles Perron: «*Oui, c'est un fait.*»

Me **Rock:** «*Et je comprends que vous ne lui avez pas toujours exactement mentionné le même plan de carrière que vous définissez.*»

Gilles Perron: «*Non! C'est pas tout à fait ça que j'ai fait avec madame! Je pense que moi pis mon intention, c'était qu'elle ne sache pas qui j'étais vraiment. Je ne voulais pas qu'elle sache qui était ma famille, qui étaient mes amis. Pour moi, ce n'était qu'une aventure, je m'excuse de dire ça, mais c'était ça exactement. Puis, je lui ai monté un bateau! C'est aussi simple que ça!*»

Me Rock: «*Pis, au fil des années, ben, le bateau il prenait l'eau sur un bord pis sur l'autre...*»

Gilles Perron: «*C'est ça! Mais il n'allait nulle part!*»

Me Rock: «*Et, euh, euh, la fréquence des rencontres qu'elle a mentionnée, quatre, cinq fois par année, c'est réaliste?*»

Gilles Perron: «*C'est très réaliste.*»

Me Rock: «*Pis c'était pas des rencontres bien longues?*»

Gilles Perron: «*Non! Ça pouvait varier des fois de deux heures ou de quatre heures, tout dépend, je veux dire, de la disponibilité que j'avais.*»

L'interrogatoire a été suspendu durant quinze minutes, puis Me Rock a repris la parole.

Me Rock: «*Alors M. Perron, suite au décès de votre épouse, est-ce que c'est exact que vous avez déchiré toutes ses photographies?*»

Gilles Perron: «*Non, pas du tout.*»

Me Rock: «*Je vous montre ici certains albums de photos, on va les produire, il y en a quatre dont un qui est plus petit. Ce sera en liasse. Alors en gros, cela, M. Perron... vous pouvez peut-être les feuilleter et nous dire en gros ce sont des albums qui représentent quoi? Pas chaque photo...*»

Gilles Perron: «*Ici, c'est l'album de mariage. Ici, c'est un album familial, Michelle et moi avec les familles des deux côtés, je vois approximativement cela. En gros, c'est cela. Celui-ci, c'est des rencontres familiales et voyages. Peut-être que vous allez voir ici quelques photos, et ici des photos de voyages.*»

Si mon avocat m'interrogeait sur ces photos, c'est que mon ex-beau-frère Claude Lapierre, le mari de Nicole, avait déclaré à la cour que j'avais déchiré toutes les photographies de Michelle. Je ne m'explique pas pourquoi il a dit ça, puisqu'il était facile de prouver que tous mes albums de photos étaient intacts. Je me demande d'ailleurs comment des témoins qui ont prêté serment peuvent mentir aussi grossièrement ou faire des déclarations invraisemblables sans être inquiétés. Encore des ratés du système de justice?

Poursuivons avec mon témoignage.

Mᵉ Rock: «*Avez-vous un album Diane Thomas?*»

Gilles Perron: «*Non, je n'ai jamais pris de photos de Mme Thomas.*»

Mᵉ Rock: «*M. Perron, au fil des années, de 1975 à 1987, je comprends que vous avez eu certaines occasions d'affaires, si je peux appeler cela comme ça?*»

Gilles Perron: «*C'est exact.*»

Mᵉ Rock: «*Qui étaient de quelle nature?*»

Gilles Perron: «*Toujours dans mon domaine, qui était de la production vidéo. J'ai eu une occasion à un moment donné avec une compagnie qui s'appelait Option Vidéo. J'étais à la pige et j'avais une raison sociale sous le nom de Gilles Perron Inc. Et par la suite, je n'ai été que Gilles Perron Inc. pour une courte période. Et après, il y a eu la compagnie V.I.P.*»

Mᵉ Rock: «*Cette compagnie V.I.P., est-il exact de dire qu'elle a décroché certains contrats?*»

Gilles Perron: «*Oui, bien sûr. Nous avions dans un premier temps, je ne pourrais pas appeler cela l'exclusivité, mais disons que l'on était la compagnie numéro un à l'Union des producteurs agricoles et nous avons fait plusieurs contrats pour eux. On a eu aussi un commercial avec la Chambre des Notaires.*»

Mᵉ Rock: «*Je comprends qu'un des actionnaires était un notaire?*»

Gilles Perron: «*Oui, exact. Et nous avons eu aussi un très bon contrat avec la Fédération des Produits Laitiers, la Fédé, que l'on appelait, qui est sur le boulevard Métropolitain.*»

Mᵉ Rock: «*Est-ce que c'est exact de dire que cette compagnie-là était comme en expansion en 1987?*»

Gilles Perron: «*Exact. Juste comme exemple, au niveau du contrat avec la Fédé, il était environ dans les cent vingt-cinq mille dollars.*»

Mᵉ Rock: «*Alors cela a été une compagnie qui se dirigeait vers l'avenir et qui semblait pour aller bien?*»

Gilles Perron: «*On l'espérait beaucoup, oui.*»

Mᵉ Rock: «*Un petit peu contrairement à toutes les autres avant?*»

Gilles Perron: «*Oui, définitivement.*»

Me Rock: «*M. Perron, il a été question ici, vous êtes ici depuis le début du procès, il a été question d'un voyage avec votre épouse. Est-il exact qu'il y avait un voyage de planifié avec votre épouse?*»

Gilles Perron: «*Oui. Cela faisait un petit bout de temps que l'on en parlait.*»

Me Rock: «*Est-ce que vous aviez fait quelque démarche que ce soit en fonction de ce voyage-là?*»

Gilles Perron: «*Comme on se parlait tout le temps de choses et d'autres, c'est Michelle qui s'est occupée de faire l'achat du voyage, mais on s'en était parlé.*»

Me Rock: «*Avez-vous fait des achats relativement à ce voyage-là?*»

Gilles Perron: «*Ah oui, quelques semaines avant l'événement, on a acheté les valises.*»

Me Rock: «*Vous avez acheté vos valises pour aller en voyage?*»

Gilles Perron: «*Ben oui.*»

J'ai été ensuite interrogé par l'avocat de la Couronne, Me Vincent. Je n'étais absolument pas nerveux, déterminé à ne dire que la vérité. Mon attitude a sûrement été notée par les jurés, qui devaient demander, lors de leurs délibérations, à réentendre mon témoignage. Bien sûr, Me Vincent m'a questionné sur Diane Thomas, et sur les mensonges que je lui avais racontés, et sur son journal.

Me Vincent: «*... et son journal personnel, elle vous l'a déjà montré?*»

Gilles Perron: «*Une fois, monsieur, mais cela fait longtemps de cela.*»

Me Vincent: «*En quelle année?*»

Gilles Perron: «*C'était je crois en janvier ou en février 1988.*»

Me Vincent: «*En 1988?*»

Gilles Perron: «*Oui, oui, mais je n'ai pas tout lu, monsieur, j'ai feuilleté deux ou trois pages.*»

Me Vincent: «*Pourquoi est-ce que vous feuilletiez cela en janvier 1988?*»

Gilles Perron: «*C'est qu'elle me l'avait donné, comme cela. Elle m'a dit: "Regarde, je suis rendue là." J'ai regardé comme cela, et je lui ai remis.*»

Me Vincent: «*Oui. Et c'est toujours au même moment que dans votre esprit, vous aviez commencé à vouloir rompre?*»

Gilles Perron: «*C'est exact, monsieur.*»

Me Vincent: «*Dans ce journal-là, est-il exact de dire que les faits sont relatés depuis à peu près 1981?*»

Gilles Perron: «*Je crois que oui, Monsieur.*»

Me Vincent: «*Quasiment quotidiennement?*»

Gilles Perron: «*Oui, ça je veux bien vous croire que c'est quotidiennement, mais on ne se parlait pas quotidiennement. C'étaient ses impressions à elle.*»

Me Vincent: «*Vous vous voyiez peut-être quelques fois par année, cinq ou six dépendamment des années?*»

Gilles Perron: «*Des fois oui, c'est ça.*»

Me Vincent: «*Des fois plus, des fois moins?*»

Gilles Perron: «*Des fois un petit peu plus, des fois moins.*»

Me Vincent: «*Est-il exact de dire cependant que vous communiquiez relativement souvent avec Mme Thomas?*»

Gilles Perron: «*Je ne sais pas où vous avez pris cela.*»

Me Vincent: «*Vous avez lu le journal de Mme Thomas?*»

Gilles Perron: «*Pas du tout, monsieur.*»

Me Vincent: «*Vous ne l'avez pas lu du tout?*»

Gilles Perron: «*Non, monsieur.*»

Me Vincent: «*Vous voyez pas de numéro de téléphone en disant "enfin mon amour, tu m'as appelé"?*»

Gilles Perron: «*Okay, j'ai vu cela une fois ou deux dans son journal, je suis d'accord. Mais de la façon dont vous me dites le nombre de fois, c'est comme si je l'appelais à tous les jours.*»

Me Vincent: «*Aviez-vous l'habitude de l'appeler à tous les jours?*»

Gilles Perron: «*Mais non, mais je l'appelais peut-être autant de fois que je voyais madame par année.*»

Me Vincent: «*Pas plus?*»

Gilles Perron: «*À peu près.*»

Me Vincent: «*Vous avez eu l'occasion de le lire beaucoup plus abondamment ce journal-là?*»

Gilles Perron: «*Non, monsieur.*»

Me Vincent: «*Pourquoi?*»

Gilles Perron: «*Je m'excuse, mais je ne suis pas intéressé.*»

Me Vincent: «*Absolument pas intéressé de savoir ce que vous avez fait pendant douze ans de temps?*»

Gilles Perron: «*Pardon?*»

Me Vincent: «*Avec Mme Thomas.*»

Gilles Perron: «*Je le sais ce que j'ai fait: je lui ai menti pendant douze ans.*»

L'avocat de la Couronne est revenu en détail sur l'ensemble de mon témoignage. Il est inutile de reproduire cette partie du contre-interrogatoire, puisque j'ai répété ma version des faits, qui n'était autre que la vérité. J'en présente cependant un court extrait, qui porte sur ma rencontre avec Michelle à l'extérieur de la polyclinique.

Me Vincent: «*... votre femme, elle sort ou elle vient tout juste de sortir?*»

Gilles Perron: «*Elle n'était pas en train de déblayer.*»

Me Vincent: «*Vous ne l'avez pas surpris?*»

Gilles Perron: «*Si, elle m'a dit: "Qu'est-ce que tu fais là?"*»

Me Vincent: «*Est-ce qu'elle vous a dit également "Qu'est-ce que tu fais là, maudit fou, fais-nous plus peur de même"?*»

Gilles Perron: «*Ça, ça ne me dit rien.*»

Me Vincent: «*Ça, ça ne vous dit rien?*»

Gilles Perron: «*Non, pas du tout. C'est possible, remarquez, qu'elle m'ait dit cela.*»

Me Vincent: «*Oui.*»

Gilles Perron: «*Mais je ne lui ai pas fait peur.*»

Me Vincent: «*Vous êtes pas arrivé par en arrière d'elle?*»

Gilles Perron: «*Pas du tout, je suis arrivé de côté.*»

Me Vincent: «*Vous êtes arrivé de côté, alors votre dame, si je comprends bien, n'avait aucune raison de vous dire de ne pas y faire peur de cette façon-là?*»

Gilles Perron: «*Pas du tout.*»

Me Vincent: «*Elle n'a pas de balai non plus?*»

Gilles Perron: «*Bien non, ils sont dans la voiture.*»

Me Vincent: «*Elle n'est pas en train de déblayer son véhicule automobile à elle, lorsque vous arrivez?*»

Gilles Perron: «*Bien c'est difficile de le faire, puisqu'on se rencontre sur le trottoir.*»

Me Vincent: «*À partir de là, qu'est-ce que vous faites?*»

Gilles Perron: «*C'est ça, je lui ai expliqué ma situation. Et puis on s'est rendus à la voiture.*»

Mᵉ Vincent: «*Ça vous avait pris combien de temps pour vous rendre là?*»

Gilles Perron: «*J'ai aucune idée, monsieur.*»

Mᵉ Vincent: «*Est-ce que vous pouvez l'établir de façon approximative?*»

Gilles Perron: «*Non, parce que quand j'ai requitté la clinique, il était à peu près six heures vingt, c'est ce que Michelle m'a dit.*»

Mᵉ Vincent: «*C'est ce que Michelle vous a dit, qu'il était six heures vingt?*»

Gilles Perron: «*Quand j'ai requitté pour aller chercher mes clés. Cela fait que là...*»

Mᵉ Vincent: «*Elle vous a mentionné cela?*»

Gilles Perron: «*C'est elle qui m'a mentionné ça, oui. Entre six heures quinze et six heures vingt, peut-être plus vers six heures vingt, mais enfin...*»

Mon témoignage s'est poursuivi durant quelques minutes et puisqu'il se faisait tard, il a été ajourné au lendemain.

Le 8 mai 1992, Mᵉ André Vincent a repris le contre-interrogatoire en revenant sur l'histoire de la dame de Sherbrooke. Puis, il a évoqué de nouveau les événements du 15 décembre 1987, me demandant notamment des précisions sur le moment où j'ai découvert Michelle couverte de sang.

Mᵉ Vincent: «*D'après votre version, vous, lorsque vous découvrez votre épouse, vous dites qu'elle est entre les deux sièges?*»

Gilles Perron: «*Exact, monsieur.*»

Mᵉ Vincent: «*Et que vous l'assoyez sur la banquette, côté passager?*»

Gilles Perron: «*Ce que je me souviens, monsieur, c'est lorsque j'ouvre la portière, je sais pas qui avait entrebâillé la portière, je l'ai fermée, je ne me souviens pas de ça. J'ouvre la portière et là, je vois que les jambes de Michelle et le corps qui est entre les deux banquettes... la partie du corps entre les deux banquettes. Je me suis penché et j'ai tiré sur son manteau, et c'est là que j'ai vu, je veux dire, son visage plein, plein de sang. Je l'ai laissée comme ça, déposée sur le dossier. Comment elle était, je me souviens plus.*»

Me Vincent: «*Bien assise?*»
Gilles Perron: «*Je me souviens plus, monsieur!*»
Me Vincent: «*Vêtements bien placés?*»
Gilles Perron: «*Je me souviens plus, monsieur!*»
Me Vincent: «*Vous vous souvenez plus du tout?*»
Gilles Perron: «*Non, monsieur!*»
Me Vincent: «*Absolument rien?*»
Gilles Perron: «*Non, monsieur.*»

Faisant référence aux propos de Nicole Villeneuve, Me Vincent m'a demandé si j'avais garé mon automobile pendant que l'infirmière se trouvait auprès de Michelle; j'ai répondu par la négative.

De mon témoignage, la Couronne ne pouvait certainement tirer la preuve que j'avais tué Michelle ou que j'avais menti, pas plus qu'elle n'était en mesure de déduire que mon aventure avec Diane Thomas pouvait avoir été un mobile sérieux.

D'autres témoins ont été appelés à la barre, mais leurs propos n'ont rien ajouté qui soit digne de mention. Les avocats pouvaient maintenant énoncer leurs plaidoyers. Rien de nouveau non plus dans ces propos, sinon que Me Rock, en défense, a fait valoir que Diane Thomas n'avait pas été ce qu'on peut qualifier véritablement de «maîtresse», et qu'il était maintenant évident que j'avais eu du sang sur les mains à mon entrée dans la polyclinique.

Ce deuxième procès s'est terminé le 15 mai 1992, exactement un mois et deux jours après le début des procédures et du choix du jury. Le premier procès avait été plus long, quelques semaines de plus. Ces périodes incluent les délibérations du jury, qui ont duré environ trois jours dans les deux cas.

Selon moi, le verdict du jury s'est appuyé sur les éléments suivants. J'avais maintenant un témoin qui avait vu certaines choses bizarres dans le stationnement le soir du 15 décembre 1987, ce qui venait démolir la théorie «d'opportunité exclusive», selon laquelle une seule personne, en l'occurrence moi, pouvait avoir assassiné Michelle. Il y avait aussi cette histoire de sang sur les mains, considérée loufoque par la Couronne lors du premier procès. Cette fois, le témoin Arès venait confirmer mes dires, et contredisait du même coup le témoignage de Nicole Villeneuve, qui avait affirmé que j'avais un gant. L'hypothèse alléguant que j'avais eu le temps de me changer entre le moment du meurtre et mon entrée dans la polyclinique s'en trouvait également discréditée. La crédibilité du témoin Villeneuve avait d'ailleurs diminué quand il a été établi qu'elle s'était carrément trompée sur l'heure à laquelle l'ambulance avait été appelée.

Je crois aussi que mon attitude pendant mon témoignage a influencé le jury. J'ai dit que je n'étais pas nerveux, mais je paraissais probablement sûr de moi et digne de foi. Je n'avais rien caché, même si tout, dans cette histoire, n'était pas forcément à mon avantage, comme mon aventure avec Diane Thomas ou mes trous de mémoire.

Quand le jury s'est retiré pour délibérer, je ne savais vraiment pas à quoi m'attendre. Autant j'étais convaincu, lors du premier procès, qu'on ne pouvait me trouver coupable, autant je redoutais maintenant que le premier verdict soit maintenu. J'étais de toute évidence devenu méfiant à l'égard de la justice. Pourtant, les nouveaux témoignages, les contradictions dans les arguments de la Couronne, ne pouvaient logiquement que semer un doute raisonnable sur ma culpabilité.

Lors des délibérations, les jurés ont demandé au juge Réjean Paul la permission de se rendre sur les lieux du crime. Ils ont sûrement pu se faire une idée plus juste du déroulement exact des événements.

Pour ce deuxième procès, j'avais été libéré sous cautionnement. J'avais donc retrouvé cette chère liberté qui me manquait tant à Archambault, mais je revivais en même temps un scénario déjà connu, qui s'était terminé par un verdict injuste et cruel. Je n'étais donc pas très serein, j'étais même plus angoissé que lors du premier procès. Je rentrais chaque soir à la maison vers 21 h et je revenais le lendemain au palais pour y attendre, avec les miens, l'issue de ce deuxième procès.

Chapitre 27

Le verdict d'innocence

Le vendredi 15 mai 1992, comme tous les matins depuis le début des délibérations du jury, j'étais là, au Palais de justice de Montréal, pour de nouvelles heures d'angoisse. Depuis que le jury s'était retiré, aucun indice, aucun signe n'avait pu raviver nos espoirs; le suspense était total et c'était de nouveau mon existence qui en était l'enjeu.

Daniel Rock n'était plus à mes côtés, car il devait se consacrer à une autre cause. Par contre, Jean Dury était toujours avec moi. Ce jour-là, ma fille Isabelle et ma belle-sœur Nicole m'accompagnaient également. Mes autres enfants, Sylvain et Line, ne pouvaient être présents, le premier devant passer des examens à l'école, la seconde se remettant d'un accouchement récent.

Nous étions donc quatre à la cafétéria lorsque vers 15 h, la greffière est venue nous chercher. Nous avons pensé que les jurés voulaient poser des questions supplémentaires, mais lorsque nous sommes entrés dans la salle d'audience, nous avons su tout de suite que le jury en était arrivé à un verdict unanime.

Je me sentais un peu comme un zombie, au milieu des miens. J'avais obtenu la permission, au cours du deuxième procès, de pouvoir m'asseoir en avant avec les miens plutôt que d'être seul au banc des accusés.

Le juge est entré, et a appelé le jury. La greffière s'est levée et a demandé qui était le président ou la présidente du jury. Le juré numéro 10, une femme, s'est levée, la greffière lui a demandé:

— *Avez-vous un verdict?*
— *Oui.*
— *Êtes-vous unanimes au verdict?*
— *Oui.*
— *Quel est votre verdict?*

J'étais suspendu aux lèvres de cette dame, qui m'a d'abord jeté un regard, puis s'est tournée vers le juge pour déclarer: «*NON COUPABLE.*»

La suite est plutôt cocasse. Jean Dury s'est levé très rapidement et voulant nous enlacer, il nous a couverts, Isabelle et moi, avec sa toge. C'était le noir total! Ne me demandez pas ce qui s'est passé, c'est très flou dans ma mémoire. Je sais que ma belle-sœur a crié, j'ignore quoi exactement, et moi j'ai senti soudainement tous mes membres trembler. Quand Jean Dury s'est retiré, il n'y avait pratiquement plus personne dans la salle! Il n'y avait plus que Nicole, Isabelle, la greffière et un gardien, appuyé sur le banc des accusés. J'étais euphorique, je pleurais, je m'étouffais, j'étais un gros paquet d'émotions qui explosaient dans tous les sens! On m'a donné un verre d'eau et on m'a dit que les journalistes m'attendaient à la sortie pour recueillir mes commentaires. J'ai décidé de m'esquiver au plus tôt, je ne me sentais pas la force de répondre à leurs questions. Jean Dury m'a dit: «Suis-moi, je vais ouvrir le chemin.»

Nous sommes sortis, Jean devant moi, Isabelle sur mes talons. Nous n'avions pu faire que quelques pas quand Sylvain est arrivé derrière nous et s'est écrié: «Papa!» Nous sommes tombés dans les bras l'un de l'autre, mitraillés de toutes parts par les appareils photo et aveuglés par les projecteurs de la télévision.

Sylvain avait eu la prémonition que c'était ce jour-là que le jury rendrait son verdict. Il avait donc décidé de venir au palais de justice au début de l'après-midi. Fait curieux, une dame Léger (pas du tout parente avec les Léger des Rôtisseries St-Hubert), qui avait assisté assidûment au procès, l'a vu arriver, l'a reconnu et lui a dit: «Sais-tu qu'est-ce qui est arrivé, Sylvain?»

Sylvain l'a regardée, intrigué: «Non, qu'est-ce qui se passe?»
«Ton père est acquitté!»

Je me souviens très bien de cette dame Léger, puisqu'elle avait aussi assisté à mon premier procès, et qu'elle n'avait jamais cessé d'encourager mes enfants. Elle me disait, chaque fois qu'elle me rencontrait: «Je prie pour vous, Monsieur Perron, je prie pour vous...»

Après avoir croisé cette dame, Sylvain s'est empressé de monter au quatrième étage, où nous nous trouvions, et c'est ainsi qu'il a fait son apparition au moment où nous nous dirigions vers la sortie.

Tous les journalistes présents désiraient obtenir une déclaration. J'ai lancé: «Oui, c'est fini, pour ma famille pis pour moi.»

Nous avons descendu des escaliers, nous avons pris un taxi, puis nous nous sommes rendus au bureau de mes avocats.

Le soir, nous avons fêté! Ce fut une soirée mémorable au cours de laquelle j'ai célébré ma liberté retrouvée pour de bon, en compagnie d'êtres chers. Pour la première fois depuis des mois, voire depuis le meurtre de Michelle, quatre ans et demi auparavant, j'avais la tête à fêter, j'avais le cœur à rire, et je me sentais aussi léger qu'un oiseau.

***

La Couronne dispose d'un délai de trente jours pour en appeler du verdict. Il était donc possible que cette histoire ne soit pas tout à fait terminée. Mes avocats et moi préférions donc attendre la décision de la Couronne avant de rencontrer les journalistes. Me Vincent a finalement décidé de ne pas aller en appel. Nous avons tenu une conférence de presse le 15 juin, où nous avons non seulement répondu aux questions, mais où nous avons aussi annoncé les procédures que nous entendions engager contre certains individus.

J'ai été très sollicité pour participer à diverses émissions de télévision et de radio à cette époque. Et j'ai commencé à analyser toutes les notes recueillies par mes avocats sur mon «affaire». Je me préparais ainsi à l'enquête ordonnée par la Commission de police, et à la poursuite civile que j'avais intentée contre Me Berthiaume, Jean-Claude Poulin et le Procureur général.

Depuis la conclusion heureuse de mon deuxième procès, j'ai obtenu quelques petits boulots, rien de très valorisant, et je me suis surtout consacré à rassembler tout ce que je pouvais sur mon dossier. En ce qui concerne mon emploi à Radio-Canada, je suis à la retraite. J'ai donc du temps pour chercher à savoir. Et je tiens à savoir.

Nous sommes en septembre 1993 et il reste encore bien des points à éclaircir, à commencer par découvrir le véritable assassin de Michelle. J'ai engagé un enquêteur qui a carte blanche, dont le mandat est de découvrir ce qui s'est réellement passé ce fameux soir du 15 décembre 1987. Tant que nous n'aurons pas découvert la vérité, les recherches se poursuivront.

Certaines portes se sont fermées, des gens ne veulent plus parler... Peut-être ne veulent-ils plus entendre parler de cette histoire! À moins qu'ils n'aient peur, qu'ils ne sachent des choses qui risqueraient de compromettre leur sécurité!

Pourtant, je n'en veux à personne. Loin de moi l'idée de me venger de qui que ce soit! Il n'est pas question de vengeance, mais plutôt d'une quête de la vérité.

D'autre part, je suis conscient qu'il y aura toujours des gens qui penseront que c'est moi qui ai tué Michelle, si le véritable assassin n'est pas découvert. Par contre, je sais que plusieurs croient à mon innocence, et que justice a été rendue. Il m'arrive d'entendre, dans la rue, des gens chuchoter sur mon passage: «Regarde, c'est Gilles Perron! Tsé, celui qui...»

À ceux qui ont encore des doutes, je ne peux que répéter que ce n'est pas moi le coupable. Peut-être en aurai-je convaincu quelques-uns avec ce livre! D'autres diront que j'avais beau jeu d'interpréter les faits à mon avantage. Et il est vrai que nous ne pouvions tout mettre dans ce livre, puisque le dossier complet compte au-delà de huit mille pages! Ce que vous avez pu lire constitue cependant l'essentiel des événements que j'ai vécus, tel que je les ai vécus, et si vous tenez à revenir sur le verdict du jury, vous êtes libre de vous prêter à ce petit jeu. Moi, je sais que je suis innocent, et la justice l'a reconnu définitivement. C'est maintenant la découverte de toute la vérité qui me tient le plus à cœur. Depuis la fin du deuxième procès, toutes mes démarches et celles de mes avocats sont allées en ce sens. Nous avons écrit des dizaines de lettres aux diverses autorités concernées, nous attendons les conclusions de l'enquête de la Commission de police, mon enquêteur travaille sans relâche à trouver de nouveaux indices, je veux savoir ce qui s'est passé.

Par-dessus tout, je dois à la mémoire de Michelle, celle qui a été ma compagne pendant près de vingt-cinq ans, et à mes enfants, de multiplier les efforts, aussi longtemps que je vivrai, pour découvrir cette vérité, pour savoir qui a déclenché cet horrible cauchemar et, surtout, pourquoi. Cette histoire est à suivre.

Table des matières

imprimerie gagné ltée

IMPRIMÉ AU CANADA